Repetitorium der Ethik

Christofer Frey
Peter Dabrock
Stephanie Knauf

Repetitorium der Ethik

für Studierende der Theologie

3.Auflage

hartmut spenner waltrop 1997

Die Deutsche Bibliothek - CIP Einheitsaufnahme

Frey, Christofer:
Repetitorium der Ethik für Studierende der Theologie /
Christofer Frey ; Peter Dabrock ; Stephanie Knauf. - 3. Aufl., -
Waltrop : Spenner, 1997
ISBN 3-927718-70-X

Erstellung der Druckvorlage:
Lehrstuhl Prof. Dr. C. Frey

3. erweiterte Aufl., 1997.
Gesamtherstellung: Verlag Hartmut Spenner
Stratmanns Weg 10, 45731 WALTROP

ISBN 3-927718-70-X

Printed in Germany

Vorwort

Ein Repetitorium ist kein Buch, das man einfach durchliest und vielleicht auch literarisch genießen kann. Vielleicht war es auch darin begründet, daß schon die Erstellung reichliche Mühe gekostet hat. Um das vorliegende "Werk" von der Konzeption über die Ausarbeitung bis hin zum Layout fertigzustellen, waren eineinhalb Jahre großen Arbeitseinsatzes notwendig. Zwei Autoren haben in dieser Zeit ihr Examen abgelegt und Erfahrung mit dem Examensvollzug sammeln können. Sie haben es in erster Linie zu verantworten, daß dieses Repetitorium auch manchen hochinteressanten Seitenblick - etwa auf Theorien des Poststrukturalismus - wagt. Besonders wichtige Themen sind aber für alle, die sich rationiert auf das Examen vorbereiten möchten, gesondert gekennzeichnet (s. Einleitung).
Allen, die sich um dieses Repetitorium und hoffentlich auch seine Leserinnen und Leser verdient gemacht haben, sei herzlich gedankt: Frau Anneliese Kaufhold für die Überarbeitung der Manuskriptvorlage, Elga Zachau, Lars Klinnert und Frank Pospiech für zahlreiche Recherchen und Korrekturen, letzterem auch für die Bewältigung nicht weniger Computerprobleme und den Entwurf des Titelblattes.

Bochum, im Oktober 1995

Christofer Frey Peter Dabrock Stefanie Knauf

Vorwort zur dritten Auflage

Gerne sind wir der Anregung gefolgt, das Ethik-Repetitorium um ein Sachregister zu erweitern. Lars Klinnert und Frank Pospiech sei für die Erstellung herzlich gedankt. Allen Leserinnen und Lesern wünschen wir eine erfolgreiche Arbeit.

Bochum, im Mai 1997

C.F. P.D. S.K.

Inhaltsverzeichnis

Einleitung

Ein Repetitorium der theologischen Ethik kann weder das Dogmatik- noch das Ethik-Studium ersetzen. Vielmehr will es vor dem Hintergrund vorhandener Kenntnisse nochmals den für das Examen notwendigen Wissensstoff bündeln und so den Kandidatinnen und Kandidaten helfen, Wichtiges von weniger Wichtigem zu unterscheiden, damit sie Begriffe, Methoden und Kriterien für theologisch-ethische Urteilsfragen sicherer verwenden können. In dieser beschränkten Funktion kann es vorherige eigene Studien nicht ersetzen.

Wer das Inhaltsverzeichnis betrachtet, wird schnell erkennen, daß es einem Dreischritt folgt:

1. Grundbegriffe, Typen und Methoden *allgemeiner* Ethik,
2. Geschichte der (allgemeinen und theologischen) Ethik,
3. besondere Fragestellungen *theologischer* Ethik.

Die so vorgenommene Dreiteilung bedarf zur Vermeidung von Mißverständnissen und zur Klärung der (in jeder Ethik vorhandenen) Positionalität einer kurzen Erläuterung:

Hinter dem gewählten Verfahren verbirgt sich kein Theorieansatz, der meint, mit einer *allgemeinen* Ethik sei *unabhängig* von theologischen Einsichten bereits das Entscheidende in sittlichen und ethischen Fragen gesagt und das Theologische sei nur noch ein spezifisches Bonbon - sei es verstanden als *Motivation* zum Handeln oder als weltanschaulicher Horizont oder als Gesellschaftsstabilisierungsfunktion. Wie einerseits die Spezifizierung "theologisch" nicht als irrelevantes Supplement mißverstanden werden darf, so darf umgekehrt auch der benutzte Gegenbegriff "allgemein" nicht überbewertet werden. Schon bei schneller Übersicht über das Inhaltsverzeichnis des ersten Kapitels wird deutlich, daß "allgemeine" Ethik alles andere als allgemeinverbindlich ist. Gerade sie zerfällt in zahllose, schwer zu durchschauende, sich oft gegenseitig widersprechende Theorieansätze. Die Differenzierung von "allgemeiner" und "theologischer" Ethik hat daher zunächst einen heuristischen Sinn, um Optionen, Argumentationsmuster und Einstellungen *einer* ethischen Sicht von allen anderen möglichst einfach abzugrenzen. Deshalb zielt die gewählte Methode auch nicht auf eine schlichte Trennung von Allgemeinmenschlichem (= Natürlichem) und Christlich-Besonderem (Übernatürlichem) in der einen Lebenswelt ab.

Gegenüber all diesen möglichen Fehldeutungen folgt das gewählte Verfahren bewußt systematischen und didaktischen Hintergrundüberlegungen: Da christlicher Glaube und christliche Theologie - insbesondere in moralischen und ethischen Fragen - ihre Kommunikabilität auch und gerade in nach- und nichtchristlichen Lebensbereichen wahren müssen, ist es notwendig, sich Kenntnis über die auch außerhalb theologischer Wissenschaft benutzten "Sprachspiele" zu verschaffen. Dies gilt notwendigerweise vor allem auch deshalb, weil jeder Theologe und jede Theologin schon immer lebensweltlich in zahlreiche nicht-theologische Situationen und "Sprachspiele" verstrickt sind. Deshalb sollen zunächst das Begriffsvokabular, die Methoden und Typen "allgemeiner" Ethik dargestellt werden. So wird dem Umstand Rechenschaft getragen, daß der größte Teil ethischer Fragen aus einer vor- und außerchristlichen Tradition, besonders der der griechisch-römischen Antike, stammt. Zudem wird hier ein generelles Anspruchsniveau erreicht, das *methodisch* von einer theologischen Ethik nicht unterschritten werden darf. Auf diese Weise wird den Studierenden vor Augen gestellt, auf welcher Diskursebene sich theologische Ethik bewegen können muß, will sie nicht nur ihre eigene Anschauung profilieren, sondern gesellschaftlich interaktiv und wissenschaftlich interdisziplinär gesprächsfähig bleiben. Weil dieses Repetitorium aber nicht davon ausgeht, daß Perspektiven gelingenden Lebens und sittliche Urteile ohne theologische Kompetenz durchdacht werden können, hat jedes Kapitel der allgemeinen Ethik eine theologisch-ethische Perspektive erhalten.

Das *zweite Kapitel* bietet eine kurze und ausgewählte Chronologie abendländischer Ethik, die dazu dienen soll, die im ersten Kapitel verhandelten systematischen Fragestellungen historisch einordnen zu können.

Im *dritten Kapitel* (Theologische Ethik) wird berücksichtigt, daß die lange Geschichte des Christentums eigene dogmatische und ethische "Sprachspiele" entwickelt hat, die für Nicht-Christen zunächst nicht einsichtig, für Christen und Christinnen aber zur Beurteilung allgemein-ethischer Fragen durchaus von großer Wichtigkeit sind (z.B. Zwei-Reiche-Lehre; Gesetz und Evangelium; Schöpfungsordnungen). Um den Eindruck von der Pluralität der neueren Geschichte christlicher Ethik zu verstärken, schließt sich an diese eher systematisch-problemorientierten Unterkapitel des dritten Hauptteiles eine Vorstellung neuerer Ethik-Entwürfe christlicher Theologie an.

Das Ziel des Buches ist erreicht, wenn die Lesenden größere Sicherheit im Umgang mit den oft diffus verwendeten Begriffen, eine souveränere Beurteilung der so verschiedenen und schwer zu überblickenden Typen und Methoden der Ethik gewonnen und zudem erkannt haben, daß theologische Ethik kein überflüssiges Spezialissimum christlicher Provenienz ist, sondern im allgemeinen Diskurs neue - und hoffentlich lebenswertere - Perspektiven aufzeigen kann. Deshalb wählt es ein anderes Verfahren als ein sonst ähnliches "Repetitorium der Dogmatik" (hg. v. Ch. FREY). Während es beim Dogmatik-Repetitorium notwendig erschien, auf die jeweiligen Einzelpositionen einzugehen, soll das Repetitorium der theologischen Ethik den Leserinnen und Lesern eher ethische Begriffe, Methoden und Urteilskriterien vermitteln. Soll doch das Studium der theologischen Ethik zur *Problem*bearbeitung anleiten.

Da es deshalb - stärker noch als das Dogmatik-Repetitorium - materiale Kenntnisse voraussetzt und nicht alle Problemfelder en detail entfalten kann und will, sei auf einige grundlegende Werke hingewiesen, deren Informationen und Argumente beinahe unerläßlich sind:

Ch. FREY: Theologische Ethik, 1990.
(Arbeitsbuch, das theologische Ethik als konstruktiv-kritischen Beitrag im sozialen Diskurs- und personalen Identitätsprozeß unter dem Zu- und Anspruch des Wortes Gottes zu begreifen sucht, ohne deshalb das Gespräch mit modernen Humanwissenschaften und der Philosophie zu scheuen.)

Ders.: Die Ethik des Protestantismus von der Reformation bis zur Gegenwart. Unter Mitarbeit von Martin HOFFMANN, ^{2}1994.
(Geschichte der Ethik des Protestantismus; Besonderheit: der sozialgeschichtliche Hintergrund wird mit bedacht.)

M. HONECKER: Einführung in die Theologische Ethik, 1990.
(Eher konservative, aber solide Einführung mit vielen Grundinformationen und Hinweisen auf klassische, insbesondere genuin theologische Problemfelder)

O. HÖFFE (Hg.): Lexikon der Ethik, ^{4}1992.
(Wichtige Kurzartikel zu allen entscheidenden ethischen Begriffen, herausgegeben unter der Leitung eines gegenwärtig führenden Sozialethikers)

A. ANZENBACHER: Einführung in die Ethik, 1992.
(Eine didaktisch ausgezeichnete Lernhilfe, die insbesondere in die klassischen Texte von Platon, Aristoteles, Thomas und Kant problemorientiert einführt, aber auch wichtige Gegenwartsströmungen der philosophischen Ethik darstellt; mit vielen Skizzen!)

A. PIEPER: Ethik und Moral. Eine Einführung in die praktische Philosophie, ^{2}1993.
(Eine nicht so tiefgehende, dafür aber ein breites Spektrum in Fragen der Ethik und Moral [Wissenschaftsstatus; Verhältnis zu anderen Wissenschaften; Grundfragen, -typen, -formen; Ziele und Grenzen ethischer und moralischer Argumentation] abdeckende Einführung)

Über diese Bücher kann man problemlos alle weitere für die Ethik relevante Literatur erschließen.

Für die bisweilen angesprochenen dogmatischen Problemfelder sei verwiesen auf:

Ch. FREY: Dogmatik. Ein Studienbuch, ^{3}1993.

Ch. FREY (Hg.): Repetitorium der Dogmatik. Für Studierende der Theologie, ^{6}1998.

Hinweis zur Benutzung:

Auf Abschnitte mit besonders wichtigen Inhalten wird in der Marginalienspalte mit folgendem Symbol: ⊙ hingewiesen.

1 Grundbegriffe, Grundorientierungen, Typen und Methoden Allgemeiner Ethik

1.1 Ethos, Moral, Moralität, Sittlichkeit, Ethik

1.1.1 Eingangsüberlegung

Die Begriffe Ethos, Moral, Moralität, Sittlichkeit und Ethik werden vielfach undifferenziert oder synonym verwendet. Solche Unschärfe trägt nicht zum Gelingen reflektierter Diskurse bei. Deshalb werden zu Beginn dieses Repetitoriums Begriffsdefinitionen vorgeschlagen, die zwar nicht allgemeinverbindlich sind, jedoch ein hohes Maß an Allgemeingültigkeit (Konvention) besitzen. Gemäß der nun folgenden Bestimmung sollen sie im weiteren Verlauf des Buches verwendet werden.

1.1.2 Übersicht zur Klärung der Begriffe

⊙ Ethik: Definition

Ethik ist die *kritische und normative reflexive Besinnung auf Maßstäbe des Verhaltens* (d.h. des Handelns und gestalteten Erleidens) *sowie der Orientierung in gesellschaftlichen Zusammenhängen.* Ethik als Theorie gewinnt vor allem dann Bedeutung, wenn die bisherige Praxis in einem sozialen und kulturellen Lebenszusammenhang fragwürdig wird.

⊙ Normative und deskriptive Ethik

Als Wissenschaft wird Ethik entweder normativ oder - vermeintlich nur - deskriptiv betrieben. Versteht sie sich normativ, will sie einen Anspruch an alle artikulieren, die Argumente einer Lebenswelt, der dort akzeptierten Regeln und Normen (vgl. Kap. 1.8.3) anzuerkennen. Dies geschieht meistens durch die Begründung und Herleitung sittlicher oder moralischer Prinzipien, die konstitutive Funktion für moralische und ethische Urteile besitzen sollen. Deskriptive Ethik dagegen beschränkt sich in scheinbarer Distanz (zur Scheinbarkeit der Distanz vgl. unten: Ethos) auf die Darlegung moralischer Prinzipien und Verhaltensregeln und nimmt daher eine Art (kritische methodologische) Kontrollfunktion wahr (vgl. Kap. 1.8.2).

Wenn Ethik immer *Reflexion* über Ethos, Moral, Sitte, Brauch und auch über deren zugrundeliegende soziale Strukturen ist, ist sie *nicht das Tun selbst*. Gegenüber leichtfertiger Indifferenz muß an dieser entscheidenden, sich selbst bescheidenden Differenz festgehalten werden.

⊙ Ethos: Definition

Ethos kann mit R. BUBNER (Geschichtsprozesse und Handlungsnormen, 1984, S. 177) als "die bestimmten Formen der eingelebten, von Erziehung und Tradition weitergereichten, im konkreten Tun bestätigten Regelungen des gemeinsamen Handelns ..., die alle oder doch eine weit überwiegende Mehrzahl der Handelnden eint", bezeichnet werden.

Etymologie

Die dem Wort zugrundeliegende, nicht auflösbare Etymologie spiegelt die Zweideutigkeit des Begriffes wider: Man kann es entweder von ἔθος = äußerliche Lebensart oder von ἦθος = Gewöhnung ableiten. Die Herkunft des Begriffes 'Ethik' aus demselben Wortstamm gibt ihrerseits beredt Kunde davon, daß auch die theoretische oder wissenschaftliche Reflexion immer in ein Ethos eingebunden ist und sich an ihm abarbeiten muß. Wissenssoziologische (SCHÜTZ; LUCKMANN; BERGER), aber auch sozialpsychologische und sozialphilosophische (B. WALDENFELS) Untersuchungen haben sich verstärkt solchen Situierungen zugewandt und sie analysiert.

Objektives und subjektives Ethos

Weiterhin kann man zwischen *objektivem* und *subjektivem* Ethos unterscheiden. Als Kriterium der Unterscheidung fungiert der jeweilige Grad an Verbindlichkeit: Ein objektives Ethos kennzeichnet Vorstellungen von Gutem, die von Gruppen oder Gesellschaften tradiert werden. Das subjektive Ethos betont den Selbsteinsatz des sich sittlich Orientierenden.

Trotz der im obigen Bubner-Zitat zum Ausdruck gebrachten Gewohnheitskomponente schließt das Ethos nicht einen bestimmten Grad von Bewußtheit aus. Im Gegenteil: Gerade das von einem bestimmten (Berufs-)Stand propagierte *Berufsethos* wird von den jeweiligen Mitgliedern vehement vertreten und verteidigt (vgl. z.B. das Berufsethos des Arztes / der Ärztin).

⊙ Moral: Definition

Moral ist ein *System von Normen, bewertenden Standards und Typologien von Verhaltensweisen*, die in einem bestimmten Lebensbereich gelten und mit den beiden Qualitäten des Guten bzw. Bösen besetzt werden können. Die Klugheit entscheidet der Tendenz nach entsprechend der Unterscheidung von "besser" und "schlechter", die Moral dagegen nach "gut" und "böse".

Etymologie

Im lat. Ursprung des Wortes (mos = die Ordnung, die Regel, die Vorschrift) läßt sich die Nähe zum Ethos und seinem Gewohnheitsmoment noch gut erkennen; im Unterschied zum Ethos kann man einer Moral ohne größeren Selbsteinsatz folgen. Umgekehrt wird abweichendes Verhalten von festen Normen einer bestimmten Moral oft mit Sanktionen bestraft. Wenn Moral jeweils geübte Verhaltensweisen bewertet und reglementiert, gewinnt die von Moralphilosophen eingeführte Differenzierung nach der Reichweite der Moral ihre Plausibilität. Unterschieden werden kann z.B. zwischen öffentlicher und privater Moral.

⊙ Moralität und Sittlichkeit: Definition

Moralität und Sittlichkeit bezeichnen - oft synonym gebraucht - *die bewußte, vernunftgeleitete Orientierung an sittlichen Prinzipien.*
In dieser Orientierung artikulieren sie einen Anspruch, der im *Gewissen* (vgl. Kap. 1.3.4) laut wird. Da somit die Personenwürde des / der von Entscheidungen Betroffenen und des / der Entscheidenden Bedeutung erlangt, spricht sich Moralität in einer der Formulierungen des kategorischen Imperativs von KANT treffend so aus: "Handle so, daß du die Menschheit sowohl in deiner Person, als in der Person eines jeden anderen, jederzeit zugleich als Zweck, niemals bloß als Mittel brauchst" (Grundlegung zur Metaphysik der Sitten, BA S.66f.).

⊙ Kategorischer Imperativ

Während bei Kant Moralität und Sittlichkeit die vernünftige, freie, sittliche Selbstbestimmung des Menschen (aus Pflicht, nicht aus Neigung) in Übereinstimmung mit dem Sittengesetz meint, greift HEGEL Kants Bestimmung auf, indem er sie kritisiert und überbietet. Hegel differenziert zwischen der subjektiven Moralität und einer in die Vernünftigkeit der Verhältnisse (d.h. der Geschichte und der staatlichen Institutionen) eingebundenen Sittlichkeit. Im Anschluß an Aristoteles reflektiert er auf diese Weise die politische und soziale Dimension von Handlungsorientierungen. Ob heutzutage allerdings noch die *Vernünftigkeit* der sozial verfaßten Sittlichkeit behauptet werden kann, wird wohl oft zu Recht bezweifelt.

Etikette, Konvention, Brauch, Mode: Definition

Etikette, Konvention, Brauch, Mode sind *präsittliche Verhaltensnormen*, die in hohem Maße Tun und Lassen zahlreicher Menschen zu einer bestimmten Zeit und unter bestimmten Umständen prägen oder leiten. Obwohl sie an sich keine moralische Relevanz besitzen, dürfen sie in der moralischen und ethischen Analyse und Beurteilung einzelner Handlungen - als mehr oder minder unterbewußte Handlungsdispositionen - nicht unterschätzt werden.

1.1.3 Ethik als Wissenschaft: Das Theorie-Praxis-Problem

Begriff der Ethik

Die Begriffsklärung (vgl. Kap. 1.1.2.) stellte bereits fest, daß Ethik nicht das Tun des Guten und nicht unbedingt die Anleitung zu diesem Tun ist, sondern die methodisch-kritische Reflexion über Maßstäbe dieses Tuns. Tritt man ein in das Feld der Ethik als *Wissenschaft*, so muß dort also die Selbstverständlichkeit von Mythos, Macht und der Geltung mancher bzw. vieler Normen herabgesetzt sein. Auf der anderen Seite heißt die Ethik als philosophische Disziplin oft *'praktische Philosophie'*; dem kommt entgegen, daß eine deskriptive Ethik oder Metaethik entweder doch normative Gehalte transportiert oder sich jenseits der Ethik in andere Disziplinen auflösen kann (vgl. Kap. 1.8.2.). Ethik heute ist also besonders gefordert, sich mit dem *Theorie-Praxis-Problem* auseinanderzusetzen und den Ort zu beschreiben, an dem sie *Ethik* und *Wissenschaft* ist.

Praktische Philosophie

Theorie-Praxis-Problem

Lit.: G. PICHT: Der Sinn der Unterscheidung von Theorie und Praxis in der griechischen Philosophie, in: Wahrheit, Vernunft, Verantwortung, 1969, S. 108ff.

Die Frage nach der Bedeutung und dem Verhältnis von Theorie und Praxis existiert seit der Antike, die Antworten haben sich aber auf einschneidende Weise verändert.

Aristoteles

a) ARISTOTELES gilt gemeinhin als der Begründer der 'ethischen Theorie' (vgl. ders.: Nikomachische Ethik, Buch I). Dabei ist interessant: Vor dem antiken Hintergrund, für den 'Theorie' von alters her die Schau des Gottes im Mysterium war, konnten Theoretiker der Gottlosigkeit bezichtigt werden, weil sie in ihrer Hinwendung zu der unvergänglichen Seite der Natur, aus der sie dann praktisches Handeln folgerten, die ihnen zustehende Vergänglichkeit zu überschreiten schienen. Trotz der Hinwendung zur Theorie war aristotelische Ethik aber nicht im heutigen Sinne Wissenschaft, sie war pragmatische Klugheitslehre, wollte den Menschen gut machen, indem sie über das gelebte Ethos nachdachte und so die darin Lebenden zu einem bewußteren Leben führte.

Theorie und Praxis sind bei Aristoteles zwei Formen, in denen sich die menschliche Seele mit der sie umgebenden Welt auseinandersetzt. Die Theorie wendet sich dabei dem unvergänglichen, die Praxis dem vergänglichen Aspekt der Lebenswelt zu. Ihre Zusammengehörigkeit wird vor allem daran deutlich, daß sie sich beide auf die Gesamtheit des Bewegten beziehen, von der Aristoteles sagt, daß in ihr Bewegung und Ziel, Energie und Entelechie in einem geordneten Zusammenhang stehen. Wenn man diese Einheit von Bewegung und Ziel auf das menschliche Handeln anwendet, so müssen in wahrer Praxis Werk und Ziel eins sein und ist die Theorie die höchste Form der Praxis, da sie diese Einheit nachzuvollziehen sucht. Diesem in seiner Gesamtheit in den Blick kommenden Lebensvollzug stehen dann die ποίησις oder τέχνη, das Herstellen oder die Kunst, gegenüber, in denen Werk und Ziel auseinanderfallen: Um eines anzustrebenden, von außen vorgegebenen Ergebnisses willen wird dieses oder jenes getan (vgl. Kap. 1.7.1).

Wahre Praxis

Lit.: O. HÖFFE: Ethik und Politik, 1979, S. 13-37.

Aristoteles im Christentum

b) Die aristotelische Philosophie wurde in der *christlichen Metaphysik* rezipiert und oft platonisch durchsetzt: Man nahm an, daß sich die Struktur des ewigen geistigen Seins in der Welt des empirischen Seins spiegele (Modell der 'analogia entis' und der 'participatio'), daß Gott selbst der Garant für die Einheit von Theorie und Praxis sei. Dabei wird die schon bei Platon vorgegebene Hierarchisierung der Seelenvermögen (vgl. Kap. 1.7.6) in der Anthropologie tradiert: Die Vernunft, die Gottes Geist näher ist, soll die unteren Seelenschichten wie die Begehrlichkeit und den Willen zähmen. Die Schau der ewigen Wahrheit ist das Ziel der Abwendung von dem vergänglichen Leben und Tun hin zu geistlichen Sphären. Theorie und Praxis, 'vita contemplativa' und 'vita activa', lösen sich durch die unterschiedliche Wertung immer mehr voneinander.

Luther. Anthropologische Korrektur

c) In bezug auf das Personverständnis sollte LUTHER diese hochmittelalterliche metaphysische Auffassung korrigieren, indem er wieder den ganzen Menschen mit seiner Personmitte (cor) vor Gott gestellt sah (vgl. Kap. 1.3.3). Die Frage, ob in Gott die Weltvernunft oder sein souveräner Wille die Oberhand hat, hatte bereits in der Scholastik die Gemüter erhitzt (vgl. den Streit zwischen Franziskanern und Dominikanern); in ihr wird das anthropologische Problem im Gottesbild gespiegelt. Wird diese Frage an Gott herangetragen, so wird die in ihm garantierte Einheit von Logik des Denkens und empirischer Erfahrung der Welt in Zweifel gestellt. Die spezifisch neuzeitliche Theodizeefrage ist ein Anzeichen dafür, wie die aristotelische Einheit von Theorie und Praxis, die zuletzt noch einmal bei HEGEL konzeptionell gesucht wird, zu bröckeln beginnt (vgl. Kap. 1.7.1.2.). Andere Faktoren begünstigen dieselbe Entwicklung: Das puritanische Selbstvergewisserungsbemühen über die (erwählende) Prädestination (vgl. die Kapitalismusthese M. WEBERs; vgl. ders.: Gesammelte Aufsätze zur Religionssoziologie, Bd. 1, 1920), fortschreitende Möglichkeiten zur Naturbeherrschung und Weltveränderung, die Relativierung von Wahrheitsansprüchen durch Religionsstreitigkeiten etc. führen in der Neuzeit dazu, daß der Mensch sich seine Ziele selbst setzt. Die Praxis wird durch den Verlust theoretischer Einheitskonzeptionen, an die sie gebunden war, in der Hand des neuzeitlichen Bürgertums zur Poiesis, zu technischem und ökonomischen Handeln.

Theodizee

Kritik des instrumentellen Handelns

d) So wenig wie zweckrationales Handeln oder instrumentelle Vernunft (M. HORKHEIMER) dem aristotelischen Verständnis von Praxis entsprechen, so sehr unterscheidet sich auch ein bestimmter neuzeitlicher Wissenschaftsbegriff vom Theorie-Begriff des Aristoteles. Insbesondere im Zuge des logischen Positivismus (vgl. L. WITTGENSTEIN: Tractatus logico- philosophicus, 1922; B. RUSSELL und Wiener Kreis) scheinen nur noch Mathematik, Logik und empirische Tatsachenerhebung einem strengen Wissenschaftsbegriff zu genügen; Ethik z.B. wird auf Emotionen, Einsicht, Zustimmung oder Ablehnung zurückgeführt und in den Bereich des Mystischen oder Transzendentalen verwiesen. Wenn das Wort, der Gedanke, die Theorie nur als Abbild der Tatsachen begriffen wird, dann sind ethische oder theologische Sätze wissenschaftlich schlichtweg Unsinn. Zudem geht ihnen stets die sittliche Erfahrung der Lebenswelt (HUSSERL) voraus, wohingegen das empirische Experiment auf nachträgliche, unabhängige Überprüfung setzt. Viele meinen deshalb, daß dieser Theorietypus der empirischen Wissenschaften (sog. HEMPEL-OPPENHEIMER-Modell) zur philosophischen Beschäftigung mit ethischer Praxis ungeeignet ist, weil er weder Interesse an, noch Rückwirkung auf sittliches Handeln haben kann. Solcherlei (empiristische) Theorie und (lebensweltliche) Praxis scheinen nicht mehr aufeinander beziehbar.

Wie ist es also heute jenseits dieses teilweise propagierten Grabens von Theorie und Praxis, Wissenschaft und ethischem Handeln noch möglich, Ethik als Wissenschaft zu betreiben?

Transzendentale Frage

a) Unter Verzicht auf empirisches Wissen kann man sich der *transzendentalen* Frage zuwenden, welche apriorische Form sittliche Urteile haben müssen (vgl. KANT; vgl. Kap. 1.8.3.1). Damit lassen sich allerdings nur vorfindliche Maximen via negationis überprüfen, sie lassen sich nicht positiv begründen.

Analytische Ethik

b) Man kann *'analytische Ethik'* betreiben, d.h. die Logik der ethischen Argumentation und Geltungsansprüche normativer Sprache beschreiben, wie es in der Nachfolge von G. E. MOOREs 'Principia Ethica' (1903) vor allem im angelsächsischen Sprachraum getan wurde, also Metaethik betreiben. Eine solchermaßen beschriebene Theorie fragt nur nach den Gesetzen einer Praxis im Sinne von Poiesis (der Kunst des Handwerkers oder Technikers). Sie beruft sich auf (scheinbare) Neutralität und besitzt keine Beziehung zu dem gelebten Ethos (vgl. Kap. 1.8.2.2).

Hermeneutik

c) Eine eher *hermeneutische* Analyse (im Sinne von GADAMER, RITTER) setzt dagegen diese Beziehung an den Anfang, bindet sich inhaltlich an die vorfindlichen Normen und versteht sich selbst quasi als ihre auslegend-verstehende Legitimation (vgl. z.B. die *Rehabilitierung der Autorität* bei Gadamer).

Kritische Theorie

d) Statt einer adaptiven Haltung kann man auch eine kritische einnehmen, wie es die *kritisch-dialektische* Theorie tut, indem sie beim Stichwort der Entfremdung ihren Anhaltspunkt findet. Sie sucht durch die Aufdeckung der sich in negativen Lebensbedingungen zeigenden Widersprüche gesellschaftlicher Praxis dieselbe zu verändern.

(Vgl. zu dieser zusammenfassenden die ausführliche Darstellung der Theorien in Kap. 1.8.)

Theorie-Praxis-Verhältnis

Für das Theorie-Praxis-Verhältnis ergibt sich auf der einen Seite (a u. b) das Postulat größtmöglicher Objektivität, dabei aber relativ wenig Anbindung und Rückwirkung auf die Praxis, und auf der anderen Seite (c u. d) Praxisnähe bei oft geringer kritischer Distanz zur Erfahrung bzw. zur utopischen Perspektive (vgl. A. SCHÖPF: Art. 'Theorie-Praxis-Verhältnis', in: O. HÖFFE [Hg.]: Lexikon der Ethik, ^{4}1992, S. 276f.). Will man Ethik als Wissenschaft in diesem Spannungsverhältnis verorten, so müssen die Begriffe von Theorie und Praxis in einem umfassenden Sinn definiert werden, um ihre Angewiesenheit aufeinander zu verdeutlichen: Wenn Praxis im umfassenden Sinn unseren passiven und gestalterischen Umgang mit den uns umgebenden Strukturen der Lebenswelt meint, über welchen sich Identität herausbildet sowie Lebenswelt verändert, dann ist von ihr eine Theorie herausgefordert, die keine Schau der unveränderlichen, ontologischen Strukturen der Welt ist, sondern eine Arbeit mit geschichtlichen Bedingungen und Hoffnungen, eine der kritischen Distanzierung fähige Suche nach Lebensperspektiven (vgl. Ch. FREY: Theologische Ethik, 1990, S. 66).

Lit.: A. SCHÖPF: Art. 'Theorie-Praxis-Verhältnis', in: O. HÖFFE (Hg.): Lexikon der Ethik, ^{4}1992, S. 275-277.

1.2 Normen: Begriff, Realität, Herleitung, Geltung

1.2.1 Vorbemerkung

⊙ **Bedeutung des Themas**

Die Voranstellung des Themas *'Normen'* in diesem Buch beruht auf der Einsicht, daß sich jede Ethik bereits in einem sozialen, d.h. von bewußten oder unbewußten Normierungen geprägten Kontext vorfindet und diese einzubeziehen und zu reflektieren hat. Demgegenüber gibt es Ethikentwürfe, die - dem sozialwissenschaftlichen Denken fremd - den Normbegriff eher gern vermeiden. Hierzu zählen:
- die *Existenztheologie*, deren ethisches Interesse vor allem der Existenz des Handelnden gilt (z.B. R. BULTMANN: Das christliche Gebot der Nächstenliebe, 1930, in: GuV I, S. 229ff.),
- der *Dialogismus*, dessen ethisches Interesse sich deutlich auf den anderen bzw. auf die Beziehungen zwischen Du und Ich konzentriert (z.B. M. BUBER: Das dialogische Prinzip, Heidelberg, [5]1984),
- der *Personalismus*, der die Grundlosigkeit der Entscheidungen des Ichs hervorhebt (z.B. F. GOGARTEN).

⊙ **Situationsethik**

Diese Tendenz kumulierte in den 60er Jahren in der radikalen Absage an den Normbegriff durch die *Situationsethik* (vgl. Kap. 1.8.3.2). Diese befürchtete, daß die Orientierung an Normen zur Folge habe, daß ein *abstraktes*, in allgemeinen Begriffen ausgesagtes Schema auf eine *lebendige* Situation mit *lebendigen* Individuen projiziert würde, das jener nicht gerecht werden könne. An die Stelle der als autoritär und Erstarrung bewirkenden begriffenen Normen tritt deshalb in solchen situationsethischen Entwürfen oftmals das Prinzip oder Gebot der Liebe (vgl. J. FLETCHER: Moral ohne Normen, engl.: Situation Ethics, 1967).

Gegenüber der Situationsethik muß festgehalten werden, daß auch die proklamierte 'Liebe' Bilder und Vorstellungen dessen benötigt, was für den anderen gut ist oder was gelingendes Leben bedeutet, und daß diese immer schon vorhandenen Vorstellungen erkannt und überprüft werden müssen. Die sozialpsychologische und sozialwissenschaftliche Interaktionstheorie kann belegen, daß jedes Individuum, jedes 'Ich' oder 'Du', immer auch durch seine konkreten und abstrakten Beziehungen

zu anderen Menschen bestimmt ist und damit von den in den Beziehungen und Verhaltensweisen waltenden Regeln. So ist jedes 'Ich' auch ein Produkt seiner *Sozialisation* durch primäre zwischenmenschliche und sekundäre soziale und gesellschaftliche Beziehungen; ein 'Du' erscheint seinem Gegenüber immer zunächst in sozial vorgeprägten *Rollen* (z.B. als Mutter, Vater, Kind, Freund/in, Lehrer/in, Ehemann/frau usw.). Subjektivität und Individualität zeigen sich nicht in scheinbarer Unberührtheit von Normen, sondern in dem besonderen lebensgeschichtlichen Aspekt, der in ihrer Kombination, Benutzung und Differenzierung aufscheint.
Die ethische Aufnahme und Reflexion von Normen ist nicht - wie von der Situationsethik oft suggeriert - gleichzusetzen mit einer prinzipiengeleiteten Ethik (Kasuistik). *Eine dem sozialwissenschaftlichen Normbegriff verpflichtete Ethik befindet und orientiert sich vielmehr im Spannungsfeld zwischen Kasuistik und Situationsethik.*

1.2.2 Der Begriff der Norm

⊙ Begriff

Der Begriff der Norm existiert als rechtlicher Begriff seit dem 17. Jahrhundert, als ethischer Begriff seit dem 19. Jahrhundert. Hergeleitet von griech. κανών über lat. 'norma' bezeichnete er ursprünglich den Maßstab für ein Senklot oder die Richtschnur eines Architekten. Dieser *instrumentale* bzw. *technische* Normbegriff ist bis heute erhalten (z.B. DIN-Normen). Spricht man dagegen von *sozialen* Normen, so sind damit allgemein *die stillschweigend oder offenkundig waltenden Regeln* gemeint, *die das Verhalten, die Beziehungen und die Orientierung von Menschen reglementieren* (HABERMAS: Handlungsanweisungen; APEL: praktische, regulative Ideen; SCHWEMMER: allgemeine Handlungsaufforderungen).

Innerhalb dieses Normbegriffes kann man grob unterscheiden zwischen

- *Standards* kultureller Techniken (z.B. die Leistung eines Orchestermusikers),
- Normen des *persönlichen* Verhaltens (Sitten [präsittlich] oder Gebote [sittlich]),

- Normen als *sittliche* Maßstäbe in gesellschaftlichen Institutionen und Strukturen, oft 'Werte' genannt (z.B. Gerechtigkeit).

Normen, sozialwissenschaftlich

Eine weitere sozialwissenschaftliche Differenzierung des Normbegriffs unterscheidet die Normensysteme anhand des sie befolgenden Subjekts und der ihnen bei Nichtbeachtung folgenden Sanktionen. (Die folgende Tabelle ist an die struktur-funktionale Theorie des Sozialen angelehnt und bereichert diese mit biblischen Beispielen.)

Normensysteme	⇨	Ihnen folgen *negative Sanktionen* im Falle des *Abweichens*
a. *Bräuche* (überliefert) *Moden* (zeitgebunden) *Etikette* (schichtspezifisch) *Konventionen* (so tut man es ...) *Sitten* (traditionell)	⇨	sozialer Ausschluß, z.B.: - Lächerlichkeit, Fremdheit, Distanz
b. *Sitten* (im strengen moralisch aufgeladenen Sinn; lat.: mores → Moralität)	⇨	moralische Ächtung als "böse" (meist von außen)
c. Bewußt eingehaltene, reflektiert festgehaltene Verhaltensstandards als Bestandteile eines *Ethos*	⇨	äußere (Meidung in einer Gruppe) oder innere (Gewissen) Sanktionen)
d. Flexible *Prinzipien*, meist Normen für Normen (-beurteilung), z.B. das Liebesgebot oder die Goldene Regel	⇨	neben inneren Sanktionen (s.o.) Schaden an der eigenen Identität
ab b kann ein weiterer Strang von Normen (-systemen) verfolgt werden: *Rechte* bzw. *Recht*		
b_2 *Gewohnheitsrecht,* mündlich tradiertes Recht	⇨	Strafen
c_2 *Förmliches (kodifiziertes) Recht,* von der Legislative promulgiert	⇨	Strafen

Anm: Nach Kant können wir ein- und denselben Regeln folgen:

- entweder *Moralität* (s. b,c und a,d!), d.h. aus frei verantwortetem Entschluß
- oder *Legalität* (s. b_2, c_2), uns äußeren Gründen unterordnend.

Das Subjekt der Normenbefolgung ist im Falle:

a u. b:	das Ich als	"man",
c:	das Ich als	bewußter Rollenträger,
d:	das Ich als	in reflektierten Beziehungen zu Mitmenschen (als ebensolchen Subjekten).

Biblische Beispiele für a-d, bzw. b_2-c_2:

a: Brautgeschenke an Rebekka bzw. deren Vater (Gen 24) (zugleich b_2),

b: Ammon und Thamar (2 Sam 13: "so etwas tut man nicht in Israel"),

c: der Beter des Ps 1,

d: Lev 19,18 (wenn die konkreten Regeln nicht mehr ausreichen, gilt das Liebesgebot),

b_2 s.o. Ehevertrag bzw. Rechtsspruch der Alten im Stadttor,

c_2 Die josianische Gesetzessammlung oder die in der Esra- bzw. Nehemiazeit sich bildende "Tora".

1.2.3 Was sind Normen?

⊙ Normen als Aussagen

Woran erkennt man Normen? Sind sie unbedingt vorzustellen nach dem Muster von Geboten, d.h. als Befehlssätze oder Imperative (HOBBES)? Entscheidend ist, daß Normsätze, seien sie indikativisch formuliert ("Das ist gut.") oder in Rollen bzw. Bewertungen versteckt ("Ein guter Vater ..."), immer ein *Sollen* ausdrücken. Dieses Sollen liegt dann nicht in den lokutionären, sondern in den illokutionären oder perlokutionären Akten sprachlicher Äußerungen, d.h. in den mit ihnen vorgenommenen Handlungen etwa des Weisens, Anleitens, Anordnens, Erlassens etc. (zur Sprechakttheorie von AUSTIN vgl. Kap. 1.8.2.2).

Lit.: J. L. AUSTIN: Zur Theorie der Sprechakte, engl.: How to do Things with Words, 1962.

Ein umfassendes Schema einer normativen Aussage (als Imperativ) könnte so aussehen:

Norm, schematisch

a) Subjekt b) Aufforderung	*c) Situation*			*d) Objekt*	*e) Betroffener*	
Du sollst	jetzt	hier	unter	dieses	im Blick auf	tun,
			bestimmten		dich, euch,	anstreben,
Ihr sollt	dann	dort	Umständen	jenes	andere	unterlassen

Anhand diese Schemas lassen sich verschiedene Formen von Normen unterscheiden:

- *Generelle Norm*: (c) entfällt, die Norm gilt unabhängig von der Situation (Ist sie auf verschiedene Situationen jeweils konkret nach dem Modell der Analogie anzuwenden, ist sie im spezifischen Sinn *universal*.),
- *Basisnorm*: (a), (c) und (d) sind entschränkt ("Handle recht und scheue niemand."),
- *Grundnorm*: Basisnorm, die nicht weiter abzuleiten ist (Kategorischer Imperativ),
- *Metanorm*: (d) ist selbst eine Norm, Norm für Normen,

(- *Wert*: steht im Vordergrund, allerdings im weiteren Sinn einer 'Wertethik').

Lit.: J. P. GIBBS: The Study of Norms, in: IESS, Bd. 11 (1968), S. 208-213.
R. M. WILLIAMS: The Concepts of Norms, in: IESS, Bd. 11 (1968), S. 204-208.

1.2.4 Die Reichweite von Normen

Normengeltung

Gesetze gelten nur in den Bereichen, für die der jeweilige Gesetzgeber zuständig ist. *Persönliche* Maximen können nicht über die eigene Person hinaus für verbindlich erklärt werden. Soziale Regeln beziehen sich oft auf eine *soziale Gruppe*, wie z.B. die Jugend oder eine bestimmte Berufsgruppe, insbesondere aber auch auf Schichten oder Klassen. Andere nichtrechtliche Normen sind an einen bestimmten *Kulturkreis* oder eine *Religion* gebunden. *Menschenrechte* - als überpositive Normen - sollten überall gelten; bestimmte politische Systeme (China) oder Religionen (Islam) begegnen ihnen skeptisch, oft mit der Begründung, sie seien Produkte des Abendlandes. Hier stellt sich die Frage, ob es Grund- oder Fundamentalnormen gibt, die für alle Menschen postuliert werden können, weil sie mit dem Menschsein schlechthin gegeben sein sollen.

⊙ Universale oder partikulare Geltung

Der in Nordamerika aufgekommene *Kommunitarismus* (Michael WALZER, Charles TAYLOR u.a.) behauptet, daß normative Fragen zunächst immer in einer bestimmten, partikularen Kultur beantwortet werden und nicht abstrakt für die ganze Menschheit gelöst werden können. Die alte Auffassung vom *Naturrecht* (vgl. Kap. 1.7.9) hat dagegen immer darauf bestanden, daß bestimmte Normen unabhängig von Zeit und Ort gelten, etwa das Tötungsverbot. Darauf gründet H. KÜNGs *'Projekt Weltethos'* (1990), das diese fundamentalen Normen durch die Religionen eingeübt und befestigt sehen will. Einen mehr deskriptiven Standpunkt bezieht die Unterscheidung nebeneinander existenter fundamentaler (z.B. Tötungsverbot), lokaler (z.B. Standards) und neutraler Normen (z.B. Verkehrsregeln), die Marcus SINGER vornimmt.

1.2.5 Die Geltungsdauer von Normen

Geltungszeitraum

Anfang und Ende der Geltung bestimmter Normen ist einmal ein Thema einer anscheinend deskriptiven Analyse gesellschaftlicher Notwendigkeiten (meist retrospektiv), andererseits aber auch ein wichtiger Diskussionspunkt von Ethiken, die den (prospektiven) Anspruch haben, normativ auf die Gesellschaft zu wirken.

Die *Evolutionstheorie* rechnet damit, daß Normen in Geltung getreten sind, sobald der Mensch als sprachliches und handelndes Wesen auftrat. Zu den ersten aus dem Zusammenhang von Gruppen erwachsenen und damit gruppenspezifischen Normen dürften universale Normen, die oben erwähnten Grund- oder Fundamentalnormen, erst dann getreten sein, als Menschen über Clan-, Stammes- oder Volksgruppen hinaus denken lernten (vgl. z.B. die Geschichte des alttestamentlichen Israels, die einen solchen Lernprozeß darstellt). Dabei gewinnen in dieser geschichtlichen Entwicklung nicht nur immer neue Normen an Geltung, es können durch sie auch alte überflüssig oder abgelöst werden.

Der Geltungs*anspruch*, den Normen besitzen, ist nicht mit gesellschaftlichen Notwendigkeiten gleichzusetzen, sondern er kann kontrafaktisch postuliert werden (Bsp.: der Landfriede am Ausgang des Mittelalters). Universale oder universalisierbare Normen wollen als *immer* geltend gedacht werden, wenigstens nachdem sie in die Geschichte eingetreten sind. Je *kurzfristiger* die Geltungsdauer von Normen veranschlagt wird, desto mehr löst sich die Normenfrage in die Problemstellungen der Situationsethik auf. Anspruch auf *mittelfristige* Geltung erheben die sogenannten *'mittleren Axiome'*. (Diesen Ausdruck brachte der englische Theologe Joseph H. OLDHAM 1937 auf der Weltkirchenkonferenz von Oxford als Antwort auf die römisch-katholische Sozialmetaphysik und ihr Naturrechtsdenken ein.) In einer bestimmten großflächigen Konstellation markieren die mittleren Axiome die Richtung gesellschaftlicher Orientierung, die der christliche Glaube zur gegebenen Zeit weist. Ihr Erfolg ist nach einer bestimmten Zeit zu überprüfen, die Axiome möglicherweise zu revidieren.

⊙ Mittlere Axiome

Lit.: W. A. VISSER'T HOOFT / J. OLDHAM: Die Kirche und ihr Dienst in der Welt, 1937.

1.2.6 Die Entstehung und Entwicklung sozialer Normen

Entwicklung von Normen (systemen)

Normen treten zwar mit dem Menschsein in die Geschichte ein, niemals aber kann man von einem abgeschlossenen Normensystem sprechen. Statt dessen entfalten und verändern sich Normen an der Grenze von Sittlichkeit und Recht (z.B. heute die Menschenrechte). So kann man sich - in Anlehnung an den katholischen Moraltheologen W. KORFF - die Entwicklung sittlicher Normen als Ausdifferenzierung einer ursprünglichen Sitte vorstellen (vgl. ders.: Normen als Gestaltungsträger menschlichen Daseins, in HCE^{2}, Bd.1, 1978, S. 114-146):

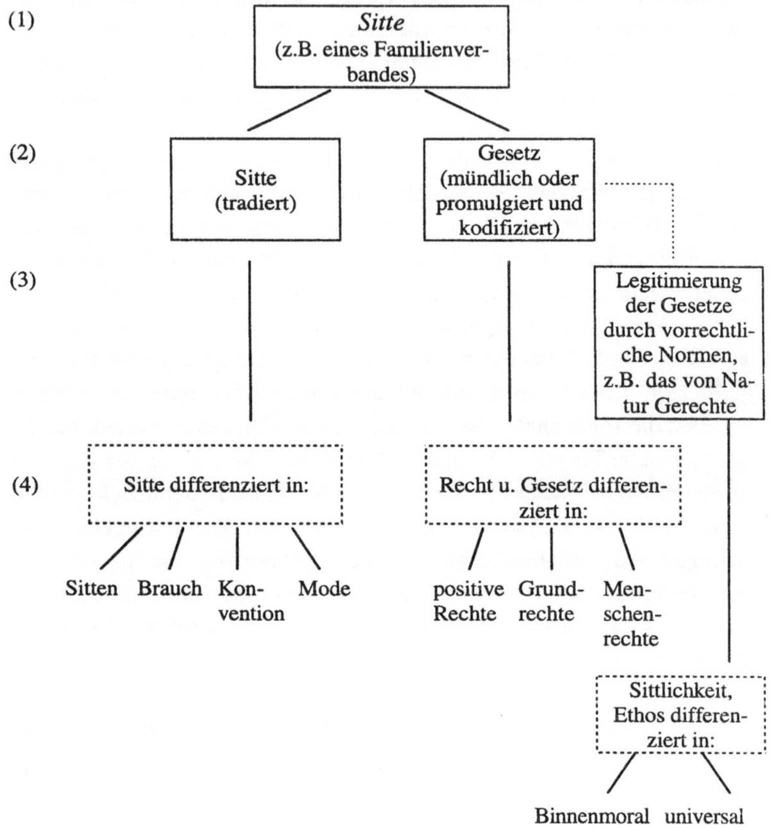

Dieses eher konservative Modell abendländischer Normenentwicklung ist zugleich auch ein aufklärerisches Fortschrittsmodell, das mit zunehmender Vernünftigkeit das *Naturrecht* als Regulativ des Ethos hervortreten sieht (zur Kritik vgl. Ch. FREY: Theologische Ethik, 1990, S. 27-38). Andere Theorien von Normenentstehung und Normenwandel (in der Geschichte) teilen diesen metaphysischen Ansatz nicht, sondern betrachten die Normen völlig wertfrei als *Kompensationen* des Mängelwesens Mensch (A. GEHLEN). Wiederum andere argumentieren mit dem *Spielraum*, in dem nonnaturale Normierungen zu entwickeln sind und sich zu bewähren haben.

(Versucht man z.B. einmal, die Geschichte Israels - Halbnomadentum, Seßhaftigkeit, Zentralisierung, Exil, Rückkehr - als einen normativen Lernprozeß zu lesen, so scheint dieser nicht einen Fortschritt zu abstrakteren Normen darzustellen. Statt dessen könnte man das Liebesgebot als 'Erfindungsregel' von Normen erkennen, die nach einer Verallgemeinerung streben, die im einzelnen Fall konkret werden muß [vgl. Lev 19,18.34].)

Neben einer Betrachtung der Normenentwicklung auf der *historischen* Ebene steht die Untersuchung der *Psychogenese* von Normen, d.h. der Herausbildung und Aneignung von Normen durch ein Individuum, das ja nicht mit Normen geboren wird. Das wohl bekannteste Schema der personalen Normengenese stammt von L. KOHLBERG.

⊙ Psychogenese von Normen

Lit.: L. KOHLBERG: Stufe und Sequenz. Sozialisation unter dem Aspekt der kognitiven Entwicklung, in: Ders.: Zur kognitiven Entwicklung des Kindes, 1974.

Die moralische Entwicklung des Kindes durchläuft drei bzw. sechs Stufen:

⊙ Kohlbergs Schema

(1) *Präkonventionelles Stadium:* Normen bzw. moralische 'Werte' liegen *außerhalb* der Person.
- (1.1) Orientierung an Gehorsam und Strafe zur Vermeidung von Störungen des Selbst,
- (1.2) naiv-egoistische Orientierung, die richtiges Handeln und richtige Bedürfnisse einander zuordnet.

(2) *Konventionelles Stadium:* 'Werte' liegen in der *Durchführung richtiger Rollen.*
- (2.1) Good-boy-Orientierung, Konformität mit Stereotypen,
- (2.2) Orientierung an Autorität und Ordnungen aus Pflicht.

(3) *Postkonventionelles Stadium:* 'Werte' sind im *Subjekt* verankert, das sich bewußt in Übereinstimmung mit und Teilhabe an *allgemeinen* Standards und Pflichten befindet.
- (3.1) Orientierung gemäß der Idee eines Kontrakts: Gegenseitigkeit, Wohl des anderen, freiwillige Anerkennung,
- (3.2) Orientierung am Gewissen und universalisierbaren Prinzipien (nicht starre Regeln, sondern Verhaltensalternativen).

Feministische Kritik

Dem Kohlbergschen Schema wurde oft der Vorwurf gemacht, zu kognitiv zu sein und einen abstrakten Gerechtigkeitsbegriff zu transportieren. Insbesondere feministische Kritik (C. GILLIGAN) erkannte darin ein männliches Moralverständnis, dem die Gefühlsmoral oder Fürsorgemoral entgegengesetzt wurde. Dies erscheint aber genauso einseitig. Weitere Anfragen an Kohlberg gelten seiner Behauptung der Universalisierbarkeit und Unumkehrbarkeit seiner Stufenfolge sowie seiner Nichtbeachtung äußerer Umstände, die kognitve Denkmöglichkeiten und praktizierte Moral auseinanderfallen lassen können.

1.2.7 Eine philosophische Normendifferenzierung

Logik der Normen

Die Wahrheit von *(Ist-)Aussagen* läßt sich logisch begründen: Aufgrund der Ursache y und der Randbedingungen n^i muß x sein. Dabei können die Aussagen dann den Kategorien "notwendig", "möglich" und "unmöglich" zugeordnet werden. Die *deontische Logik* (vgl. Kap. 1.8.2.2) überträgt dieses Begründungsverfahren auf *Sollensaussagen* und arbeitet mit den Kategorien "geboten", "erlaubt" und "verboten".

Diesen strengen Sinn kann Normenbegründung aber nicht annehmen. Sie kann statt dessen Sollensaussagen prüfen auf:

⊙ Universalisierbarkeit

Universalisierbarkeit:	Kann meine Maxime von allen Menschen in ähnlicher Situation übernommen werden (kategorischer Imperativ)?
Generalisierbarkeit:	Sind die allgemeinen Folgen dieser Art des Handelns erwünscht?
das handelnde Subjekt:	Bestimme ich mich und meine Handlungsabsicht, bestimmt er / sie sich und seine / ihre Handlungsabsicht in Freiheit und Vernunft? Habe ich, hat er / sie die rechten Absichten?
Diskursivität:	Können / Könnten alle in Freiheit sich Beratenden dem Handlungsentscheid zustimmen?
Idealität:	Käme der von einem 'moral point of view' (einem Standpunkt eines neutralen vernünftigen Moralbeurteilers) Überlegende zur selben Entscheidung?

Im Unterschied zur deontologischen Begründung von Normen handelt es sich bei diesen Begründungsprozessen nicht um den Entscheid über inhaltliche Richtigkeit oder Unrichtigkeit, sondern um die Bewährung des normativen *Gültigkeitsanspruches*, den ein Sollenssatz oder eine sittliche Selbstaufforderung erhebt. Die unterschiedlich aufgebotene Vernunft soll zu einer Vergewisserung oder Verwerfung der Entscheidung führen.

Normen-prüfung

Im Vollzug des Prüfens von Normen schwingen allerdings immer Grundannahmen über Subjekt wie Betroffene einer Handlung, deren Glück oder Heil usw. mit. Ebenso verhält es sich mit der naturalen und sozialen Wirklichkeit, in der eine potentielle Handlung stattfinden soll: Sie erschließt sich unter einer allgemeinen *Perspektive*. (Z.B. kann ein biblisch begründeter Glaube solche Perspektivierung anleiten, etwa mit der Hilfe der Lehre von den zwei Reichen, sofern sie eine Auslegung der neutestamentlichen Reich-Gottes-Aussagen sein will.)

Begründung von Handlungen

Wichtig erscheint auch der handlungstheoretische Zusammenhang, in dem eine Handlung begründet wird: So kann es sich bei einer solchen Begründung um eine einfache *Erklärung* (woher, wozu), eine *Rechtfertigung* (zweckrational) oder eine *moralische Begründung* (normenrational) handeln (Unterscheidung nach M. RIEDEL: Norm und Werturteil. Grundprobleme der Ethik, 1979), d.h. die Normenbegründung unterliegt Interaktionsnormen und kann wie die Perspektiven wiederum einer Prüfung unterzogen werden.

Lit.: K. DEMMER: Vernunftbegründung und biblische Begründung in der Ethik, in: ZEE 37 (1993), S. 10-21.

Ch. FREY: Vernunftbegründung in der Ethik. Eine protestantische Sicht, in: ZEE 37 (1993), S. 22-32.

1.2.8 Probleme der Letztbegründung

Der Gesichtspunkt der vernünftigen Selbstbestimmung ist nur zu hintergehen, wenn man dem Menschen abspricht, daß ihn - als Menschen - die Vernunft bestimmt. Dies taten im 19. Jahrhundert moderat SCHOPENHAUER und energisch NIETZSCHE. Sie setzten den *Willen zum Leben* dem Anspruch der Vernunft gegenüber; dabei erschien dem ersten das *Mitleiden* zentral, dem zweitem der *Wille zur Macht* innerhalb des

⊙ Leben

⊙ Wille zur Macht

Spiels des Lebens. Solche Ansätze leben fort in Albert SCHWEITZERS Kulturphilosophie: "Ich bin Leben, das leben will, inmitten von Leben, das leben will."

⊙ Kategorischer Imperativ

Vernünftige Normenbegründungen unterscheiden sich in methodischer Hinsicht dadurch, ob sie auf hypothetische oder kategorische Imperative (KANT) zielen. Ein *hypothetischer Imperativ* orientiert sich am möglichen empirischen Erfolg: "Wenn du dies oder das erreichen willst, tue dies oder das!" Ein *kategorischer Imperativ* begründet sich dagegen gewissermaßen selbst und ist situationsunabhängig: "Kraft vernünftiger Selbstbestimmung kannst du nur dies eine tun!" Die Frage nach Letztbegründungen von Normen ist also gleichbedeutend mit der Frage nach kategorischen (unbedingten) Imperativen in der Ethik.

Ältere Letztbegründungen unterscheiden sich vor allem aufgrund ihrer Verbindung der *Vernunft* mit dem Subjekt (1) oder dem Lauf der Weltgeschichte bzw. der Ordnung der Welt (2).

⊙ Pflicht

(1) *Deontologische* Letztbegründung: Vernunft und Subjekt verbinden sich im reinen Gedanken der *Pflicht.* Diesen beschreibt der kategorische Imperativ Kants: Handle so, daß dein subjektiver Tatvorsatz (Maxime) jederzeit als Prinzip einer allgemeinen Regelsetzung (Kant: Gesetzgebung) gelten kann!

⊙ Höchstes Gut

(2) *Teleologische* Letztbegründung: Die göttliche Schöpfervernunft hat die Güter der Welt so geordnet, daß sie in ihrer Relativität alle auf ein *höchstes Gut* hinweisen (vgl. z.B. die mittelalterliche Ordo- oder Metaphysik). Oder: Alles Handeln oder Gestalten in der Geschichte läßt diese, indem der Geist die Natur durchdringt, zum Besseren, zum höchsten Gut fortschreiten (vgl. z.B. SCHLEIERMACHER).

Beide Letztbegründungen (vgl. Kap. 1.6.1) verdienen eine theologische Diskussion:

zu (1): Wie werden Menschen dazu befreit, ihre eigenen Interessen derart zu relativieren? Ist der Gedanke der Pflicht als einziger Handlungsgrund menschengemäß, wünschenswert, produktiv?

zu (2): Entspricht das höchste Gut wirklich dem Reich Gottes? Oder gilt BONHOEFFERS Einwand, daß das abstrakte Wissen des Guten - von der Schlange des Paradieses angeboten (Gen 3,15: "Eritis sicut Deus") - zum ideologischen Götzen werden kann, und daß deshalb allein Christus, der den tödlichen Abstraktionen widerspricht, als der Gute angesprochen werden kann (vgl. ders.: Ethik, hg. 1992, S. 301-341)?

In der neueren Auseinandersetzung mit dem Problem der Letztbegründung von Normen scheinen vor allem folgende Positionen wichtig:

Dezisionismus

(1) Der *Dezisionismus* leugnet jede Möglichkeit einer letztlichen Grundlegung von Normen. Solche Skepsis erkennt in der Entscheidung für oder wider eine Handlung nur die unbegründbare Wahl des handelnden Subjekts (WEBER, LÜBBE, SCHMITT; vgl. Kap. 1.8.3.2).

Transzendentalpragmatik

(2) Die *Transzendentalpragmatik* begründet den Geltungsanspruch von Normen statt mit dem Rekurs auf das isolierte Individuum mit dem Verweis auf die Kommunikationsgemeinschaft, von der er gesetzt wird. Die Reziprozität und Universalität des herrschaftsfreien Diskurses ermöglicht den Rückgang auf letzte Normen. Dabei handelt es sich wie bei Kant nicht um eine materiale, sondern um eine formale Letztbegründung (HABERMAS, APEL; vgl. Kap. 1.8.3.1).

Freiheit

(3) Die Letztbegründung von Normen in einer Theorie der *Selbstaffirmation der Freiheit* reflektiert ebenfalls nicht den Gehalt, sondern die Bedingung der Möglichkeit der Existenz von Normen. Die unbedingte Freiheit veranlaßt zur Regelsetzung (KRINGS; vgl. Kap. 1.4).

Lit.: W. OELMÜLLER (Hg.): Transzendentalphilosophische Normenbegründungen, 1978.

1.2.9 Exkurs: Der Begriff des Wertes

⊙ Wert

Die schillernde Verwendung des Begriffes 'Wert' kommt insbesondere zum Ausdruck in dem *gesellschaftlichen Ruf nach Werten*, der seit den 70er Jahren in der Bundesrepublik geführten Grundwertdebatte und der aktuellen konservativen Klage über einen Werteverlust. Die Gesellschaft ruft nach der Erneuerung und Bekräftigung von Werten zur Bestimmung individuellen Verhaltens, während für ökonomisches Verhalten bzw. wirtschaftliche Prozesse Eigengesetzlichkeiten reklamiert werden. Der Begriff 'Wert' wird hier gemäß seiner Herkunft von dem Begriff 'Idee' als *ideologische Ware* gehandelt.

Lit.: G. GORSCHENEK (Hg.): Grundwerte in Staat und Gesellschaft, 1977.
Grundwerte und Gottes Gebot, hg. v. d. Kirchenkanzlei der EKD u. v. Sekretariat der Deutschen Bischofskonferenz, 1979.

Die englischsprachige *Moralphilosophie* hat einen weniger instrumentalen oder ideologischen Wertbegriff, sondern einen *naturalistischen*, weil sie unter "values" die Dinge faßt, die Menschen im Blick auf ihre Bedürfnisse für wertvoll halten (Nähe zur Güterethik; vgl. Kap. 1.6.1).

⊙ Wertethik

Die deutschsprachige Ethik orientiert sich an bzw. gegen Max SCHELERs Ansatz einer *"materialen Wertethik"*, die sich von Kants Formalismus abgrenzt (vgl. auch Kap. 1.8.2.1). Nach Scheler bilden Werte einen eigenen Kosmos, vergleichbar der benachbarten gegenständlichen Welt. Dabei existieren sie material nicht in dem Sinne, daß sie "sind", sondern in dem Sinne, daß sie "gelten", entweder weil sie den Sachen innewohnen (*Güterwerte*) oder weil sie in einer spezifischen sittlichen Situation vorfindlich sind (*sittliche Werte*). In der aufsteigenden Werthierarchie finden sich sinnliche (z.B. das Angenehme), vitale (z.B. Gesundheit), geistige (z.B. Schönheit, Wahrheit) und religiöse Werte (z.B. das Heilige). Diese werden *intuitiv* erfaßt.

Dagegen ist anzumerken, daß die materiale Wertethik so eine ideale Welt, einen 'platonischen Wertehimmel' entwirft, der die Einbindung von Werten in die soziale Wirklichkeit und ihre Dienstbarmachung für gesellschaftliche Ziele ausblendet. Doch es muß gefragt und kritisch reflektiert werden, was Menschen mit Werten tun oder sind.
Zudem müssen Werte nicht nur als Urteile über vergangene Handlungen, die sie als richtig oder falsch bezeichnen, betrachtet werden, sondern auch im Blick auf ihren unmerklichen präskriptiven Einfluß auf zukünftiges Handeln (z.B. in der Form von Emotionen). Dieses *nonkognitivistische* (hier: an Gefühle gebundene)

Verständnis von Werten ergänzt alle bisher genannten Wertbegriffe um eine weitere Dimension.

Versuche, den Wertbegriff in die evangelische Ethik einzuführen (vgl. H. KRESS: Ethische Werte und der Gottesgedanke, 1990), bleiben daher aufgrund der schon auf allgemeinethischer Ebene sichtbaren Schwierigkeiten problematisch.

Fazit:

Um die vielfältigen Bedeutungen des Begriffes 'Wert' abschließend noch einmal festzuhalten, könnte man sich mit der Frage beschäftigen, inwieweit sich in den eindeutig wertenden Akten des Vorziehens, Verwerfens, Billigens oder Mißbilligens ein instrumentales, naturalistisches, intuitionistisches oder nonkognitivistisches Verständnis von Werten ausdrücken kann.

Wert und Norm

Der Begriff des Wertes unterscheidet sich dadurch vom Begriff der Norm, daß er dessen mehr oder weniger verbindlichen Setzungscharakter und seine auch für die Zukunft regulative Fähigkeit, die auf seiner Sanktionskraft beruht, nicht erreicht. Doch auch ein Wert transportiert Leitlinien und Vorstellungen menschlichen Denkens und Verhaltens und nimmt somit an derselben Problematik Anteil wie sie die Normendiskussion prägt: Die Frage nach Normen und Werten bewegt sich jenseits einer Ethik, die nur die einmalige Situation, das einzelne Subjekt bzw. den einzelnen anderen und das je konkrete Ziel vor Augen hat, und diesseits einer Ethik, die statt dessen nur abstrakte Prinzipien (vgl. Kap. 1.8.3.1), einen Gesellschaftsvertrag (vgl. 1.7.8.2) oder formale Pflichterfüllung (vgl. Kap. 1.7.7) kennt.

Lit.: A. SCHÖPF: Art. 'Wert', in: Lexikon der Ethik, hg. v. O. Höffe, [4]1992, S. 303-304.

1.3 Ethisch relevante Orientierungen im Blick auf die handelnde Person

⊙ Subjekt der Verantwortung

Die Ethik fragt nicht nur nach Normen des Verhaltens (vgl. Kap. 1.2), sondern auch nach dem *Subjekt* verantwortlicher Entscheidungen oder sittlichen Handelns.

Das *Subjekt* ist trotz verschiedener Differenzierungen und möglicher humanwissenschaftlicher Vorbehalte zuletzt immer eine einzelne Person, die in ihrem Gewissen ansprechbar ist. Trotzdem kann der Begriff *'Subjekt'* unterschiedliche Bedeutungen und Bedingungen implizieren: Durch die Sozialisation wirken soziale Konstellationen und ihre Folgemechanismen auf die einzelne Person ein, so daß ein von seinen sozialen Bedingungen frei denkendes oder handelndes Subjekt eine abstrakte Vorstellung bleibt. Die Gesellschaft 'handelt' in den Individuen, wie auch gesellschaftlich geprägte Normen und Schemata in den Individuen wirken (vgl. Kap. 1.1.2 zu Ethos).
Insofern sittliche Entscheidungen und sittliches Verhalten dem Subjekt nicht äußerlich sind, sondern dazu beitragen, daß es Identität aufbaut, bewahrt und sein Leben zu integrieren sucht, gewinnt der Begriff 'Person' ethische Relevanz.

Wenn dieses und das darauffolgende Kapitel sich dem Thema des Menschen, der Anthropologie widmen, so werden darin verstärkt theologische Traditionen einzubeziehen sein. Im Blick auf die handelnde Person kann der Person-Begriff selbst bereits das Feld der alten und neuen Auseinandersetzungen um das Subjekt in seinen Grundzügen beschreiben, weshalb seine Klärung vorangestellt wird (vgl. Kap. 1.3.1). Sodann sollen wichtige Problemanzeigen des philosophischen, soziologischen und psychologischen Nachdenkens über das Subjekt dargestellt werden (vgl. Kap. 1.3.2), um anschließend der griechischen Anthropologie Besonderheiten eines christlich-evangelischen Menschenbildes entgegenzustellen (vgl. Kap. 1.3.3).

Da nicht nur einzelne, sondern auch soziale Gruppen, Verbände, Staaten und Gesellschaften kollektiv handeln, kann man auch von ihnen im übertragenen Sinne von 'Subjekten' sprechen, die sich über ihr sittliches Verhalten verantwortlich Rechenschaft ablegen müssen. Gerade die globalen Probleme der Techniknutzung und ihrer Folgen verdeutlichen, daß zahlreiche sittliche Fragen noch nach den *Subjekten* ihrer Verantwortung suchen (vgl. G. PICHT: Der Begriff der Verantwortung, in: Wahrheit, Vernunft, Verantwortung, 1969, S. 318-362). Um den Subjekt-Begriff jedoch nicht überzustrapazieren, werden die ethischen Probleme eines kollektiven Handlungssubjektes im Kapitel 'Institutionen' (vgl. Kap. 1.5.1) verhandelt.

1.3.1 Der Begriff der Person

0. Da Ethik als Wissenschaft (vgl. Kap. 2.1; Kap. 3.1) vornehmlich im griechischen Denken gründet, kommen auch zahlreiche philosophisch-anthropologische Begriffe, die ethische Bedeutung erlangt haben, aus diesem Traditionskreis (Seele, Geist, Gewissen, Vernunft, Begierde). Zudem wurden sie in der Neuzeit durch die Psychologie und die Verhaltensbiologie noch einmal gründlich umgestaltet. Wenn biblisch-anthropologische Termini übersetzt werden, ist deshalb Vorsicht geboten, sie mit den Konnotationen griechischen und neuzeitlich-abendländischen Denkens gleichzuschalten (z.B. נפשׁ = Seele). Schließlich zeigt die biblische Anthropologie den ganzen Menschen unter einem Aspekt seiner Lebensäußerung, etwa in folgendem Sinne: der Mensch *als* ψυχή, der Mensch *als* σῶμα (vgl. Kap. 2.3; 2.4).

⊙ 'Biblisches' und 'griechisches' Denken

1. Auch der Begriff der Person findet seinen Ursprung im griechischen Kulturkreis und meint dort die Maske des antiken Schauspielers (personare: durch die Maske geht der Schall seiner Worte hindurch). Somit entsprach seine Bedeutung eher dem, was Soziologen heute 'Rolle' nennen, und zielt somit *nicht* auf den heutigen Sprachgebrauch der *unverwechselbaren* Person (wie z.B. D. SÖLLE in 'Stellvertretung', 1965 betont).

⊙ Begriff der Person

Lit.: M. THEUNISSEN: Skeptische Betrachtungen über den anthropologischen Personbegriff, in: FS M. Müller, 1965, S. 461-490.

2. Die für Jahrhunderte gültige Definition von 'Person' stammt jedoch von dem christlichen Philosophen BOETHIUS (ca. 480-524), so daß dieser Terminus eine neue, spezifisch christliche, in der Trinitätslehre wurzelnde Geschichte bekommt. 'Person' wird von ihm definiert als "naturae rationalis individua substantia" (PL 64,1343). Neben der Subsistenz und Einmaligkeit der Person betont die christliche Trinitätslehre in der Ausbildung des Gedankens von der Perichorese (der wechselseitigen Durchdringung) die Relationalität der drei göttlichen Personen (dieser Begriff wurde in der lateinischen Sprache für das abstrakte griechische ὑπόστασις benutzt). Relationalität *und* Substantialität, also Selbständigkeit, der göttlichen Personen betont THOMAS V. AQUIN: "Persona igitur divina significat relationem ut subsistentem"

Definition des Boethius

(STh I q. 29 a.4). Dieser Sprachgebrauch wirkte zurück auf die anthropologische Bestimmung, so daß LUTHER Personsein als Sein "in relatione" (z.B. in der Bergpredigtauslegung [WA 32, S. 390]) bezeichnen konnte. Zwischen den Polen der Substantialität, der Frage nach dem Identischen (dem Personkern - verstanden als Vernunft oder Gottesebenbildlichkeit) auf der einen, und der Relationalität, der Kommunikabilität, der Reziprozität auf der anderen Seite schwanken die verschiedenen Begriffsbestimmungen und ihre praktisch-philosophischen Konsequenzen durch die Geschichte hindurch (vgl. dazu das folgende Schema):

⊙ Personbegriff, schematisch

'Person'
anthropologischer Ursprung:
persona = Maske

↓

(trinitäts-)theologisch modifiziert und definiert durch den spätantiken Philosophen
BOETHIUS:
naturae rationalis individua substantia

↙ ↘

Relation:

Bestimmung durch die
Trinitätstheologie:
Perichorese dreier Personen
LUTHER: Personsein 'in relatione'
↓
Gesichtspunkt der
Gegenseitigkeit
(trivial in der Ich-Du-Philosophie,
bedeutungsvoll in der Philosophie
der Unauflöslichkeit des anderen,
s. LÉVINAS)

Substanz:

Frage nach dem an der Person
Identischen:
J. LOCKE: Bewußtsein
↓
neuerer Utilitarismus:
Kapazität und Ausdruck von
Interessen (u.a. des Überlebens)
↓
reduktiver Personbegriff:
u.a. bei P. SINGER, N. HOERSTER
⇒ Konsequenzen für den Status
des Embryonen, für die Definition
des Todes

↘ ↙

praktisch-philosophische Konsequenzen:

↓ ↓

Der Personbegriff spiegelt das konfliktträchtige *Miteinander von Identität bzw. Kontinuität* eines Ich-Kerns, der über Bewußtseinsakte und Interessenwahrnehmungen hinausgeht, einerseits und der in die Person selbst eindringenden Relationalität und Sozialität andererseits, die aller Metaphysik und Ethik vorgängig sind.

Lit.: A. SCHÖPF: Art. 'Person', in: Lexikon der Ethik, hg. v. O. HÖFFE, [4]1992, S. 207-209.

1.3.2 Exkurs: Neuere philosophische, psychologische und soziologische Anstöße im Blick auf das Subjekt und seine Identität

Die folgende komplexe Darstellung über die geradezu aporetische Entwicklung des Subjektivitäts- und Personkonzeptes in der Neuzeit ist ***kein*** *Grundwissen. Allerdings lohnt es sich auch unabhängig davon, sich das hier angesprochene philosophische, psychologische und soziologische Problematisierungsniveau vor Augen zu führen - denn:*

Die aktuelle Diskussion um den Anbruch einer *Postmoderne* und den vermeintlichen 'Tod des Subjekts' scheint jeder Ethik, jedem Bemühen um Verantwortung in den Rücken zu fallen. Nicht zuletzt deshalb ist es angezeigt wahrzunehmen, welche Probleme die philosophische und sozialpsychologische Rede vom *Subjekt* und seiner *Identität* in der Geschichte der Moderne befällt. Der Zweifel am aufklärerisch herrschenden Subjekt dürfte so unevangelisch gar nicht sein.

a) Die Emanzipation des Subjekts in der Neuzeit

Denken und Körperwelt

In der *ökologischen* Ethik wird oft DESCARTES beschuldigt, denkendes Ich und Außenwelt bzw. Natur getrennt zu haben. Mit der "cartesianischen Verdopplung der Welt", der "Sortierung von Innen und Außen, von Subjekt und Objekt, von Materie und Idee, von Fremdem und Eigenem" (K. MEYER-DRAWE: Illusionen von Autonomie, 1990, S. 11) ist der Grundstein zu der Emanzipation des Subjekts bereits in der ersten Hälfte des 17. Jahrhunderts gelegt. Mit DESCARTES' Unterscheidung von 'res extensa' und 'res cogitans' - die erstere ist als Täuschung anzweifelbar, nur das Denken oder Zweifeln selbst kann nicht angezweifelt werden - wird das Ich zum ersten Mal als Wirklichkeit ganz eigener Art beschrieben und ihm eine fundamentale Bedeutung in der Philosophie zugewiesen. Dabei steht die Gewißheit des Selbstbewußtseins noch nicht dem Gottesbegriff gegenüber, sondern dieser ist als dem Denken eingeborene Idee zu denken; und nur dank seiner ist der Bezug zu der Außenwelt und ihre Erkenntnis garantiert. Was der Dualismus Descartes' emanzipiert, ist vielleicht das Subjekt gegenüber Gott, vor allem aber die Vernunft des geistigen Ich gegenüber der leibhaften Objektwelt. Dennoch kann der Rationalismus mit seinem 'Ich-denke', das der Vernunft ihren

Ort im Subjekt zuschreibt, als Anstoß eines durch die Aufklärung zur Moderne fortschreitenden Subjektivismus angesehen werden. Dies ist nicht zuletzt an der bleibenden Verquickung von Ich und Verstandestätigkeit abzulesen, die noch problematisiert werden wird.

Autonomie (Kant)

In der *Pflichtenethik* heißt es, daß sich der gute Wille selbst das Gesetz gibt. Er ist vernünftig; dank praktischer Vernunft zeichnet sich das Ich bzw. Subjekt durch Autonomie aus. Der transzendentale Idealismus KANTs überwindet den Rationalismus wie den Empirismus, indem er das vernünftige Subjekt als die Instanz begreift, die die einheitliche Ordnung der mannigfaltigen Erfahrung in sich herstellt. Das Ich wird als empirisches Ich in vielerlei Weise erfahrbar und anschaulich wie auch die Dingwelt; als transzendentales Ich ist es jedoch zur Autonomie befähigt, d.h. sich durch sich selbst in seiner Eigenschaft als *Vernunftwesen* zu bestimmen. Die Verdopplung verlagert sich nunmehr in das Subjekt selbst; in der Selbstreflexion tritt das Ich sich selbst gegenüber. Seine Freiheit liegt nun in der vernünftigen Selbstgesetzgebung, die in der theoretischen Vernunft begründet, in der praktischen Vernunft als *Willen* zur Sittlichkeit erkennbar ist. Gott ist nicht mehr derjenige, dem die Moral Tribut zollt - hier löst sich in der Autonomie das Subjekt aus der Fremdbestimmung - ; das Postulat der Existenz Gottes wird einzig nötig, um die Verbindung der Sittlichkeit mit der Glückseligkeit zu gewährleisten, auf die eine autonome Vernunft sich nicht beziehen darf. Mit KANT (und noch bei HUSSERL, der die "Paradoxie der menschlichen Subjektivität: das Subjektsein für die Welt und zugleich Objektsein in der Welt" [ders.: Die Krisis der europäischen Wissenschaften und die transzendentale Phänomenologie, in: Husserliana, Bd. 6, 1954, S. 182] klar formuliert), wird dem Subjekt die Aufgabe zugewiesen, Bestimmung und Konstitution der Wirklichkeit zu leisten. In diesem idealistischen Grundzug dürfte die Ursache der heute konstatierten Überforderung des Subjekts zu suchen sein.

Absolutes Ich (Fichte)

Im deutschen Idealismus wurde KANTs Philosophie in zwei verschiedene, für das Thema des Subjekts bedeutsame Richtungen fortgetrieben und radikalisiert: Bei FICHTE, dem Rebellen der Freiheit, wird die Beschränkung der menschlichen Erkenntnis durch die Dinge an sich aufgehoben zugunsten des absoluten Ich, das durch die Setzung seiner selbst erst das Nicht- Ich setzt: "Alle Wirklichkeit wird ihm zur Tat des Ich." (H. HERRING: Art. 'Ich' I, in: HWPh, Bd. 4 [1976], Sp. 3) Hier klingt bereits die Einsamkeit und Leere eines modernen Ich ohne Welt an, wie es auch vor KIERKEGAARD bereits FICHTE kritisch diagnostizierte.

Absoluter Geist (Hegel)

Ebenfalls in Zuwendung zu dem absoluten Selbstbewußtsein gelangt HEGEL zu beinahe entgegengesetzten Konsequenzen. In der Bewegung des Selbstbewußtseins heben sich Ansichsein, d.h. der Gegenstand, und Fürsichsein auf, so daß sich

im Laufe der Weltgeschichte Allgemeines und Individuelles nicht mehr widersprechen, sondern in ihnen der Weltgeist, der dem absoluten Subjekt gleichzusetzen wäre, zum Ziel gelangt. Der absolute Geist HEGELs beruft sich auf die Vernunft wie das absolute Subjekt FICHTEs, doch ebnet er aufgrund seines "Finitismus der Vernunft" (so W. WELSCH: Unsere postmoderne Moderne, [3]1991, S. 175) das Leben individueller Subjekte zugunsten einer Totalität ein, während jener vom Reich der freien Geister - der Plural ist ausschlaggebend - spricht.
Der Subjektivismus gelangt also mit FICHTE zur Blüte, wogegen er bei HEGEL durch die Aufhebung erweitert und auch überwunden wird. Dennoch darf man diesen letzten Versuch der Überwindung des Subjekt-Objekt-Gegensatzes in bezug auf seine Bedeutung für gegenwärtige Diskussionen nicht unterschätzen. Es bleibt die Frage, wie weit objektiv gegebene Verhältnisse vernünftig sein können.

Ende der Metaphysik

Die Existenzphilosophie, die mit KIERKEGAARD anfing, sich von der nach der Allgemeinheit fragenden Philosophie den praktischen Einzelfragen menschlicher Existenz und damit dem geschichtlichen Erleben des Menschen zuzuwenden, bereitet langsam vor, was NIETZSCHE mit einem Donnerschlag verkünden wollte: die Abwendung von der Metaphysik. Die unmittelbare Erfahrung des Seienden durch das Individuum rückt in den Blick des Interesses, insbesondere die Grenzerfahrungen von Angst, Tod, Leiden, Kampf, Ekel (SARTRE) und Schuld, die dem Menschen sein Geworfensein verdeutlichen und nur mit dem Sprung ins Religiöse (KIERKEGAARD) oder dem freien Entwurf des zur Selbstverwirklichung verurteilten Menschen (SARTRE), auf jeden Fall aber mit einer Wahl, die das Geworfensein hinter sich zurückläßt, immer wieder überwunden werden können.
Indem NIETZSCHE das Ende der Metaphysik proklamiert und damit den HEGELschen Versuch endgültig negieren will, läßt er im Gang seiner Philosophie der Zerstörung, der Entlarvung von Wahrheit, Moral, Vernunft als Illusion oder Lüge auch das Subjekt nicht unberührt: "Subjekt: das ist die Terminologie unseres Glaubens an eine Einheit unter allen den verschiedenen Momenten höchsten Realitätsgefühls (...) 'Subjekt' ist die Fiktion, als ob viele gleiche Zustände an uns die Wirkung eines Substrats wären: aber wir haben erst die 'Gleichheit' dieser Zustände geschaffen" (F. NIETZSCHE, KSA, Bd. 12, S. 465). Das einheitsstiftende Ich erscheint fiktiv, an seine Stelle tritt ein dezentriertes Ich, in dessen Innern ein unverständlicher Chor vieler Stimmen und ein tiefer Abgrund lauert. Dieser Destruktion schließt sich die "Umwertung aller Werte" an; d.h. die Moral wird destruiert. Nach der scheinbaren Proklamation des Todes Gottes kommt es jedoch ausschließlich auf das Sein der Welt an, und da dieses als ewige Wiederkehr des Gleichen erscheint, bleibt nur noch, das in ihr lebende Ich von seinem Willen her zu verstehen, seinem Willen zur Macht. Als reiner Überlebenswille erscheint er dem

nihilistischen Philosophen F. NIETZSCHE, einzig dem Ästheten in ihm ist noch ein anderer Wille bekannt, der auf den Schein, auf die Kunst, welche Leben lebenswert macht, ausgerichtet ist. Der ursprüngliche Gedanke vom Subjekt als Fiktion wird hier umgewertet, so daß er nun in der Schärfe seiner philosophischen Destruktionskraft und in der hoffnungsvollen Perspektive auf die Ästhetik erscheint. In bezug auf die Existenz des einzelnen Menschen kann mit NIETZSCHE keine positive Umdeutung durch Sprung oder Wahl der Freiheit angenommen werden; es ist ein Unterfangen eines 'Übermenschen', dieses nichtige Leben zu bejahen.

Postmoderne

Noch die sogenannte Postmoderne greift ständig auf die bisher skizzierten Ansätze und ihre Problematiken zurück: Es geht im Hinblick auf das Subjekt oder Individuum um die Streitfragen, ob das Subjekt die objektive Welt beherrscht oder ob es vielmehr von ihr beherrscht wird, ob das Subjekt sich selbst gegenüberstehen kann, ohne zu zerbrechen, ob die Vernunft das Subjekt garantiert oder ob das Subjekt eher die Einheit der Vernunft garantiert, ob die Individualität der Subjekte in Allgemeinheit überführt werden kann oder ob die pluralen Individualitäten ohne Vermittlung auskommen und ob das Subjekt seine Einheit und damit die Integration der Welt an Gottes Stelle in seiner Wahrnehmung leisten kann oder ob es damit überfordert ist und zerfällt.

b) Die sozialpsychologische Rede von der Identität

Identität

Die Diskussion des Begriffs *'Identität'* in Soziologie, Sozialpsychologie und Psychopathologie hat noch keine lange Geschichte - wie die jeweiligen Disziplinen selbst -, ihr synchron divergierendes Erscheinungsbild besitzt aber hohe Resonanz in der Öffentlichkeit: Das Wort 'Identität' ist in aller Munde, aber seine Bedeutung variiert erheblich.

Behavioris-mus

William JAMES sprach gegen Ende des 19. Jahrhunderts von einem 'sozialen Selbst', das in der Summe der Anerkennung bestehe, die ein Subjekt erhalte, und eröffnete damit die sozialpsychologische Verständigung über die Relation eines Individuums zu seiner Umwelt, in deren Spannungsfeld der Identitätsbegriff für diese Disziplin zu verorten ist. Für G. H. MEAD gilt: "Jede Identität ist eine soziale Identität" (ders.: Aufsätze, Bd. I, 1983, S. 328), wobei 'Identität' hier die anzweifelbare Übersetzung von 'self' darstellt (vgl. Kap. 1.6.3). Auch das innerste geistige Selbst entsteht über die Einübung in sprachliche Interaktion in der Gesellschaft und die Spiegelung seiner selbst in den anderen Individuen. Sprachliche Kommunikation und das Mitsein von anderen sind also die Grundbedingungen der 'Sozialisation'; diese bedient sich des Mechanismus' der sozialen 'Rollen'. Der Begriff der Identität wird also erst da verwandt, wo er das Ichsein des Menschen als über seine Triebe und Interessen hinausgehend beschreibt und damit den Behaviorismus eines SKIN-

NER übersteigt, der das menschliche und tierische Verhalten als Reiz-Reaktions-Mechanismus bestimmt.

Psychoanalyse

Die im Gefolge der Psychoanalyse FREUDs entstehende Ich-Psychologie bedient sich in einem anderen, ursprünglicheren Sinne des Begriffes 'Identität'. Hier bezieht er sich nämlich nicht auf eine äußere, sondern auf die innere Spannung zwischen verschiedenen "Provinzen", die in Identifikationsleistungen reduziert werden muß. So behauptet sich das 'Ich' im Spannungsfeld von 'Es' und 'Über-Ich' als eines. Zweifellos sind in dieser innerpsychischen Dynamik z.B. im 'Über-Ich' auch soziale Phänomene repräsentiert, aber die Verbindung von Psychologie und Soziologie leistet erst das Verständnis ERIKSONs von Identität, der Kindheit, Adoleszenz und Erwachsenenalter als Prozeß begreift, in dem die aufgrund unterschiedlicher Ansprüche der Umwelt und eigener Triebentwicklung entstehende Identitätskrise immer neu per Synthetisierung bestanden wird (vgl. die Übersicht hierzu bei E. ERIKSON: Identität und Lebenszyklus, 1973, S. 150f.). E. GOFFMAN gelangt auf diesem Hintergrund zu der Gegenüberstellung der sozialen Identität als der horizontalen Dimension der Identität, der personalen Identität als ihrer vertikalen zeitlichen Dimension, welche beide als von außen zugeschrieben erscheinen, und zuletzt der Ich-Identität, die diese sowohl ausbalanciert als auch ihnen gegenüber Handlungsfreiheit bewahrt. Das "therapeutische Potential der Identitätslehre" (D. HENRICH: 'Identität' - Begriffe, Probleme, Grenzen, in: O. MARQUARD / K.-H. STIERLE [Hgg.]: Identität, 1979, S. 135) sowohl in der Psychoanalyse als auch in der Sozialpsychologie wird also deutlich; Identität ist hier als komplexe Eigenschaft einer Person, ihre jeweiligen Möglichkeiten der Formbewahrung, zu betrachten.

Systemtheorie

Das therapeutische Anliegen kennt eine funktionale Bestimmung von Identität. Wendet man diese zurück auf die soziologische Frage nach der Gesellschaft, so ergibt sich nach LUHMANN folgendes Bild: "Identität ist ein Kompensativ für Kontingenz (d.h. für die Zufälligkeit des Daseins - die Vf.), ist das, was immer die Funktion erfüllt, das Dissoziationsrisiko aller Selektivität (d.h. die Gefahr, daß alles Wichtige auseinanderfallen kann - die Vf.) zu neutralisieren." (N. LUHMANN: Identitätsgebrauch in selbstsubstitutiven Ordnungen, besonders Gesellschaften, in: O. MARQUARD / K.-H. STIERLE [Hgg.]: a.a.O., S. 322) In Zeiten gesellschaftlicher Ausdifferenzierung, Unübersichtlichkeit usw. erscheint Identität fähig und nötig, Lücken der Systeme zu schließen. Um diesem Auftrag entsprechen zu können, muß Identität in modernen Gesellschaften nach Auffassung einiger Soziologen und Historiker ganz bestimmte Möglichkeiten bereitstellen bzw. Eigenschaften besitzen: Für H. LÜBBE sind Geschichten, d.h. "Ereignisabfolgen oder auch strukturverändernde Zustandsabfolgen" (ders.: Identität und Kontingenz, in: O.

MARQUARD / K.-H. STIERLE [Hgg.]: a.a.O., S. 655), die zufällig und nicht auf den Willen des Erlebenden zurückführbar sind, Grundlage individueller Identität. Die Anerkennung des Historismus (der Theorie, die keinen in der Geschichte verankerten absoluten Zielpunkt erkennen kann) vermag also Identitätsdiffusionen zu kompensieren. Für LUHMANN muß sich die Identitätsfunktion der Selbstreferentialität (also Selbstthematisierung) in modernen Gesellschaften anpassen, was auch bedeutet, daß der Identifikationsprozeß ad infinitum und *Identität als Identitätssuche* gedacht wird. Für Th. LUCKMANN schließlich stellt sich die moderne Situation in bezug auf Identitätsleistungen folgendermaßen dar: "Die Spezialisierung institutioneller Bereiche, die Lockerung oder Auflösung des Sinnzusammenhangs zwischen den Erfahrungen und Handlungen, die von diesen Bereichen bestimmt werden, die Anonymisierung vieler sozialer Rollen, der Bruch zwischen Primär- und Sekundärsozialisation und Art und Ausmaß von Rollendistanz sind in dieser Verbindung einzigartig. Die Konstruktion persönlicher Identität wird immer mehr in die Hand einer 'Institution' gegeben, die keine Institution sein kann: die des Subjekts" (ders.: Persönliche Identität, soziale Rolle und Rollendistanz, in: O. MARQUARD / K.-H. STIERLE [Hgg.]: a.a.O., S. 309). So gesehen müßte dieses sich von seiner Rollendistanz distanzieren.

Die Leistungen von Identität variieren also in dem Maße, in dem sie verschiedene Phänomene moderner Gesellschaft kompensieren müssen: Die Kontingenzerfahrung in der eigenen Geschichtlichkeit und die unendliche Selbstbezüglichkeit müssen positiv integriert, der Pluralismus verarbeitet werden. Dabei gerät Identität in das Paradox von Formbewahrung (s. o.) und Formierung der Formlosigkeit, das Ziel aber bleibt eindeutig: Wirklichkeitsbewältigung im Ich. Nur vermag dieses therapeutische Ziel etwas gegen die offenbaren Unterwanderungen des Subjekts, wie sie die heutige Psychologie (LACAN, FOUCAULT) und Soziologie (z.B. BOURDIEU) feststellt?

Es ist erkennbar, daß in der psychologischen bis soziologischen Diskussion des Identitätsbegriffes die philosophisch aufgezeigten Probleme des Subjektivismus durchaus reproduziert werden. Wiederum geht es um die mögliche Einheit sowohl innerhalb des Subjekts als auch um die Vermittlung von Subjekt und Umwelt, wobei sich jeweils die Frage stellt, inwieweit Beherrschung gelingt, das Individuum seine Identität behauptet. Und wiederum wird - mit der Funktionalisierung der Identität - das Subjekt zwischen Forderung und Überforderung begriffen.

Reduktiver Begriff des Subjekts

Ethisch erscheint nach dieser Skizze, die die Ermüdungserscheinungen des Subjekts (B. WALDENFELS) verständlich macht, also nach einer Differenzierung des Subjektbegriffes selber gefragt werden zu müssen. "Dem zentrierten, triumphierenden Subjekt wird nicht das total zerstreute entgegengesetzt, sondern der machtvollen Einheit die Differenz, belastet mit dem Risiko der Kontingenz, befreit zu einer Vielfalt möglicher Transformationen der 'Differenz der Zeiten' (Foucault). Muster dieses Ichs ist nicht mehr das klare, wache Bewußtsein, sondern der Leib, in dem Bewußtsein und Körper ein Geflecht bilden, in dem sich Fremdes und Eigenes, Vergangenes und Zukünftiges, Materielles und Ideelles, Soziales und Individuelles durchdringen" (K. MEYER-DRAWE: Illusionen, a.a.O., S. 153).

Fazit: Auch die Reflexion auf das Subjekt macht also deutlich: Verantwortliches Handeln ist je und je gefährdet und uneindeutig, aber auch unter diesen Vorbehalten gefordert.

1.3.3 Anthropologische Schemata in theologischer Sicht

Wie aus den Kap. 1.3.1 und 1.3.2 deutlich wurde, hat sich das Denken zu allen Zeiten "Modelle" konstruiert, um sich den Menschen in seinen verschiedenen Bestrebungen und Vermögen vorzustellen. Dabei trugen sich mehr oder minder bewußt ganz bestimmte Wertmaßstäbe in die Differenzierung der psychischen Konstitution und deren unterschiedlichen Funktionen ein. Diese Hierarchisierungen bestimmten dann ihrerseits die sittlich-moralische Wertung der einzelnen Bereiche des menschlichen Strebens. In griechischer wie scholastischer Tradition überlagerte sich die Bewußtseinsproblematik (vgl. später engl.: 'mind') mit einer Zwei- bzw. Dreiteilung des Menschen: **⊙ Menschen-'bilder'**

⊙ Dreiteilung

(2) Dieses Modell bestimmt weite Teile und viele Epochen der Christenheit, erfährt in der Reformation aber eine grundlegende Kritik:

⊙ "Ganzheit" (Luther)

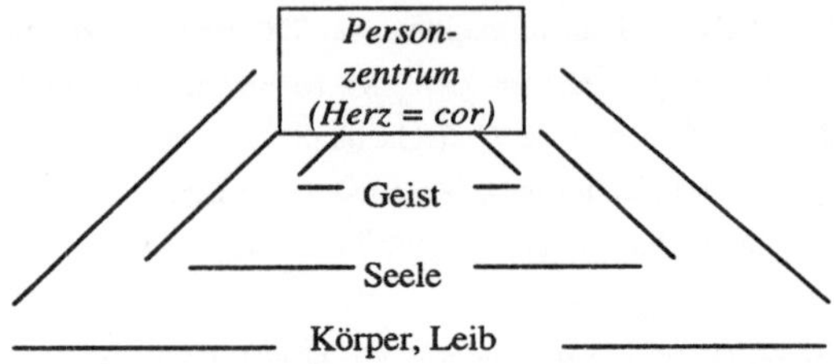

Dieses vor allem von LUTHER entwickelte Modell (vgl. W. JOEST: Ontologie der Person bei Luther, 1967) lehnt also keineswegs eine Differenzierung oder Strukturierung der einzelnen "Seelenvermögen" des Menschen ab, relativiert diese aber insofern entscheidend, als er in ihr eine rein innerweltliche Orientierung erkennt. Über die das Menschsein prägende Gottesbeziehung ist damit noch nichts ausgesagt. Diese wird durch das Personzentrum bestimmt, das jenseits oder "inseits" (Joest) des Gegenübers von Trieb und Reflexion zu lokalisieren ist und das *cor* genannt wird. Dadurch wird eine einseitige Orientierung des Glaubens und so des Menschseins an der Vernunft entgegengesteuert.

⊙ Paulus und Luther

(3) Die Anthropologie M. Luthers deckt sich deshalb auch mit dem paulinischen Ansatz, den E. LOHSE in Anlehnung an R. BULTMANN bündig und treffend folgendermaßen charakterisiert: "Die anthropologischen Begriffe Leib, Seele, Geist, Herz, Fleisch bezeichnen nicht jeweils einen Teil des Menschen, sondern den ganzen Menschen, der in den verschiedenen Funktionen seines Lebens immer vor Gott steht, zur Gemeinschaft mit anderen bestimmt und in seinem Gewissen gefordert ist, jedoch vor Gottes Gericht nicht bestehen kann" (ders.: Grundriß der neutestamentlichen. Theologie, 1974, S. 87). So gilt auch folgende Zuordnung für Luther und Paulus gleichermaßen:

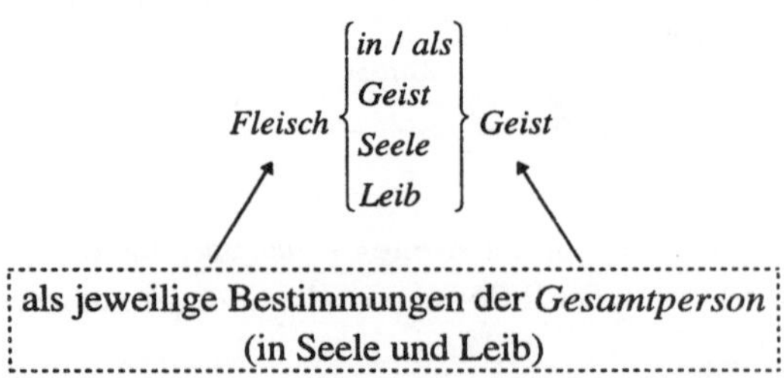

Aus dieser anthropologischen Akzentuierung ergeben sich gewichtige Konsequenzen, so eine Neubestimmung

- der *Sünde*: Diese wird nicht mehr als eine Herrschaft des 'Unten' über das 'Oben', der Sinne, Begierden und Affekte über die Vernunft gedeutet, sondern ist das falsche, "fleischliche" (im Gegensatz zum "geistlichen") Trachten des *ganzen* Menschen - mit all seiner Vernunft und all seinen Sinnen; ⊙ **Sünde**
- der *Erlösung*: Wenn der ganze Mensch nach seinem fleischlichen oder geistlichen Trachten soteriologisch bestimmt wird, kann es keine Scheidung mehr zwischen innerem und äußerem Menschen mehr geben, ist die These von der postmortalen Befreiung der Seele aus dem Leib als ihrem Gefängnis (Platon, Phaidon) christlich-anthropologisch nicht mehr haltbar; ⊙ **Erlösung**
- des *Menschenbildes*: Nicht aus eigenem (natürlichen) Vermögen, durch seinen Geist oder seine Vernunft ist der Mensch "gottoffen" (desiderium naturale), sondern er wird es aufgrund der Nichtverfügbarkeit des (geschenkten) Geistes und der (göttlichen) Leihgabe des Lebens nicht als in sich allein bestimmtes, abgeschlossenes System zu verstehen. ⊙ **Menschenbild**

Lit.: Ch. FREY (Hg.): Repetitorium der Dogmatik. Für Studierende der Theologie, [6]1998, 162-190.

1.3.4 Das Gewissen

Ein weiterer relevanter Begriff im Hinblick auf die ethische Frage nach der Person und ihrem Handeln ist der des Gewissens. In alltagssprachlichen Wendungen (z.B.: 'Ein gutes Gewissen ist ein sanftes Ruhekissen.' oder 'der Stachel des Gewissens') kommen bereits einige zentrale Aspekte des Gewissensbegriffes zum Ausdruck: ⊙ **Gewissen**

-Der Mensch fühlt sich einem Anspruch *gegenüber bzw. unterstellt*, das *Gute* zu tun.

-Im Gewissen ist dieser Anspruch jedoch nicht der anderer Menschen oder Dinge, sondern hier ist der Mensch *bei sich.*

-Das Gewissen äußert sich im subjektiven *Erleben*, nicht in der ethischen Selbstreflexion des Handelnden.

Neben diesen Aspekten wird im alltäglichen Sprachgebrauch allerdings auch eine gewisse Unschärfe und Unklarheit des Begriffes deutlich, den näher zu bestimmen in der Tat eine wichtige Aufgabe allgemeiner und theologischer Ethik ist, weil das Gewissen als Bewußtsein von dem Seinsollendem eine Schnittstelle zwischen dem Subjekt und dem verantwortlichen Handeln (vgl. Kap. 1.4 u. 1.6) markiert.

⊙ Geschichte Die Geschichte des Begriffes läßt strittige und systematisch-ethisch wichtige Punkte erkennen.

Das in der Spätantike hervortretende Wort συνείδησις (lat. conscientia), das man mit "Mitwissen" übersetzen kann, bezeichnete einerseits das bloße Bewußtsein selbst, andererseits eine zeugende, anklagende und richtende Instanz im Menschen. So wird es im *NT* übernommen, und entsprechend prägt LUTHER in seiner Übersetzung das Wort "Gewissen", das von "Bewußtsein" geschieden wird. Bereits das *AT* kennt natürlich das Phänomen des Gewissens, das hier als Zwiespalt des Herzens (לב) erscheint. Die Selbstanklage des Herzens wird jedoch so gedeutet, daß Gott als Anklagender sich Gehör verschafft. PHILO verbindet dann in der bei ihm erstmals ausgeführten Lehre vom Gewissen beide Gesichtspunkte, indem er den inneren Richter, Mahner und Wächter als Interpreten Gottes vorstellt.

⊙ Paulus Ein bestimmtes Verständnis vom Gewissen läßt sich von PAULUS bzw. seiner Rezeption bis hin zum Idealismus durch die theologische und philosophische Geschichte verfolgen. In Anlehnung an Röm 2,14ff. (Paulus spricht hier im Blick auf die Unentschuldbarkeit aller Menschen vor Gott von dem den Heiden ins Herz geschriebenen Gesetz) erscheint das Gewissen als Mitwissen des Menschen mit Gott und als natürlicher sittlicher Wesenskern. Trat bei den *Kirchenvätern* die autonome Entscheidung zugunsten des autoritären Gewissens zurück, so

⊙ Mittelalter rückt der Gewissensbegriff im *Mittelalter* in die Nähe des sich herausbildenden Naturrechtsgedankens (vgl. Kap. 1.7.9). Man unterscheidet zwischen der '*synteresis*' (das Wort dürfte sich einer Verschreibung von Syneideisis verdanken), dem allgemeinen und natürlichen Vermögen zu autonomer sittlicher Erkenntnis, und der *'conscientia'*, die jene auf den praktischen Einzelfall anwendet. Erstere ist - so betont z.B. THOMAS VON AQUIN - frei von Irrtum und unwandelbar; sie stellt gewissermaßen den heilgebliebenen Kern des Menschen nach dem Sündenfall dar. Entsprechend verstehen noch heute Teile der *katholischen Moraltheologie* das Gewissen als "Stimme Gottes", als Ort, an dem die objektive sittliche Norm sich ausdrückt.

⊙ Kant

Auch der *Idealismus* des 19. Jahrhunderts führt die scholastische Denkweise fort, wenn KANT das Gewissen als "ursprüngliche intellektuelle und moralische Anlage" (Metaphysik der Sitten, Tugendlehre, § 13) definiert und somit als Grundlage der Autonomie versteht. Das *Bild vom inneren Gerichtshof* läßt das Subjekt auseinandertreten in die aktuelle Person und die reine praktische Vernunft, die zur Selbstgesetzgebung anleitet und auf die Bestätigung durch Gottes Heilshandeln hofft. Das autonome moralische Subjekt hat hier Einsicht in das ewige Gesetz des Guten. HEGEL verweist gegen diese Auffassung auf die Möglichkeit der Verirrung des subjektiven, formalen Gewissens, das s.E. mit der allgemeinen Vernunft, dem wahren Gewissen, vermittelt werden muß. Konkret kommt dieses wahrhaftige Gewissen nicht zuletzt in den Forderungen des Staates zum Ausdruck.

Hegel

Die implizite Ähnlichkeit aller dieser Definitionen des Gewissens dürfte darin zu sehen sein, daß sie es als *unbedingte sittliche Instanz* verstehen; ihre Unterschiede dürften vor allem darin gipfeln, ob diese Instanz in der Autonomie oder Heteronomie des Menschen verortet ist (vgl. Kap. 3.1.1.1b).

⊙ Kritik des Gewissens

Eben solche Gewissensvorstellungen werden seit dem 19. Jahrhundert zunehmend mit *soziologischer und psychologischer Kritik* bedacht. Der Gedanke der Übereinstimmung des Ich mit sich selbst in einer objektiven Vernunft wird insbesondere von der Psychoanalyse FREUDS destruiert, die den Anteil der Sozialisation und des Trieblebens an der Ausprägung und der Art individueller Moralvorstellungen betont. Angesichts von Beobachtungen, daß Menschen die Ordnungsforderungen der Gesellschaft verinnerlichen und daß das Gewissen die Triebe domestiziert (vgl. FREUDS Rede vom Über-Ich oder F. NIETZSCHE: Zur Genealogie der Moral, in: KSA, Bd. 5, 1980, S. 245ff.), wanken die Behauptungen, das Gewissen sei Stimme Gottes oder Ort der Autonomie. Das Gewissen scheint ab sofort als grundsätzlich fehlbar und dem Irrtum um so näher, je starrer es sich zeigt. (Hier stellt sich die Frage, ob manches Pflichtbewußtsein nicht Zeichen eines versteinerten Gewissens ist; vgl. Kap. 1.7.7) Die Ausbildung des Gewissens ist als die *Entwicklung eines Selbstgefühls* vorzustellen, das den Spielraum

Freud

zwischen den auseinandergehenden Forderungen der Autoritäten und der Wirklichkeit gestaltet, ohne zwischen übertriebenen Schuldgefühlen oder geheimen Wünschen zerrieben zu werden (E. ERIKSON). Der *immer neue Entwurf der Integration des Ichs* erscheint genauso notwendig wie die Rückbindung des subjektiven Gewissens an die gesellschaftliche Kommunikation.

⊙ Gewissen, theologisch

Luther

Die Verwendung des Gewissensbegriffes in der *Theologie* ging und geht jedoch teilweise über das derart kritisierte moralische Gewissensverständnis hinaus, so z.B. bei Martin LUTHER, dessen Religion K. HOLL als "ausgeprägte Gewissensreligion" (vgl. ders.: Ges. Aufsätze zur Kirchengeschichte, Bd. 1: Luther, 1919) bezeichnet hat. Charakteristisch für Luthers Verständnis des Gewissens ist die Unterscheidung zwischen dem *verzagten Gewissen ohne Christus* und dem *in Christus getrösteten Gewissen.* Dies bedeutet, daß das Gewissen gerade nicht moralisch-ethisch, sondern theologisch verstanden wird; es ist der Ort, an dem die Rechtfertigung und Befreiung erfahren wird. Das gute, getröstete Gewissen ist das Ergebnis eines Geschehens 'extra nos'.

Tillich

An diese Bestimmung knüpft neuere evangelische Theologie an: TILLICH spricht von dem "transmoralischen Gewissen", das über den historisch-relativen Gewissensbestimmungen steht und in seiner Artikulation der Rechtfertigung über das Ich hinausgeht und es befreit. BONHOEFFER sieht im Gewissen ebenfalls ein Geschehen, das 'extra nos' beginnt. Er vernimmt in ihm den "Ruf der menschlichen Existenz zur Einheit mit sich selbst" (vgl. ders.: Ethik, hg. 1992, S. 277), der ein Ich trifft, das diese Einheit nicht aus sich selbst heraus hat, sondern auf Befreiung hofft. Diesen Gedanken nimmt EBELING auf. Das Gewissensphänomen erscheint ihm als Folge des Rufes Gottes, der einen mörderischen Zwiespalt im (verfehlten) Zusammenhang zwischen Mensch, Welt und Gott aufdeckt (vgl. ders.: Theologische Erwägungen über das Gewissen, in: ders.: Wort und Glaube, Bd. 1, 1960, S. 429-446).

Bonhoeffer

Ebeling

Bleibt bei letzterem undeutlich, ob das Gewissen als Elenchos, als den Menschen seiner Sünde überführendes, nicht doch primär ethisch-moralische Bedeutung besitzt, so wird das reformatorische Gewissensverständnis aber auf keinen Fall mit der Vorstellung des autoritär gebietenden göttlichen Übervaters verbunden werden dürfen. Es lebt vielmehr aus der Erfahrung jenes getrösteten Gewissens im Glauben, das ihn zu Verpflichtung befreit. Eine *theologische Ethik* sollte deshalb den Begriff des Gewissens nicht unüberlegt nutzen, sondern ihn in diesen systematischen Zusammenhang zurückstellen. Sie kann dann auch die Anfragen der Psychologie an die Unfehlbarkeit des Gewissens oder an die Einheit des Ich und ihr Bemühen, mögliche dem Namen Gottes unterstellte menschliche Manipulationsabsichten aufzudecken, nur unterstützen. Dennoch bleibt das Gewissen, wie es neutestamentlich verstanden wird - nämlich als das "erkennende und handelnde Selbstbewußtsein" (ThWB, VII, S. 913,8) in Relation zur Rechtfertigung durch Gott -, zentrales Element evangelischer Ethik. Es erlaubt, die persönliche Verantwortung des einzelnen Christen vor Gott und den Menschen sowie seine Befähigung dazu auszudrücken. Aus dieser Perspektive wird dann auch die Zusammengehörigkeit z.B. der Unvertretbarkeit jeder Person in ihrem Gewissen (vgl. Widerstandsrecht, Recht auf Kriegsdienstverweigerung aus Gewissensgründen) auf der einen und des notwendigen Dialogs des subjektiven Gewissens mit der Umwelt und der Vernunft auf der anderen Seite verständlich. Ein getröstetes Gewissen überwindet den Kreislauf von Selbstanschuldigung und Selbstrechtfertigung und ermöglicht glaubwürdige Verantwortung.

Lit.: Art. 'Gewissen' I-V, in: TRE, Bd. 13 (1984), S. 192-241.
Ch. FREY: Theologische Ethik, 1990, S. 221-225.
M. HONECKER: Einführung in die theologische Ethik, S. 127-144.

1.4 Grundprobleme der Handlung und ihrer Beurteilung: Ist der Mensch frei oder determiniert?

1.4.1 Unterschiedliche Aspekte des Freiheitsbegriffes

Freiheit, allgemein

Der Begriff *'Freiheit'* wird in vielerlei Hinsicht verwendet: Wer ist wovon, woraufhin, unter welchen Umständen, in bezug auf welche anderen Personen frei, etwas zu wollen, sich zu entscheiden, etwas zu tun oder zu lassen? Darum macht es Sinn, unterschiedliche Aspekte dieses vielschichtigen Wortes herauszustellen. Dabei darf nicht übersehen werden, daß eine solche Differenzierung neben ihrer Übersichtlichkeit immer auch eine dem "normalen" Sprachgebrauch gegenüber nachträgliche Künstlichkeit besitzt.

a) Freiheit als Handlungsfreiheit

⊙ Handlungsfreiheit

Versteht man unter Freiheit *Handlungs*freiheit, dann legt man im Verständnis des Begriffes das Schwergewicht darauf, daß ein Subjekt a oder b wählen und dann auch ausführen kann. Ideale Rahmenbedingungen wären vorhanden, wenn es ohne äußeren Zwang (Heteronomie) entschiede und handelte. Zudem setzt Handlungsfreiheit in der Regel die Möglichkeit voraus, zwischen *Alternativen* wählen zu können; je reichhaltiger und vielfältiger deren Angebot ist, desto größer kann (mit HOBBES: Vom Bürger, Kap. 9) die Handlungsfreiheit sein. Doch verlangt diese Bestimmung wiederum die Annahme, daß die Handlungssubjekte diese Möglichkeiten überhaupt *als* solche entdecken können.
Das Gedankenexperiment des Buridanschen Esels (Beispiel der Entscheidungslogik: Ein Esel steht zwischen zwei in jeder Hinsicht gleichen Heuhaufen. Gibt es Beweggründe, sich zu einem hinzuwenden und zu fressen?) beweist einerseits das Problem der Entscheidungsnotwendigkeit unter Freiheitsbedingungen, zeigt aber zugleich seine Künstlichkeit; denn einerseits wird der Trieb zu fressen (um Lust zu gewinnen und zu überleben) die Frage der Auswahl überlagern; andererseits ist das Experiment schon in seinen Versuchsbedingungen (völlige Gleichheit in den Alternativen dürfte es schon aufgrund der Vielzahl nicht zu kontrollierender Rahmenbedingungen niemals geben) unrealistisch. Insofern sich (Handlungs-) Freiheit im Kontakt zur und in Konfrontation eines Subjektes mit der äußeren Welt ereignet, wird - wie das obige Gedankenexperiment zeigt - das *innere* Moment der Freiheit unterbetont.

b) Freiheit als Willens- oder Entscheidungsfreiheit

⊙ Willensfreiheit

Aufgrund der zuletzt unter a) genannten Schwierigkeiten muß man in der Bestimmung des Freiheitsbegriffes weiter gehen und diese als *Willens*freiheit denken: Auch wenn es (äußere und innere) Motive für a oder b gibt, bin *ich* es, der entscheidet und handelt, nicht eine externe oder interne Ursache. Daher bestimmt KANT Freiheit als "das Vermögen, einen Zustand von selbst anzufangen" (KrV, B 561). Wird diese Bestimmung auf die praktische Vernunft angewandt, gründet die reine Spontaneität und Selbstbestimmung der praktischen Vernunft im reinen guten Willen als (identisch mit dem allgemeinen) Sittengesetz, so daß *Willens*freiheit nicht als *Willkür*freiheit verstanden werden darf: Indem das Subjekt sich dem Sittengesetz *frei* unterwirft, verhält es sich autonom. Deshalb setzt sich der Mensch als freies Subjekt in ein (Selbst-)Verhältnis zu den Bedingungen, die in seiner Umwelt, in den Umständen, aber auch in den Vorgaben seiner Sozialisation liegen. Weil nach Kant die Setzung des Selbstverhältnisses (zur Autonomie oder zur Heteronomie) den einzelnen Entscheidungsakten vorhergeht, kann der Freiheitsbegriff bei ihm als *transzendentaler* (Freiheit als Bedingung der Möglichkeit von Entscheidungen) charakterisiert werden.

Wenn strengen Sprachanalytikern (wie G. RYLE: The Concept of Mind, 1949) diese Art des Freiheitsverständnisses suspekt ist und sie diese auf das Mißverständnis eines "Geistes" (ghost - auch Gespenst kann konnotiert werden) in einer Körpermaschine zurückführen, achten sie die kausal oder analytisch nicht einholbare Freiheit nicht als vorgängiges Selbstverhältnis, das aller menschlichen Praxis und Erkenntnis - auch einer solchen Theorie - zugrundeliegt und nach KANT nicht beweisbar ist (was ja hieße, wiederum in ein Kausalmodell einzusteigen). Weil das Subjekt als Person (vgl. Kap. 1.3) immer auch in Relationen lebt, ist der "Begriff Freiheit mithin *ab ovo* ein Kommunikationsbegriff" (H. KRINGS: HPhG, Bd. 2 [1973], S. 507 im Anschluß an FICHTE). Er schließt die Anerkennung anderer als freier Wesen ein.

c) Willkürfreiheit

Ohne Bezug zur Realität und ohne Anhalt am Leben läßt sich aus dem Begriff 'Freiheit' der Unterbegriff '*Willkürfreiheit' (liberum arbitrium)* - verstanden als das total freie Vermögen, ohne Voraussetzungen zwischen Beliebigem wählen zu können - ableiten. Der fehlende Wirklichkeitsbezug dürfte aus den Ausführungen zu a) und b) hinreichend deutlich geworden sein. **liberum arbitrium**

d) Politische Freiheit

Politische Freiheit

Weil der Mensch ein Gesellschaftswesen ist und in politischen Ordnungen und Institutionen den Umgang der unterschiedliche Interessen vertretenden und verfolgenden Individuen und Gruppen regelt, gewinnt die Frage der Gestaltung von Freiheit auf sozialer, politischer, staatlicher und juristischer Ebene erneut Relevanz. Da Freiheit auch auf diesen Ebenen Selbstbestimmung meint und pure Fremdbestimmung ausschließt, impliziert ein angemessenes politisches Freiheitsverständnis demokratische Selbst- und Mitbestimmung bis in die Gesetze des Gemeinwesens. Offensichtlich läßt sie sich deshalb am besten - zum Schutz gegen Totalisierungen - bei einer Gewaltenteilung realisieren.

Kommunitarismus

Eine neuere, angloamerikanische Richtung politischer Philosophie, der *Kommunitarismus* (M. WALZER, CH. TAYLOR, A. MACINTYRE, M. SANDEL u.a.), legt in kritischer Abgrenzung gegenüber dem neuzeitlichen Individualismus und Liberalismus und in Wiederaufnahme aristotelischer Traditionen großes Gewicht auf die Einbindung des einzelnen und seiner Freiheitskonzeptionen in den gesellschaftlichen Kontext. "Nicht die Berücksichtigung der Willkürfreiheit des Einzelnen, sondern Schutz der Integrität von Gemeinschaftsbeziehungen macht daher das Grundproblem einer zeitgenössischen Ethik aus" (A. HONNETH, in: Nachwort zu: Ch. TAYLOR: Negative Freiheit?, 1988, S. 311). Beachtenswert - trotz aller Anfragen an philosophische Begründungsstrategien - bleibt der aktuell diskutierte Hinweis, Freiheit gesellschaftsbezogen und im Wechselverhältnis zu Gleichheit und Teilhabe zu denken (vgl. Kap. 1.7.10).

Lit.: H. KRINGS: Art. 'Freiheit', in: HPhG, Bd. 2 (1973), S. 493-510.

1.4.2 Freiheit im theologischen Verständnis

⊙ Freiheit, "theonom"

a) Die rein anthropologischen, aus der Moralphilosophie bekannten und hier unter 1.4.1 a)-d) skizzierten Verständnisse von Freiheit erhalten in theologischer Perspektive eine problematisierende Korrektur. Dabei ist nicht daran gedacht, Wahl- oder Willensfreiheit der Menschen durch Gottes Allmacht (praedestinatio) und Vorherwissen (providentia) ausgelöscht zu sehen. Statt dessen erzählen zahlreiche alt- und neutestamentliche Geschichten von der zuvorkommenden Liebe Gottes, die das Volk und die Menschen aus alten Knechtschaftsstrukturen befreit (vgl. die Exoduserzählungen, die jesuanische Rede vom Reich Gottes, die paulinische Proklamation der Berufung zur Freiheit vom Gesetz) Sie fordert, im Rahmen dieser Gabe Lebensverhältnisse als Aufgabe zu gestalten (Einbindung der Sinaiperikope in die Befreiungsgeschichte, die Imperative der Bergpredigt vor dem Hintergrund der Makarismen, das Ineinander von Indikativ und Imperativ bei Paulus [z.B. Gal 5,25]). Jenseits der Fragen, ob Gott durch menschliche Entscheidungs- und Willensfreiheit mitwirke oder sogar Freiheit zur Wahl des Bösen lasse, erlaubt dieser biblische Hintergrund nicht, die scheinbare Alternative von Autonomie und Heteronomie weiter zu verfolgen. In biblischer Perspektive wird in den so unterschiedlichen Geschichten und Texten oft der Akzent darauf gelegt, daß sich *geschenkte* Freiheit bewähren muß - und dies in verschiedenen Hinsichten: In einem Geflecht von Gottes-, Selbst- und Nächstenbezug gestaltet sich Freiheit, wenn sie zugleich mit Gottes (gutem) Willen und seinem Gebot übereinstimmt, auf den anderen ausgerichtet ist und auf diese Weise und vor diesem Hintergrund eine neue *Identität* für sich selbst gewinnt.

© Freiheit eines Christenmenschen

b) Ein biblisches, dynamisches und kommunikatives Freiheitsverständnis enthält auch M. LUTHERs Sendschreiben "Von der Freiheit eines Christenmenschen". Die berühmte, an 1 Kor 9,19 ausgerichtete, dialektische These (vgl. WA 7, S. 20-38: "Ein Christenmensch ist ein freier Herr über alle Dinge und niemandem untertan. Ein Christenmensch ist ein dienstbarer Knecht und jedermann untertan" [Orig. lat.]) schwebt ja nicht im luftleeren Raum, sondern erfüllt sich an den im biblischen Denken hervorgehobenen Lebensbezügen - nämlich "daß ein Christenmensch nicht in sich selbst lebt, sondern in Christus und in seinem Nächsten; in Christus durch den Glauben, im Nächsten durch die Liebe" (zit. nach M. Luther, Ausgewählte Werke, hg. v. K. Bornkamm / G. Ebeling, Bd. 1, 1982, S. 263). Freiheit darf daher weder als naturgegebenes Faktum oder als Potenz verstanden, sondern kann als zu gestaltendes Geschenk begriffen werden.

⊙ Sünde als Zerstörung der Freiheit

c) Die in zu bewährender Identität geschenkte Freiheit geht durch forcierte "Selbstbehauptung" (biblisch und theologiegeschichtlich verstanden als Sünde in Gestalt des Hochmuts [superbia]) verloren. Dabei meint 'Sünde' nicht eine einzelne Verfehlung, sondern die verkehrte Grundrichtung (vgl. Luthers "De servo arbitrio", 1525).

Augustin

Bereits AUGUSTIN unterscheidet hinsichtlich dieser Grundausrichtungen:

paradiesisch:	posse non peccare
nach dem Fall:	non posse non peccare
im Zustand eschatologischer Erlösung:	non posse peccare.

Luther

Man mag heute Probleme mit dem wissenschaftstheoretischen Status solcher Aussagen haben; dennoch wird an diesem Schema deutlich, daß die Sünde die Grundlage der Freiheit und damit das von Gott zur Freiheit bestimmte Ich (Gal 5,1) untergräbt: Alle unter der Sünde geübte und theologisch (auch von Luther) keineswegs bestrittene Wahlfreiheit täuscht über die schlimmste Form von Beherrschung, die fixierte Grundausrichtung hinweg. (Hier hat Luthers Bild vom Menschen als einem Reittier, das entweder vom Teufel oder von Gott geritten wird, seinen Platz.) Darum bleibt die Freiheit eine eschatologische Verheißung, die hier und jetzt im Kampf mit der "alten Welt" und dem "alten Adam" in uns selbst (vgl. BSLK, S. 516) ansatzweise wahr wird.

Bonhoeffer

BONHOEFFER bringt dieses dynamische Geschehen zum Ausdruck, wenn er in loser Anknüpfung an M. HEIDEGGER das "Gewissen" als "Ruf der menschlichen Existenz zur Einheit mit sich selbst" bezeichnet (vgl. ders.: Ethik, hg. 1992, S. 277).

Aus diesen theologisch-anthropologischen Überlegungen ergibt sich, daß der unter 1.4.1 vorgestellte Begriff der "transzendentalen Freiheit" zutiefst ambivalent ist. Diese kann nämlich auch das Selbst in der Gotteskindschaft verfehlen. Auf der Ebene der tiefsten Bestimmung menschlichen Daseins, der Beziehung zu Gott, kennt theologisch verstandene Freiheit keine Wahlmöglichkeit, weil die Möglichkeit der Abwendung von ihm nach dem Verständnis des Glaubens gerade nicht in die Freiheit führt, sondern zur Unfreiheit verdammt. Zugleich gibt die christliche Theologie ihrer Hoffnung Ausdruck, daß Gott in Jesus

Christus selbst den von Menschen gewählten Weg der Unfreiheit endgültig überwunden und ihnen eine neue Identität als Geschenk zugesprochen hat.

Im Verstehensprozeß theologischer Ethik sind deshalb nur jene *Gebote* als wahrhaftige Gebote Gottes zu verstehen, die in jene geschenkhafte, aber vor Gott und den anderen zu bewährende Freiheit einweisen und deren Durchbrechung diese Freiheit verlieren läßt. Insofern ist theologisch verstandene Freiheit immer gefüllte, ja erfüllte Freiheit, die aus dem eschatologischen Vorbehalt Freiheit verantwortlich nur im "Vorletzten", unter dem kritischen Maß des Letzten kennt und gestaltet (vgl. D. BONHOEFFER: ETHIK, hg. 1992, S. 137-162). **Gebote Gottes**

Lit.: Art. 'Freiheit' I-VI, in: TRE, Bd. 11 (1983), S. 497-549.

1.4.3 Determination

Im allgemeinsprachlichen und philosophischen Verständnis kann *Determination* als der Widerspruch zu **Determination**
- dem (unter 1.4.1) erörterten "Von-sich-selbst-her-Anfangen",
- der damit prinzipiell gegebenen Wahl- und Entscheidungsfreiheit und
- der diese voraussetzenden "transzendentalen Freiheit" (vgl. Kap. 1.8.3.1) bestimmt werden.

Dabei lassen sich zumindest zwei Unterbedeutungen differenzieren:

a) In empiristisch-naturwissenschaftlichen Strömungen wird bis heute oft die These vertreten, daß alles, was geschieht, im Sinne der Physik durch Verursachungsketten bestimmt ist. Jedes Ereignis sei daher grundsätzlich analysier- und erklärbar, und nur mangelndes Wissen von seinen Determinanten trübe die Erkenntnis. Gegen eine solche Universaltheorie wird (u.a. von HEMPEL) eingewandt, daß nicht eine Ursache oder eine Verkettung von Ursachen allein, sondern eine komplexe, oft unendliche Fülle von Ursachen unter wiederum einer unerschöpflichen Fülle von Randbedingungen ein Ereignis hervorbringe. Der theoretische Gedanke, alle Ursachen erschöpfend zu bestimmen, ist dann mit dem unmöglichen Versuch zu identifizieren, zuletzt die ganze Welt in ein einziges stringentes Kausalmodell einzubeziehen. **Physikalismus**

Daher ist das (faktische) 'Daß' eines jeden Geschehens letztlich unableitbar.

Diese grundsätzliche Ablehnung eines quasi-metaphysischen Determinismus hat nicht notwendigerweise zur Folge, auf die Untersuchung und Unterscheidung von externen und internen Ursachen eines Ereignisses zu verzichten. Dabei ist jedoch vor dem Hintergrund der hochvirulenten Leib-Seele-Problematik stark umstritten, ob mentale Vorgänge hinreichend durch physikalische, neurobiologische oder -informatische Zugehensweisen erklärt werden können (zum Überblick: Th. METZINGER: Subjekt und Selbstmodell, 1993). Auch genetische Forschungen scheinen den Eindruck zu erwecken, als ob das Verhalten und Sein des Menschen erklärbar und dann im Rahmen technischer Vernunft auch prognostizierbar, präparierbar und manipulierbar sei.

Biologismus

b) Neben Versuchen, in Anlehnung an die Physik Determinationen menschlichen Handelns zu erfassen, haben besonders biologisch orientierte, ethologische und psychologische Forschungen gerade das heutige Alltagsverständnis von Determination geprägt. Ohne hier näher auf einzelne Ansätze eingehen zu können, seien stichwortartig erwähnt:

- das Triebmodell S. FREUDs (vgl. ders.: Abriß der Psychoanalyse, in: GW, Bd. 17, 1941, S. 67-138),
- die vollständige psychologische Destruktion des Willens durch H. ROHRACHER (vgl. ders.: Persönlichkeit und Schicksal, 1926),

⊙ Behaviorismus

- das Stimulus-Response-Schema der behavioristischen Psychologie B. F. SKINNERs (vgl. ders.: Beyond Freedom and Dignity, 1971),

⊙ Ethologie

- das ethologische Modell des "angeborenen auslösenden Mechanismus" (AAM) von Irenäus EIBL-EIBESFELDT (vgl. ders.: Grundriß der vergleichenden Verhaltensforschung, 1967).

Solche, um zahlreiche andere Beispiele aus den genannten Wissenschaften erweiterbare Auflistungen erwecken den Eindruck, daß der Begriff der Triebe oder der Stimuli, die sich auf die Motivation einer Handlung auswirken, den des Willens und der Freiheit verdrängt haben. Zum anderen scheinen frühkindliche Erfahrungen und Dispositionen in dieser Hinsicht zudem oft als irreversibel.

Lit.: Ch. FREY: Arbeitsbuch Anthropologie, 1979, S. 111-226.

c) Weitere einzelwissenschaftliche Untersuchungen auf dem Gebiet von Kultur-, Sozial- und Wirtschaftswissenschaften untermauern die unter a) und b) grob skizzierte Tendenz, den "*Spielraum des Verhaltens*" (B. WALDENFELS) immer geringer zu ziehen oder ganz zu negieren. Aus all dem ließe sich die Konsequenz ziehen, auf die moralische Bewertung oder Beurteilung einer Handlung ganz zu verzichten, weil sie durch die Aufdeckung kausaler Determinationen sinnlos geworden seien. Daher muß die kritische Revision solcher einzelwissenschaftlicher Erkenntnisse nicht nur aus wissenschaftstheoretischen, sondern vor allem aus ethischen Gründen erfolgen. Es läßt sich unschwer übersehen, daß die Rezeption solcher Theorien Konsequenzen für die Legitimität ethischer Diskurse überhaupt nach sich zieht: Ist jedes Verhalten und jede Entscheidung determiniert, welchen Sinn hat es dann, von *Freiheit*, von *Verantwortung*, von der Unterscheidung von *Gut und Böse* zu reden? Solche Untersuchungen überschreiten vor dem Hintergrund der in Kap. 1.4.1 skizzierten und in 1.4.2 problematisierten Erläuterung der "transzendentalen Freiheit" dort ihre Grenze, wo aus einem *methodischen Determinismus* eine *metaphysische Totaldetermination* des Menschen wird. So sehr der erste die Freiheit formal in Frage stellt, aber auch konkretisiert, bleibt die zweite eine bloße Behauptung, weil sie a) inhaltlich das kontingente Dasein nie mit Notwendigkeit als dieses bestimmte Dasein in seinem Hier und Jetzt erklären kann und b) methodologisch die Bedingung ihrer eigenen Theorie, die Begrenzung eines empirischen Untersuchungsfeldes, mißachtet. Daher sind wissenschaftlich haltbar und aussichtsreich allein *notwendige (oder sogar nur mögliche)* Angaben über bewirkende Ursachen, nicht jedoch solche mit dem Anspruch *hinreichend* zu sein.

Spielraum des Verhaltens

1.4.4 'Determination' des Menschen im theologischen Verständnis

Wenn sich auch theologische Ethik ebenso wie philosophische gegen einseitige Totaldeterminationen des Menschen wendet, kennt sie doch zumindest den Gedanken der *Prädestination*, der Erwählung (vgl. Ch. FREY [Hg.]: Repetitorium der Dogmatik. Für Studierende der Theologie, [6]1998, S. 126-132). Ethische Relevanz erhielt dieser

⊙ Prädestination

besonders im Puritanismus: Aufgrund des Erfolges im Beruf könne indirekt auf eine mögliche Erwählung geschlossen werden (sog. syllogismus practicus; Anlaß für Max WEBERs Kapitalismus-These).

⊙ Erwählung

Gegenüber einer solchen einseitigen Sicht sollte ein kritischer Leser die Prädestinationslehre mit Karl BARTH als Summar des Evangeliums "in nuce" deuten (vgl. ders.: KD II,2, S. 13), das seine Wahrheit in Jesus Christus hat. Dann gibt er nicht nur die spekulative Sichtweise auf (als gäbe es eine *praedestinatio gemina* [doppelte Erwählung entweder zum Heil oder zum Verderben] oder ein *decretum horribile*; vgl. Ch. FREY [Hg.]: ebd.), sondern bekommt die ursprünglich *soteriologische* Intention der Prädestinationslehre wieder in den Blick. So setzt die Erwählungslehre moralische Konsequenzen frei, die über die eigentliche Frage nach der Heilsgewißheit hinausgehen. Vor dem Hintergrund, wer Gott für uns ist und wer wir für Gott sind, erscheint dann Gottes *Gebot* als gewährte Befreiung, als ein von seiner Gnade getragenes *Dürfen* von Handlungen und Unterlassungen, die sich an anderen ausrichten (vgl. a.a.O., S. 701-818).

⊙ Gebot

⊙ Christliche Freiheit

Wird die *christliche Freiheit* als letztlich durch die Rechtfertigung neu qualifiziert verstanden (vgl. Kap. 1.4.2), dann erkennt der Glaubende die eigene Begrenztheit und wird diese annehmen sowie gestalten. Des Menschen Sein und Handeln findet sich jenseits von Determination und diesseits von Willkürfreiheit. Die Freiheit des Glaubens leitet an, allzu optimistische oder idealistische Konzepte von menschlichen Gestaltungsprogrammen kritisch zu beobachten, ohne dabei in einen Misanthropismus zu verfallen. Deshalb trägt die Theologie in einen ethischen Diskurs über Determination und Freiheit des Menschen niemals eine heteronome Begründung von Geboten und Normen ein, die den Menschen willkürlich beschränken sollen, sondern befragt und kritisiert - wo nötig - vor dem Hintergrund der biblischen Traditionen moralisch besetzte Implikate und sozial eingeübte Weltorientierungen. Das Anliegen der Prädestinationslehre kann deshalb ethisch dann zur Geltung kommen, wenn nach der Bedeutung der Identität der handelnden Subjekte gefragt wird (vgl. Kap. 1.3 zu Person / Subjekt).

1.4.5 Zusammenfassende Übersicht

Bezug der Freiheit

Entscheidung
↙ ↖
Handlung *Wille*
↓ ↘
individ. politisch sozial

} Status der Person ⇙

Alternativer Hintergrund

	A ↗		↖ B
'Person'-Verständnis im Hintergrund	Person(en) mit Freiräumen in teildeterminierten Situationen	↔	Person(en) in *Selbstidentität* (ich will ...) und vor der Aufgabe integraler Lebensführung
	formales Selbst *formale* Freiheit	↔	*inhaltlich* bestimmtes Selbst *inhaltlich* bestimmte Freiheit
Wissenschaftstheorie bezogen auf	konsequent durchstrukturierte Ursache-Wirkungs-Felder (externe Ursachen) = Physikalismus: NEWTONsche Physik, nicht Quantenphysik	↔	*System* mit Innen-/ Außenunterscheidung, Binnensteuerung, Selbstbezug
Theologische Anschlußüberlegungen	Doppeltes Mißverständnis: - Gott als allmächtiger Mechaniker - Prädestination bzw. Providenz (dogmat. unterscheiden!) als *Universaldetermination*	↔	- Gott, der das freie Gegenüber will - Selbstbestimmung aus widerfahrender Bestimmung durch Gnade und Liebe

Dialektische Rede vom Menschen:
a) Bestimmung zur Freiheit des Gotteskindes, der aktuell durch den täglichen Lebensvollzug widersprochen wird.
b) Verheißung der Befreiung zur erfüllten Freiheit

1.5 Institutionen, Systeme, Eigengesetzlichkeit als Rahmenbedingungen sittlicher und ethischer Prozesse

Sittliche Prozesse und Entscheidungen (und die ethische Reflexion darüber) spielen sich nicht allein auf personaler Ebene, sondern im Gefüge gesellschaftlichen und politischen Geschehens vor dem Hintergrund vielfältiger geschichtlicher Gestaltungen ab. Deshalb gehört zum ethischen Grundwissen auch die Kenntnis solcher *sozialwissenschaftlicher Grundkategorien*, die selber wiederum ethische Valenz besitzen.

1.5.1 Institutionen

⊙ Definition

Institution "nennen wir die jeweils kulturell geltende, einen Sinnzusammenhang bildende, durch Sitte und Recht öffentlich garantierte Ordnungsgestalt, in der sich das Zusammenleben der Menschen darbietet" (so definiert W. E. MÜHLMANN: Art. 'Institution', in: Wörterbuch der Soziologie, hg. v. W. Bernsdorf, Bd. 2, 1969, S. 371 den umstrittenen Begriff). Für sein weiteres Verständnis müssen rechtsphilosophische (a), kulturanthropologische (b), soziologische (c; d), aber auch ethische (e) und (rechts-)theologische (f) Aspekte mitberücksichtigt werden.

Rechtsphilosophischer Hintergrund

a) Der von HEGEL (in kritischer Rezeption der praktischen Philosophie KANTS) in die Diskussion gebrachte Gedanke, daß subjektive Freiheit erst im System der *Sittlichkeit*, d.h. in Familie, Gesellschaft sowie Staat Konkretion gewinnt, bleibt auch heute noch bedenkenswert (vgl. ders.: Grundlinien der Philosophie des Rechts, 1821). M. HAURIOU vertrat mit seiner rechtsphilosophischen Bestimmung der Institution als "idée directrice" (Leitgedanke) die Auffassung, daß sich diese der individuellen Subjektivität entziehe (vgl. R. SCHNUR: Die Theorie der Institution und zwei andere Aufs. v. Maurice Hauriou, 1956; Einfluß auf E. WOLF: Sozialethik, 1975).

Anthropologie und Ethnologie

b) *Anthropologische* und *ethnologische Forschungen* haben sich mit der Frage befaßt, wie archaische Gesellschaften überleben. A. GEHLEN vertrat dabei die These, daß der Mensch - biologisch gesehen - ein mit Instinkten nicht ausreichend ausgerüstetes Tier sei. An sich müsse er ständig entscheiden, während das Tier seinen Instinkten folge. Um zu überleben, brauche er *Entlastung* vom Entscheidungsdruck und schaffe sich Institutionen (vgl. ders.: Der Mensch, 1940; Studien zur Anthropologie und Soziologie, 1963; Urmensch und Spätkultur, 1956).
B. MALINOWSKI (Eine wiss. Theorie der Kultur u. andere Aufs., 1949) untersuchte ebenfalls die Bedeutung von Institutionen in archaischen Gesellschaften und bestimmte sie als Produkte gruppenhafter Organisation zur Befriedigung vitaler Bedürfnisse und dauerhafter Interessen (Integrationsfunktion der Institutionen). H. SCHELSKY erweiterte dieses Konzept prozessual, indem er auf die Entstehung von *Folgebedürfnissen* bei Institutionalisierung von Institutionen hinwies, die wiederum institutionell bearbeitet werden müssen.
Solche Ergebnisse bleiben heuristisch und damit auch ethisch interessant, solange beachtet wird, daß sie wissenschaftsintern keineswegs unumstritten sind, also falsifizierbar sind. (Wäre der Mensch wirklich ein Mängelwesen, dann wäre er ein eigenartiges Fehlprodukt der auf Steigerung der Überlebensfähigkeit angelegten Evolution.) Noch gewichtiger ist der Einwand, daß man nur unter Abstraktion von Geschichte und sich wandelnder Gesellschaft Annahmen über das Leben archaischer Gruppen auf die heutigen komplexen gesellschaftlichen Zusammenhänge übertragen kann (s.o. A. GEHLEN: Urmensch und Spätkultur, 1956).

Systemtheorie

c) Die *soziologische Theorie* entdeckt das Phänomen der Institutionalisierung u.a. im Zusammenhang des Funktionalismus und der Systemanalyse. Nach T. PARSONS (Beiträge zur soziolog. Theorie, 1964) steht der Mensch im *personalen*, im *kulturellen* und im *gesellschaftlichen* System: "Functional prerequisites" (funktionale Voraussetzungen) der Systeme sind Anpassung, Zielverwirklichung, Integration, Systemerhaltung. Institutionen im gesellschaftlichen System erhalten dessen Ordnung und stabilisieren dessen Leistung. Das kulturelle System kann überhaupt erst durch Institutionalisierung wirksam werden, denn Werte, Rollen, Sinnzusammenhänge u.a. müssen dem zu sozialisierenden Menschen repräsentiert werden. Dies gilt auch für das "personale

System". Auch in ihm wirkt sich Institutionalisierung aus, da der Sozialisand bestimmte Rollen und Verhaltensmuster internalisiert. Individuum und Gesellschaft gehören von vornherein zusammen. An Parsons (und auch an N. LUHMANNs Systemtheorie [vgl. Kap. 1.5.2]) stellt H. E. TÖDT die grundlegende Anfrage, "ob in diesem Konzept nicht unvermeidlich die Subjekthaftigkeit der Personen und ihre Verantwortlichkeit zugunsten eines hochabstrakten Systemkonzeptes marginalisiert werden" (ders. in: TRE, Bd. 16, S. 209).

Sozialisation

d) Auch *Wissenssoziologie* und *Sozialpsychologie* haben sich des Themas angenommen. Danach findet der Prozeß der Institutionalisierung statt, "sobald habitualisierte Handlungen durch Typen von Handelnden reziprok typisiert werden" (BERGER / LUCKMANN: Wissenssoziologie, 1984, S. 58). Durch *Sozialisation* bildet sich dieser gesellschaftliche Prozeß in Personen ab; zugleich wirken die erworbenen Typen auf die umfassende soziale Realität zurück, da Institutionen nicht nur reproduziert, sondern auch *je neu* durch die (sozialisierten) Interaktanten *gestaltet* werden: "Externalisierung und Objektivation - Entäußerung und Vergegenständlichung - sind Bestandteile in einem dialektischen Prozeß" (a.a.O., S. 65).

⊙ Ethische Fragen

e) *Ethische Probleme* betreffen nicht nur das Verhalten von Individuen zu Institutionen, sondern vor allem die Funktion von Institutionen überhaupt. An ihr wirken viele Individuen mit, meist aber nur als *Rollenträger*. (Gehen sie darin auf? Welche ethischen, welche juristischen Konsequenzen hätte dies?). Änderungen können oft nur durch koordiniertes Verhalten vieler bewirkt werden.
Wichtige ethisch zu reflektierende Probleme von Institutionalisierungsprozessen sind:
- Welches Maß an "*Entlastung*" (vgl. b) können und dürfen Institutionen wahrnehmen, so daß sie nicht die an sie Gebundenen in (innere oder äußere) Unfreiheit führen?
- Welches Maß an *Zweckmäßigkeit* kommt Institutionen zu? Institutionen, die zum Selbstzweck geworden sind, bringen gesellschaftliche, sittliche und politische Nachteile mit sich. Welche Handlungssubjekte können Abhilfe schaffen? Aber auch institutionsintern bilden sich oft unkontrollierbare Systemzwänge, die ethische Fragen nach Macht, Transparenz, Teilhabe und Gerechtigkeit erforderten.

- Hinter den konkreten Durchführungsproblemen institutioneller Prozesse muß die grundsätzliche Frage nach deren *Legitimität* und *Kontrolle* gestellt werden.
- Dabei ist vor dem Hintergrund zunehmender Rationalisierungstendenzen institutioneller Prozesse (Luhmann) zu bedenken, welche *Konzepte zur Lebensführung* mit Hilfe vorhandener Institutionen unterstützt, welche abgelehnt werden sollen: Auf welche Art von Humanität sind Institutionen ausgerichtet?

⊙ Ansatz theologischer Sozialethik

f) Der Institutionenbegriff hat auch zu *theologischen* Reflexionen Anlaß gegeben: Die aufkommende (theologische) *Sozialethik* sah sich nach dem Krieg zwischen zwei Verlegenheiten: der *Ordnungstheologie* (vgl. Kap. 3.2.1), die über die freie, zumindest verantwortete Entscheidung des Menschen hinwegging, und dem *Personalismus* bzw. Existentialismus (vgl. Kap. 1.8.3.2), der die sozialen Bedingungen des Menschwerdens übersah. Statt von Ordnungen sprach man nun von Institutionen, die Gott den Menschen gibt, damit sie diese - dank personalen Engagements - annehmen (H. DOMBOIS) und gestalten ('actio' oder Stiftung Gottes, 'reactio' des Menschen bzw. Realisierung des Stifterwillens, 'status' [nicht nur soziale Rolle] des Menschen). In der von BARTH beeinflußten Theologie und Ethik griff man den Institutionen-Gedanken auf, um gegenüber der starren Ordnungsvorgabe der Ordnungstheologie zu zeigen, daß mit Institutionen ein Raum für Lebens*gestaltung* gewährt wird: "Institutionen sind soziale Daseinsstrukturen der geschaffenen Welt als Einladung Gottes zu ordnender und gestaltender Tat in der Freiheit des Glaubensgehorsams gegen sein Gebot" (E. WOLF: Sozialethik, 1975, S. 173). Der Aspekt "Daseinsstrukturen der *geschaffenen* Welt" legt Gewicht darauf, daß auch Institutionen zwar auf der cooperatio Dei et hominis beruhen, zugleich aber unter personaler wie sozialer Perspektive der Sündhaftigkeit und deren Folgen unterworfen sind und damit die in ihnen handelnden Personen der Vergebung bedürfen.

⊙ E. Wolfs Definition

Daß dies auch für die *Kirche* gilt, hat unter Rezeption des Kirchenbildes der *Barmer Theologischen Erklärung* besonders W. HUBER (ders.: Folgen christlicher Freiheit, 1983) herausgearbeitet. Durch eine (rechts-) theologische Interpretation des Institutionsbegriffes läßt sich die Dichotomisierung zwischen geistlicher und empirischer Kirche (so vor allem R. SOHM) überwinden, da Freiheit wie institutionelle Bindung als eine *einen Gestaltungsprozeß* bildende Form von Kirche zusammengedacht werden können.

Wenn Trutz RENDTORFF (ders.: Das Problem der Institution in der neueren Christentumsgeschichte, in: H. Schelsky: Zur Theorie der Institution, 1970, S. 141-153) dieser an BARTH anknüpfenden, institutionskritischen, weil -gestaltenden theologischen Tradition unterstellt, sie habe sich "auf die Seite der Institution im Sinne der unbedingten Autorität" geschlagen, läßt sich dies nur als Absatzbewegung deuten, seine eigene "Theorie des neuzeitlichen Christentums" schärfer zu konturieren.

Lit.: H. E. TÖDT: Art. 'Institution', in: TRE, Bd. 16 (1987), S. 206-220.

1.5.2 Die ethische Relevanz der Systemtheorie

a) In der Spannung von 1.5.1c) und 1.5.1f) zeigt sich, daß theologische Sozialethik die Konsequenzen aus funktionalem Denken noch nicht hinreichend aufgearbeitet hat. In aller Regel wollte die theologische Sozialethik, daß die Ordnungsvorgabe einer Institution von einzelnen Personen anzunehmen sei. Demgegenüber zieht das Systemdenken in Betracht, daß es zwischen kulturellem und sozialem System auf der einen und dem personalen auf der anderen Seite Rückkopplungsprozesse gibt (vgl. 1.5.1.c).

⊙ System

b) Systemtheoretische Gedanken sind nicht in der Theorie gesellschaftlicher Ordnungsformen und Strukturen, sondern in der Biologie aufgekommen (von BERTALANNFY).

Systeme zeichnen sich aus:

intern	durch *Relation* von *Elementen*;
extern	durch *Abgrenzung* gegenüber der *Umwelt*, aber auch durch *Reaktion* auf Reize der Umwelt.

Hauptbegriffe der Systemforschung sind:

Grenze:	Über die Grenze hinweg erfolgt weniger Austausch als innerhalb derselben.
Spannungen, Belastungen, Druck, Konflikt:	Jedes System muß innere Spannungen ausgleichen, um zu überleben.
Ruhegleichgewicht, Fließgleichgewicht:	Im Ruhegleichgewicht kehrt ein System in den alten Zustand zurück (z.B. der Kreislauf nach einem Fieberkrampf); im Fließgleichgewicht wird der innere Spannungszustand durch eine Veränderung, die nicht das ganze System bedroht, aufgefangen (z.B. ein neues Arrangement in einer Fabrik).
Feedback:	Die Elemente eines Systems können nur im gesamten Zusammenhang funktionieren, wenn sie genügend Information erhalten über das, was sich zwischen Umwelt und System abspielt. Das System wirkt auf seine Umwelt, die Umwelt auf das System zurück.
Offene Systeme, geschlossene Systeme:	Offene Systeme haben regen, geschlossene nur geringen Austausch über die Systemgrenzen hinaus.

Strukturell-funktionale Theorie

c) Diese empirischen Grundgedanken wurden u.a. durch Talcott PARSONS aus der Biologie auf soziale "Grundformen" übertragen: er unterschied zwischen sozialen, kulturellen und personalen Systemen, die nach innen wie außen funktional ausgerichtet seien (vgl. 1.5.1c). In der Darstellung komplexer Zusammenhänge moderner Gesellschaften zeigt die Systemtheorie ihre Eignung (nach C. OFFE):

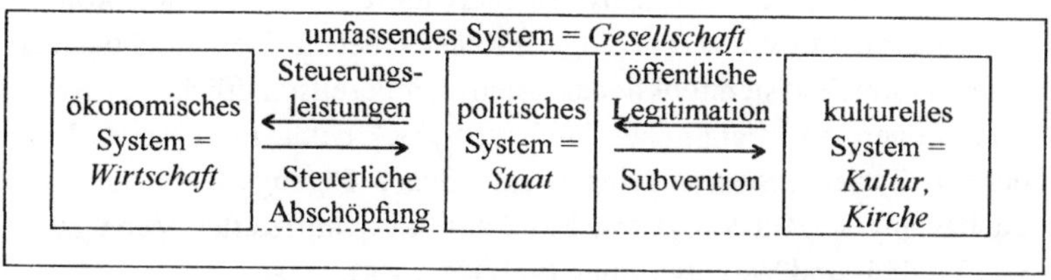

Selbstkritisch wird theologische Ethik feststellen können, daß angesichts der verschachtelten System-Subsystem-Zusammenhänge das hinter der "Zwei-Reiche-Lehre" stehende Bild zweier Bereiche (vgl. Kap. 3.2.5.2) naiv wirkt und nur einen bedingten heuristischen Wert behält.

Funktion vor Struktur (Luhmann)

d) Eine heute sehr einflußreiche Weiterentwicklung leistete der Bielefelder Soziologe Niklas LUHMANN: Im Unterschied zu statischen oder fixen Systemtheorien hält seine Systemtheorie daran fest, daß *Funktionen* Zusammenhänge ausbilden, die die Systeme begründen (und nicht umgekehrt). Dann wird alles in Beziehung zu allem gesetzt, wird relativ und somit relativiert. Sogar Zwecke und Sinnansprüche werden von den Funktionszusammenhängen ausgebildet. Die Funktion *sozialer* Systeme besteht nach Luhmann darin, durch Ausbildung der internen Eigenkomplexität die externe Umweltkomplexität abzubauen, so daß intern Erleben und Orientierung für die im System lebenden Teilnehmer ermöglicht und ihr Verhalten erleichtert wird. Dies geschieht durch bestimmte Formen von Erlebnisverarbeitung, Wirklichkeitsdeutungen und Wertvorstellungen, die sich institutionell sedimentiert haben. Daher läßt sich in den verschiedenen sozialen Systemen nur wenig ändern, obwohl eigentlich alles verändert werden könnte, weil alles relativ ist.

Folgen für die Moral

e) Die aus der Systemtheorie resultierenden Konsequenzen für das Verständnis von Moral, Ethik und Theologie sind gravierend: Moral beschränkt sich nach Luhmann darauf, der "Konsistenz von Achtungspraxis" zu dienen. Normen werden einseitig als Anpassungsfunktionen der sozialen Interaktion aufgefaßt. Theologie und theologische Wahrheitsansprüche beschränken sich auf funktionale Gesichtspunkte möglicher Gesellschaftssystemstabilisierung. Gegen derart umfassende, geradezu als Metaphysikersatz auftretende Theorien können und müssen Ethik und Theologie Protest erheben. So berechtigt und aufschlußreich systemfunktionale Analysen gesellschaftlicher Prozesse sein können, so wenig gehen Freiheit, Subjektivität, moralisches Handeln in Systemzusammenhängen auf. Gegen Eigengesetzlichkeit und Sachzwang setzt theologische Ethik auf ein qualifiziertes Verständnis von Freiheit und Verantwortung (vgl. Kap. 1.4).

Lit.: N. LUHMANN: Soziale Systeme, Grundriß einer allgemeinen Theorie, 1984.
H.-U. DALLMANN: Die Systemtheorie Niklas Luhmanns und ihre theologische Rezeption, 1994.

1.5.3 Das Problem der sogenannten Eigengesetzlichkeit

Eigengesetzlichkeit

Die oft betonte *Eigengesetzlichkeit* eines gesellschaftlichen Systems, das mit diesem Terminus ethischer Bewertung entzogen werden soll, scheint eine säkulare Fortschreibung der Unabhängigkeit der Schöpfungsordnungen von der Heilsgeschichte zu sein: Wirtschaft oder Bürokratie folgen damit eigener "Logik" und erscheinen gegenüber persönlicher Moral und Verantwortung resistent. Die Herkunft dieses Topos läßt sich wohl aus der von M. WEBER bekannten Unterscheidung von *Gesinnungs- und Verantwortungsethik* (vgl. ders.: Politik als Beruf, in: Ges. pol. Schriften, [2]1958, S. 493-547) ableiten. Der Verantwortungsethiker erkennt die Eigengesetzlichkeit der Welt an (damit auch deren ethische Irrationalität), und er versucht vor diesem Hintergrund die Folgen einer Handlung zu verantworten - auch durch Anwendung von Gewalt gegen Übel (vgl. Kap. 1.6.2).

⊙ Gesinnung und Verantwortung

Unbestreitbar hat der Topos auch seinen (beschränkten) Sinn:

⊙ Sachgesetzlichkeit

- *Sachgesetzlichkeit* in menschlichen Lebens- und Handlungsbereichen läßt sich nicht einfach wegdiskutieren, aber es gibt auch die ethische Notwendigkeit, das "Sachgerechte" am "Menschengerechten" kritisch zu überprüfen (vgl. A. RICH: Wirtschaftsethik, Bd. 1, 1984, S. 81).
- Heuristisch wertvoll ist der Begriff der Eigengesetzlichkeit für *eine* Deutung der Moderne (s.o. M. Weber).
- Zugleich fordert er zu ethischer Reflexion auf, über das Verhältnis von sozialen Ordnungen und Institutionen auf der einen und persönlicher Gestaltungs- und Verantwortungsbereitschaft auf der anderen Seite nachzudenken.

Wo allerdings die Eigengesetzlichkeit eines Lebensbereiches derart überbetont wird, daß er ethischer Kritik entzogen wird, muß von ethischer Seite Einspruch gegenüber einer solchen Totalisierungstendenz erhoben werden.

⊙ Barmen: Zuspruch und Anspruch

Paradigmatisch äußert sich für die Perspektivierung theologischer Ethik die *Barmer Theologische Erklärung* in ihrer 2. These zur Eigengesetzlichkeit, indem sie gegen eine überzogene Zwei-Reiche-Lehre (vgl. Kap. 3.2.5.2) bekennt: "Wie Jesus Christus Gottes Zuspruch der Vergebung aller unserer Sünden ist, so und mit gleichem Ernst ist er auch Gottes kräftiger Anspruch auf unser *ganzes* Leben ... Wir verwerfen die falsche Lehre, als gebe es Bereiche unseres Lebens, in denen wir nicht Jesus Christus, sondern anderen Herren zu eigen wären ..." (Hervorhebung von uns).

Lit.: M. HONECKER: Das Problem der Eigengesetzlichkeit, in: ZThK 73 (1976), S. 92-130.

1.6 Ethische Ansätze bzw. Theorien

Die ersten Kapitel dieses Repetitoriums haben durch Bestimmung zahlreicher ethischer Grundbegriffe und -orientierungen gezeigt, daß sich Moral und Ethik *reflexiv* in einem Prozeß moralischer und sittlicher Lebenskonzepte und (oft unthematisierter) normativer Vorstellungen aufbauen und einschalten und dabei ihre Grundlagen nicht aus abstrakten Obersätzen herleiten. Wenn nun im folgenden ethische *Ansätze und Theorien* typisiert werden, so muß bei deren Abstraktionsniveau auch deren Lebensbezug mitbedacht werden. Die dargestellten Typen gibt es (meist) nicht in Reinformat, sondern sie sind heuristisch gemeint; sie sollen helfen, um bestimmte Ansätze auf ihre ethische Stoßrichtung zu überprüfen. So soll z.B. die Unterscheidung 'Personalethik vs. Sozialethik' (vgl. Kap. 1.6.3) keine Bereichs- oder Reichweitendifferenz implizieren, sondern die Ausrichtung einer Entscheidung, einer Handlung, eines Verhaltens und die Grundlage der dazugehörigen Verpflichtung thematisieren. Würde sie den zuerst genannten Anspruch erheben, vergäße sie die grundsätzliche Zusammengehörigkeit und reziproke Abhängigkeit gesellschaftlicher und individueller Lebensprozesse (zu diesem Ergebnis kommen auch verschiedene Theorien wie Sozialpsychologie, Sozialphilosophie, politische Kulturforschung, Wissenssoziologie).

1.6.1 Deontologische und teleologische Ethik

Eine der bekanntesten Typisierungen ethischer Theorien ist die v.a. im angloamerikanischen Bereich eingeführte Unterscheidung zwischen *teleologischer* (auch: konsequentialistisch-agathologischer) Ethik auf der einen und *deontologischer* Ethik auf der anderen Seite.

Zurückzuführen ist diese Typisierung *terminologisch* auf C. D. BROAD (vgl. ders.: Five Types of Ethical Theories, 1930, S. 206f.). Von der Sache her wurde sie - allerdings unter anderen Termini - bereits von H. SIDGWICK (vgl. ders.: The Methods of Ethics, 1874, 200) und F. PAULSEN (vgl. ders.: System der Ethik, 1889, S. 221-250) durchgeführt.

Im Überblick läßt sich die klassische Typisierung folgendermaßen darstellen:

⊙ Vergleich: Deontologie und Teleologie

Grundbegriffe	**Pflicht:** τὸ δέον, davon abgeleitet: Deontologie, deontologische Ethik.	**Ziel:** τὸ τέλος, davon abgeleitet: Teleologie, teleologische Ethik. Der Inbegriff alles Guten ist das Höchste Gut.
Erläuterung zum Verständnis des Grundbegriffes	a) *Handlungsdeontologischer Ansatz:* In dieser/jener Situation ist diese/jene Handlung pflichtgemäß. b) *Regeldeontologischer Ansatz:* Eine gebotene Handlung ist unabhängig von Situation und Konsequenz gültig (z.B. "Man soll immer und unter allen Umständen die Wahrheit sagen"; vgl. KANT: Es gibt Maximen, die in sich gut, d.h. universalisierbar sind).	Der geschaffene außermoralische Wert ist grundlegendes Kriterium der Handlung. Es geht um das Übergewicht von guten über schlechte Folgen. Das Gute kann als *Glück* (εὐδαιμονία; bei ARISTOTELES verwirklicht in der Gerechtigkeit der Polis) oder als *Lust* (ἡδονή = indiv.-egoist. oder sozial = Hedonismus) verstanden werden. Die ethische Methode, die eine Handlung oder Handlungsanweisung nach ihrem Nutzen bewertet, nennt man *Utilitarismus* (vgl. Kap. 1.8.3.6).
Bedeutung im Blick auf den / die Handelnde(n)	*zu a)* Vgl. die Probleme der *Situationsethik* (vgl. Kap. 1.8.3.2) *zu b)* Diesem Ansatz steht die *Gesinnungsethik* nahe, die das Problem des Erfolgs der Handlung ausklammert	Diesem Ansatz steht die *Verantwortungsethik* (Frage nach den Folgen der [zu verantwortenden] Handlung) nahe. Allerdings kann Verantwortungsethik auch nach sittlichen Folgen fragen (z.B. nach der Identität der an

		Handlungen Beteiligten oder von ihnen Betroffenen).
Konsequenz für die Lebensform	Leben gemäß der Pflicht bedeutet: Leben in Einfühlung bzw. Liebe; orientiert am allg. Sittengesetz. Ob eine Handlung geboten ist oder nicht, ist im Blick auf ein unbedingtes moralisches Gesetz zu entscheiden, nicht im Blick auf die Folgen. U.a. in der bürgerlichen Kultur haben sich depravierte Formen dieses Ansatzes erhalten.	Wenn sich teleologische Ethik in Lebensformen niederschlägt, hängt die Ausformung vom Charakter des Guten, des Zweckes ab. Z.B. stützt der kalkulierbare Nutzen den Ökonomismus in unserer Gesellschaft. Und der triviale Glücks- und Lustbegrifff begünstigt die Stimulierung von Konsumhaltungen.
Zusätzliche Bestimmung	Dieser Ansatz wurde auch als *formale Ethik* bezeichnet (vgl. Kap. 1.7.7; 1.8.3.1). Die Qualifikation der freien Subjektivität als Inbegriff des vernünftigen Wesens reiche aber nicht aus, wendet u.a. Max SCHELER im Konzept einer materialen Wertethik dagegen ein.	Dieser Ansatz kann mit einer *materialen Wertethik* verglichen werden. Zwecke und Ziele gehen in das Wollen bzw. Verfolgen des Guten ein. Außermoralische und moralische Werte verbinden sich.

Kant in Pro und Contra

Unter der Typisierung 'Deontologie vs. Teleologie' hat besonders die Beurteilung der Ethik KANTS gelitten. Kants formaler Ansatz und seine Ausrichtung auf die Pflicht (vgl. Kap. 1.7.7) und das allgemeine Sittengesetz, insbesondere aber seine eigene Anwendung seiner Theorie in der Frage, ob es sittlich gerechtfertigtes Lügen geben kann (Kant verneint dies bekanntlich; vgl. ders.: Über ein vermeintes Recht aus Menschenliebe zu lügen, in: Werke [hg. v. Weischedel], Bd.7, S. 637-643), haben das Vorurteil wachsen lassen, Kants Ethik sei grundsätzlich als *weltabgewandte Prinzipienethik*, die unter keinen Umständen die Folgen einer Handlung bedenkt, zu deuten. Doch tut man mit einer solchen grundsätzlichen Charakterisierung Kant unrecht. Denn die eine Handlung leitenden *Maximen* sind ohne Zweifel deontologisch begründet, nicht jedoch die im Blick auf die Situation konkretisierten *Handlungsregeln* (vgl. z.B. ders.: KpV, A 119: "Ob nun eine uns in der Sinnlichkeit mögliche Handlung der Fall sei, der unter der Regel stehe, oder nicht, dazu gehört praktische Urteilskraft, wodurch dasjenige, was in der Regel allgemein [in abstracto] gesagt wurde, auf eine Handlung in concreto angewandt wird"). Zudem erachtet Kant die Förderung des Wohlergehens anderer (gerader unter dem Aspekt der Universalisierbarkeit von Maximen) für sittlich geboten und umgekehrt die Teilnahmslosigkeit an ihrem Wohlergehen für sittlich verboten (vgl.

ders.: Metaphysik der Sitten, Tugendlehre A 116ff; vgl. O. HÖFFE: Ethik und Politik, 1979, S. 84-119) Daher differenziert Höffe zu Recht: "Ausgeschlossen sind die Folgenüberlegungen aus der Begründung, nicht aber aus der Anwendung sittlicher Maximen auf konkretes Handeln" (ders.: Immanuel Kant, 1983, S. 189).

Lit.: W. FRANKENA: Analytische Ethik, [3]1981.

1.6.2 Hinweise zur Unterscheidung von Gesinnungs- und Verantwortungsethik (und Agapismus)

a) Der Unterscheidung 'Teleologie vs. Deontologie' in mancher Hinsicht analog zu setzten ist die von M. WEBER eingeführte Unterscheidung zwischen Gesinnungs- und Verantwortungsethik (vgl. ders.: Politik als Beruf [1919], in: Ges. pol. Schriften, [2]1958, S. 493-547).

⊙ Gesinnungsethik

- *Gesinnungsethik* frage nicht nach den Folgen einer Entscheidung, aber kenne die unbedingte Wahrheitspflicht; als Beispiel nennt Weber die "absolute Ethik des Evangeliums", deren Subjekte nur Heilige sein könnten: "Der Christ tut recht und stellt den Erfolg Gott anheim" (a.a.O., S. 539). Da Gesinnungsethik - auch in anderen Weltreligionen vorkommend - die ethische Irrationalität der Welt nicht ertragen könne, gipfele sie in einer akosmistischen Menschenliebe (vgl. ders.: Ges. Aufs. zur Religionssoziologie, Bd. 1, 1920, S. 536-573) und schlage angesichts dieser Diskrepanz oft in Gewalt um (vgl. das Bsp. der Schwärmer).

⊙ Verantwortungsethik

- *Verantwortungsethik* finde ihren Ansatz in der Frage nach den Folgen einer Entscheidung und könne aus pragmatischen Gründen auf den Wahrheitswert der erfolgreichen Handlung verzichten. Dies geschehe vor allem deshalb, weil sie mit ethischer Irrationalität in der Welt rechne, daher weltzugewandt sei, dem Übel mit Gewalt zu widerstehen bereit sei und so selbst Streik und Revolution als Mittel politischer Auseinandersetzung annehme.

b) Aus ethischer Sicht müssen zum einen Fragen methodologischer, zum anderen inhaltlicher Art an diese stereotype Sicht gestellt werden:

- Ist diese Unterscheidung als solche wirklich erhellend: Gibt es eine verantwortungslose moralische Gesinnung oder eine gesinnungslose Verantwortung? Differenziert Weber hinreichend zwischen moralisch Gutem und sittlich Richtigem in der Begründung einer Handlung?

⊙ Bergpredigt und Gesinnungsethik

- Trifft die Subsumtion der Bergpredigt unter die Gesinnungsethik zu? Ist sie nicht "*Verantwortungsethik auf einer höheren Ebene*" (Ch. FREY: Theologische Ethik, 1990, S. 15), weil sie fixierte Selbstbilder und Situationsschemata aufbricht. Zudem fragt sie nach dem Subjekt von Verantwortung, wie sie auch die Instanz, vor der Verantwortung sich ereignet, und deren Rahmenbedingungen kritisch thematisiert (vgl. in diesem Sinne die sogenannten 'Antithesen' Mt 5,21-48; zum ganzen Ch. Frey: a.a.O., S. 8-22).

⊙ Luther: Bergpredigt und die Zwei-Reiche

Schon LUTHER hatte sich in seiner Bergpredigtauslegung und im Sermon "Von weltlicher Obrigkeit" gegen eine Zwei-Stufen- oder Zwei-Bereichs-Ethik ausgesprochen. Der Anspruch der Bergpredigt gilt für alle Christen (und nicht nur für eine privilegierte Gruppe) und läßt keine Doppelmoral zu. Allerdings kann und muß der Christ *um seines Nächsten willen* bereit sein, das ihm von Gott anbefohlene Amt wahrzunehmen, um von ihm Schaden und Unrecht abzuwehren. So werden die Rahmenbedingungen gewahrt, in denen sich die Gottesbeziehung realisieren kann (vgl. den Anlaß des Sermons). Vor diesem Hintergrund muß die Scheidung in zwei Regimente bzw. Reiche betrachtet werden (vgl. Kap. 3.2.2.1; 3.2.5.2).

⊙ Bonhoeffer: Verantwortliches Leben

Auch BONHOEFFER reflektiert die Frage verantwortlichen Lebens der Christen jenseits der Weberschen (Schein-)Alternative. Dabei spielen die Orientierungen "*Stellvertretung*" und "*Wirklichkeitsgemäßheit*" eine entscheidende Rolle (vgl. ders.: Ethik, hg. 1992, S. 256-299). In der Stellvertretung hält sich der Christ / die Christin an das Leben Jesu und versteht es als (verantwortete) Antwort darauf. Diese christologische Begründung wirkt sich auf die Wirklichkeitsgemäßheit aus, insofern es nur eine Wirklichkeit Gottes (diesseits aller schlechten Bereichsaufteilungen) gibt, die durch die Versöhnung im menschgewordenen Gott bestimmt ist. Die "Struktur verantwortlichen Lebens" zeigt sich nicht nur in Stellvertretung und Wirklichkeitsgemäßheit (als "Bindung des Lebens"), sondern komplementär auch in der "Freiheit des Lebens". Diese wird - ebenfalls christologisch und rechtfertigungstheologisch begründet und geprüft - als *Selbstzurechnung* des eigenen Tuns und Lebens unter eschatologischer Perspektive und als Wagnis der konkreten Entscheidung, die Gott recht gibt, verstanden. Der sich durchhaltende Weltbezug der

Christen wird durch die so begründeten Mandate (Kirche, Ehe / Familie, Kultur, Obrigkeit) geprägt. Wenn man heute auch mit den spezifischen Konkretisierungen der sozialen Ordnungen durch Bonhoeffer Probleme haben dürfte, kann doch die ethische Reflexion, die er über das Verhältnis der Mandate untereinander anstellt, weiterhin anregend wirken. Sie sind nämlich keine ordnungstheologisch-fixen Muster, sondern sind miteinander, füreinander und gegeneinander da (vgl. a.a.O., S. 397). In diesem kooperativen, subsidiären und polemischen Ineinander wehren sie einseitigen Totalisierungen und ermöglichen eine kritische Dynamik im Umgang mit weltlichen, d.h. im obigen Sinne wirklichkeitsgemäßen Strukturen.

Agapismus?

c) Möglicherweise jenseits der genannten Alternative (und deren Problematik "aufhebend") befindet sich der vom analytischen Moralphilosophen W. FRANKENA (vgl. ders.: Analytische Ethik, ^{3}1981, S. 71-75) eingeführte und von ihm als dritter Typ klassifizierte *Agapismus*. Als seine Kriterien bestimmt der Autor Verpflichtung, Prinzip des Wohlwollens und Prinzip der Gerechtigkeit. Während er das Liebesgebot als 'Grundnorm' bzw. 'Prinzip' einer Ethik bezeichnet, die aus dieser "Gesinnung" "Verantwortung" ergreift, mag man vielleicht besser von einer "flexiblen Erfindungsregel" (vgl. FREY: a.a.O., S. 117f.; 140-149) sprechen. So wird deutlich, daß der Rekurs auf das Liebesgebot nicht im Sinne der Verkürzung einer Situationsethik (vgl. die in Anlehnung an Augustin von BULTMANN geprägte Formel 'ama et fac quod vis'; vgl. Kap. 1.8.3.2), aber auch nicht als deontologische Deduktion zu verstehen ist, sondern vor dem Hintergrund vorhandener, gesellschaftlich eingeübter Welt- und Selbstbilder kritisch zu bedenken und in diesem, teils normativ gefärbten Rahmen zu bewähren und zu gestalten ist.

⊙ Liebesgebot

Zum biblischen Hintergrund sollte man bedenken:
- Im AT (Lev 19,18) steht das Liebesgebot als Regel, die etwa besagt: Versetze Dich hinein in Deinen Nächsten (Volksgenossen), wenn die traditionellen Normen nicht weiterhelfen; in Lev 19,34 wird auch der Fremde berücksichtigt.
- Im NT wird das Liebesgebot mit Dtn 6,5ff, dem Sch'ma Israel, zusammen genannt, in Mk 12,28f als vorrangiges Gebot bezeichnet, in Mt 22,36 als größtes, und bei Lk (10,25-28) geht es um das Gebot zum ewigen Leben, an das sich das Samaritergleichnis (V. 29-37: der

Vertreter des religiös verhaßten Nachbarvolkes handelt in Liebe) anschließt.

Zu den von FRANKENA genannten Kriterien 'Wohlwollen' und 'Gerechtigkeit' kann man aus christlicher Sicht anmerken:
- Die Liebesethik kann nicht das Wohlwollen im utilitaristischen Sinne meinen. Gott kann kein Objekt einer utilitaristischen Ethik (vgl. Kap. 1.8.3.6) sein. Allenfalls könnten wir Gott nur in seinen Geschöpfen sehen. Die Gottesliebe verschmölze dann mit dem Nächstenliebegebot.
- Gerechtigkeit ist nicht direkt aus der Liebe abzuleiten. Das Liebesgebot fungiert als "Katalysator" (Lev 19,18) und ist kein Deduktionsprinzip. Es nimmt das Leben des anderen in seiner Integrität wahr.

⊙ Identitätsethik

Die Liebesethik erweitert die philosophische Fragestellung, indem sie eine *Identitätsethik* impliziert (vgl. Kap. 3.1): Sie fragt nach dem "*WER*" des verantwortlichen Handelns bzw. Betroffenen. Das Gottesgebot weist uns in unser eigentliches Dasein ein: Am Nächsten können wir das Ebenbild wahrnehmen.
Fraglich bleibt dann immer noch, wie der Agapismus für Fernbeziehungen Geltung beanspruchen kann. Gibt es eine Liebe durch Strukturen? Ist Solidarität als solche zu begreifen, oder läßt sich gar ein theologisches Verständnis der Gerechtigkeit so skizzieren, daß sie auf der Meso- und Makroebene sozialer Prozesse einem Agapismus entspricht (vgl. Kap. 1.7.8)?

Lit.: Ch. FREY: Theologische Ethik, 1990, S. 140-149.

1.6.3 Individual- und Sozialethik

Sinn der Unterscheidung

a) In der Einleitung zu Kap. 1.6 wurde bereits darauf hingewiesen, daß die Unterscheidung von Individual- und Sozialethik nicht als Bereichs- und Reichweitendifferenz zu betrachten ist, sondern die *Ausrichtung* einer Entscheidung, einer Handlung, eines Verhaltens thematisiert. Mikro- und Makrorealitäten von Handlungen stehen in einem reziproken Zusammenhang (vgl. Kap. 1.5.1d): Institutionalisierung und individuelle Sozialisation bedingen sich gegenseitig, insofern Institutionen durch sozialisierte Individuen nicht nur reproduziert, sondern auch neu gestaltet werden.

b) Die Ethik im Protestantismus kommt - seit MELANCHTHON (vgl. Ch. FREY: Geschichte der Ethik des Protestantismus, ^{2}1994, S. 42-52) und so unter aristotelischen Idealen - einer Ethik der im Guten erfahrenen, belehrten Männer, die einen Habitus und Tugenden ausbilden, nahe. Diese eher individualethische Ausrichtung dauerte bis ins 19. Jahrhundert (vgl. Kap. 2.6; 2.7)

⊙ Kath. Soziallehre

c) Demgegenüber - auch im Rückgriff auf eine, allerdings andere, aristotelische Tradition - bildete sich im Katholizismus - insbesondere des 19. Jahrhunderts eine ethische *Soziallehre* aus. Mit den drei Prinzipien: Personalprinzip, Solidaritäts- und Subsidiaritätsprinzip (die Person bleibt auch in den sozialethischen Fragen kritisches Zentrum und Kriterium, für solidarische und subsidiäre gesellschaftliche Handlungen) zeigt sie an, daß Individual- und Sozialethik nicht voneinander trennbar, aber auch nicht ineinander auflösbar sind (vgl. F. KLÜBER: Art. 'Soziallehre', in: LThK^{2}, Bd. 9, Sp. 917-920). So bemerkenswert diese Beobachtung der Reziprozität ist, wird protestantische Ethik die damit verbundene Sozialmetaphysik jedoch nicht teilen können.

d) Fragt man nach den jeweils die unter b) und c) skizzierten konfessionellen Tendenzen prägenden *Menschenbildern*, so läßt sich feststellen, daß der unter b) genannte Typus von Ethik den Menschen eher als "animal rationale" auffaßt, während für die c)-Position das Bild des Menschen als "animal sociale" prägend ist.

Kulturprotestantismus ⊙ Reich Gottes

e) Am Anfang des 20. Jahrhunderts bildet sich auch im Protestantismus eine ausdrückliche *Sozialethik* aus. Im Unterschied zur naturrechtsorientierten, katholischen Tradition wird sie durch eine (heute problematisierte) kulturprotestantische Reich-Gottes-Vorstellung vorbereitet. Während diese jedoch selbst noch liberal-individualistisch orientiert die Veränderung der bürgerlichen Kultur zu höherer Vollkommenheit im einzelnen Individuum propagieren wollte (A. RITSCHL, W. HERRMANN), lassen sich Theologen der nächsten Generation verstärkt auf die sozialen Probleme der sich industrialisierenden Gesellschaft ein. Obwohl schon F. D. MAURICE und W. TEMPLE in England für diese Fragen sensibel geworden waren und J. H. WICHERN und A. STOECKER in Deutschland die Innere Mission begründet bzw. vorangetrieben hatten, wurde die Frage, ob der Glaube die Gesellschaftspolitik nur anstoße oder sich in gesellschaftlichem Handeln ausdrücke, erst im Bereich des *Religiösen Sozialismus* virulent (vgl. Kap. 3.2.5.2). Ganz unterschiedliche Protagonisten dieser disparaten Richtung waren die BLUMHARDTS, L. RAGAZ, H. KUTTER, G. DEHN, P. TILLICH und in Amerika R. NIEBUHR.

Individuation und Sozialisation

f) Wie bereits unter a) dargestellt, wird ja Person aufgrund des Zusammenhangs von Individuation und Sozialisation auch sozial verstanden. Bahnbrechend für dieses Verständnis wirkte der 'Vater' des sozialpsychologischen Interaktionismus, G. H. MEAD (vgl. ders.: Geist, Identität und Gesellschaft, 1968).

Er unterscheidet zwischen

I → other
Me ← ↲ ↓
(1) significant other = face to face
(2) generalized other = Rollen.

An diesem für zahlreiche andere Theoriebildungen prägenden Modell zeigt sich die gegenseitige Durchdringung von individuellem und sozialem Leben.

Individuelle und soziale Perspektiven eines sittl. Urteils

g) Für die ethische Beurteilung sittlicher Probleme ergibt sich als Konsequenz aus den genannten sozialphilosophischen und -psychologischen Hintergründen: Alle sittlichen Probleme müssen unter verschiedenen Perspektiven reflektiert werden, so z.B. die Frage des Schwangerschaftsabbruches sowohl aus der Perspektive einer zu beratenden Frau als auch aus der Perspektive der Gesundheitspolitik, des Rechtes und des Ethos einer Gesellschaft. Dabei ist keineswegs von vornherein ausgemacht, welche Perspektive das Übergewicht erhält. Auf diese Weise wird nicht nur die "Offenheit" einer jeweiligen ethischen Entscheidung aufgrund der Beachtung der jeweiligen Situation berücksichtigt (vgl. Kap. 3.1.3), sondern es wird auch in Rechnung gestellt, daß es unlösbare Konflikte in einem moralisch oder sittlichen Entscheidungsfall geben kann.

Lit.: M. HONECKER: Grundriß der Sozialethik, 1995, S. 1-75.

1.7 Zielvorstellungen bzw. Grundlagen ethischer Ansätze

Ethische Ansätze werden oft von einem moralischen oder außermoralischen Ziel, Gut, Wert oder Nutzen geleitet. Wenn im folgenden einige dieser leitenden, in der biblisch beeinflußten und in der europäischen Geistesgeschichte prägenden Zielvorgaben vorgestellt werden, so geschieht dies nicht in historischer Ausführlichkeit, sondern problemorientiert. D.h., es werden jeweils nur die für ein Konzept prägenden Ansätze erörtert, abschließend wird jeweils nach der Konvergenz der jeweiligen Positionen zu Perspektiven einer biblisch-christlich-theologischen Ethik gefragt. Unter den ausgewählten Zielvorstellungen und Grundlagen zeichnen sich die ersten (Kap. 1.7.1 bis Kap. 1.7.6 durch ihre Eingebundenheit in einen sozialen Kontext aus, während die letzten (Kap. 1.7.7 bis Kap 1.7.10) jeweils einen Universalisierungsanspruch über einen begrenzten Rahmen hinaus erheben.

1.7.1 Das Gut(e) (und das Böse)

1.7.1.1 Bestimmungen des Guten in der europäischen 'Geistes'geschichte

Das Gute ist ein Zentralbegriff der praktischen Philosophie. Es ist Eigenschaft eines Gegenstandes, einer Handlung, eines Wollens usw. Entscheidende Stationen der Bestimmung dieses Topos sind:

⊙ Platon: Idee des Guten

a) PLATON: Die *Idee* des Guten steht in seiner (mittleren) Philosophie im Vordergrund seines Denkens. Trotz unterschiedlicher Arten von Gütern in der materiellen Welt (vgl. Pol. 357b-358a) findet sich hier nicht das wahre Maß der Vollkommenheit. Dieses meint Platon erst jenseits der erfahrbaren Wirklichkeit (ἐπέκεινα τῆς οὐσίας; Pol. 509b) in der Idee des Guten ver'orten' zu können. Das Gute ist mit dem Schönen eins (καλὸκἀγαθόν). An ihm teilhabend (μέθεξις) gewinnt die so mit der Ordnung des Kosmos harmonisierende Seele ihr Lebensglück.

⊙ Aristoteles: Ziel des Strebens

b) Einen anderen Akzent setzt ARISTOTELES: Er setzt das Gute in den Vollzügen des Daseins an. Da unter diesem Begriff kategorial verschiedene Sachverhalte und Dinge gefaßt werden (die Vernunft, die Tugenden, Gott, der rechte Augenblick, rechtes Tun), findet er folgende gemeinsame Bestimmung: Das Gute ist, *woraufhin alles strebt* (Ethica Nicomachica 1096a, 23-27).

- Diese Bestimmung läßt sich erkenntnistheoretisch deuten, dann zielt sie auf die höchste Erkenntnis als des *theoretisch* höchsten Gutes - also auf die Selbstanschauung des Göttlichen in uns.
- Vor allem wird in *Handlungen* diese Bestimmung des Guten realisiert:

  * *Poiesis* ist zweckrationales Handeln,

⊙ Qualifizierte Praxis

  * *Praxis* ist um seiner selbst willen anzustrebendes Handeln.

- Da das Gute darin besteht, das eigene Wesen final zu verwirklichen, sollte dies auch im Bereich des menschlichen Zusammenlebens Gestalt gewinnen. Konkret geschieht dies im vernunftgemäßen, tugendhaften Mitwirken an den Institutionen der Aristoteles vor Augen stehenden *Polis*. Als diese in die Krise geriet, zog sie das Konzept zunächst mit in die Tiefe.

c) Zwei weitere antike Vorstellungen vom Guten haben Einfluß auf die weitere europäische Geistesgeschichte geübt:

⊙ Stoa

- Hier ist zum einen die *Stoa* zu nennen, die den kosmischen Ordnungsgedanken nicht mehr in den politischen Institutionen finden konnte, allerdings auch die Harmonievorstellung nicht aufgeben wollte. So reduzierte sie diese auf die Einbindung des Individuums in den *Gesamtzusammenhang der Welt*. Das dazu gehörige sittliche Ideal war die ἀπάθεια, die Ablösung von den Umtrieben der (chaotischen) Lebenswelt.

- Oft verzerrt dargestellt wird die Lehre des EPIKUR. Obwohl Freude als Lust (ἡδονή) und Vermeidung von Unlust die einzigen Motive menschlichen Handelns sind, unterscheidet er sich doch deutlich von der Verzeichnung eines Popularepikuräismus, die wohl eher die Lebensanschauung des ARISTIPP von KYRENE trifft. Epikur qualifiziert und hierarchisiert nämlich Lusterleben, deren Höchstform in der ἀταραξία (ταράσσω = schütteln, in Unruhe versetzen + α-privativum) gipfelt und damit keineswegs stumpfes Ausleben von Trieben meint.

⊙ Hedonismus

d) AUGUSTIN und das weitere Mittelalter stehen stark in der platonischen Traditionslinie. Er sieht in Gott das Gute. Das 'frui Deo' gilt als Ziel menschlichen Lebens, während die Dinge dem 'uti' zugeordnet werden. Die Verkehrung dieser Beziehungen bezeichnet die Korrumpiertheit menschlicher Existenz. Der aristotelische Gedanke der εὐδαιμονία wird im Mittelalter (so u.a. bei THOMAS von AQUIN) in den der '*beatitudo*' transformiert, die wiederum als 'visio beatifica' und als 'finis ultimus' ausgelegt wird. Insofern eine natürliche Entsprechung zwischen Sein und Sollen unterstellt wird, hat sich das Verhalten der Menschen und deren ethische Bewertung an diesem Ordo auszurichten.

⊙ Mittelalter: Glückseligkeit

e) Obwohl dieser Ordo bereits im *Nominalismus* untergraben wurde, war es besonders die *Reformation*, die ihn auf breiter Front bekämpfte und wirkungsgeschichtlich überwunden hat. Dies zeigt sich auch und besonders an den reformatorischen Vorstellungen vom Guten. Da uns nach LUTHER der eigenständige Weg zum höchsten Gut und so auch das 'frui Deo' versperrt ist, ist die absolute Entscheidung über 'gut' und 'böse' eine hybride Anmaßung vor Gott. Diese Perspektive auf das Gute speist sich letztlich aus der reformatorischen Grundeinsicht, die sich im vierfachen 'solus' illustrieren läßt: Weil sich das Gute 'sola gratia' ereignet, muß es als *Gabe Gottes* angesehen werden, die man nicht durch Werke erlangen kann und der man nur im Glauben (sola fide) entsprechen kann. Dies heißt darauf zu vertrauen, daß diese Gabe Gottes nicht durch eine teleologische Naturschau, sondern personal in Christus erfahren werden will, so daß die kritische Kriteriologie des Glaubens, das Gute je neu zu entdecken, aus dem Wort Gottes zu

⊙ Reformation: Wort des allein guten Gottes

hören ist (vgl. M. LUTHER: Sermon von den guten Werken; Kl. Katechismus, in dem auch die Schöpfungsgaben in christologischer Perspektive betrachtet werden).

Aufklärung

f) Weder in der christlichen noch der säkularen Gestalt kann sich diese responsible Haltung des Empfanges durchsetzen. Statt dessen bricht sich in der *Aufklärung* erneut ein *Eudämonismus* unter empirischen Vorzeichen sowohl in Frankreich (vgl. die Enzyklopädisten) als auch in England (vgl. den dortigen Empirismus) Bahn. Paradigmatisch sei auf Thomas HOBBES verwiesen, der in 'De Homine' (1658) den Menschen ein ständiges Fortschreiten von Begierde zu Begierde konstatiert. Selbst die scheinbar nicht-egoistische, auf Sympathie aufgebaute Ethik-Theorie David HUMEs bleibt hedonistisch (vgl. ders.: Of Morals [1740]; Enquiry concerning the Principles of Morals [1751]). Hume stellt zwar fest, daß moralische Fragen nicht allein auf egoistisch-hedonistische Weise erklärt und beurteilt werden können. Seine Alternative bleibt empiristisch, denn der Vernunft kommt nur instrumentelle Lösungsfunktion zu. Das moralische Gefühl (moral sentiment) richtet sich zwar nicht an den direkten Affekten, aber an den indirekten, d.h. den in Relation zur (durch andere und so generalisierten) Fremdbewertung stehenden Affekten aus. Zwar ist diese Form der Bewertung des Guten subtiler als ein platter Hedonismus, bleibt aber im Nutzen-Kalkül (Lust-Unlust wird als kommunikativer Prozeß erfaßt) gefangen.

Moralisches Gefühl

⊙ Kant: Guter Wille

g) Um das Gute nicht in diesen materialen Bedingungen aufgehen zu lassen, prägte KANT den für seine formale Pflicht-Ethik paradigmatischen Satz: "Es ist überall nichts in der Welt, ja auch außer derselben zu denken möglich, was ohne Einschränkung für gut könnte gehalten werden, als allein ein *guter Wille*" (ders.: Grundlegung zur Metaphysik der Sitten, BA 1). Die kritische Stoßrichtung richtet sich gegen die Bestimmung des Guten aus subjektiv-materialen und hedonistischen Motiven der Glückseligkeit und sucht es in der universalisierbaren, vernunft- und pflichtgemäßen Haltung (vgl. Kap. 1.7.7). Weil der Mensch auf das Zusammenfallen von Selbstbestimmung der Vernunft und Glückseligkeit hofft, bleibt Gott für die praktische Vernunft ein notwendiges Postulat.

h) Im 19. und 20. Jahrhundert feiert erneut ein unter ökonomischen und durch Massenmedien geprägten Rahmenbedingungen sich entfaltender Eudämonismus Wiederkehr. Inzwischen haben wichtige Humanwissenschaften im Prozeß der Destruktion der eigenen Begriffe auch den des Willens durch die von Motiv, Reiz-Reaktion und Trieb ersetzt, so daß das Gute nicht einmal mehr an den (guten) Willen rückgekoppelt werden kann.

Nichtdefinierbarkeit des Guten

i) Verschiedenste *analytische Theorien* hinterfragen den kommunikablen Charakter des Wortes 'gut' (vgl. bes. G. E. MOORE). 'Gut' ließe sich nicht definieren und werde oft mit komplexen, naturalen Sachverhalten vermischt und verwechselt (vgl. Kap. 1.8.2.2).

⊙ Theologisch-ethische Reflexion

j) Theologische Ethik wird das Vorstellungsszenario des Guten sorgfältig beobachten und an den durch die biblischen Geschichten ergehenden Verheißungen (Väterverheißungen, Landverheißungen, Leben in der Freude des Gesetzes, Neuer Bund, eschatologische und apokalyptische Visionen, Reich-Gottes-Botschaft, Leben im Geist, Neues Jerusalem) brechen. Dabei wird sie immer festhalten, daß diese Verheißungsansagen immer sowohl den Gottes- als auch den Nächstenbezug wahren (vgl. die Rede vom Höchsten Gebot) und von daher nie ein geschichts- und gesellschaftsloses Konzept von gelingendem und geschenktem Leben vertreten (vgl. Kap. 1.7.2c). Neben dem Aspekt der Verantwortlichkeit rechnen sie mit einem weiteren, oft umgangenen Gesichtspunkt in der Verortung des Guten: mit dem *Problem des Bösen.*

Lit.: H. REINER u.a.: Art. 'Gut', in: HWPh, Bd. 3 (1974), Sp. 938-972.

1.7.1.2 Das ungelöste Problem des Bösen

Oft zeigt sich der besondere Akzent eines Entwurfs des Guten in der damit zusammenhängenden Bestimmung des Bösen. Hier offenbart sich der jeweilige Wurzelgrund, der (oft mangelnde) Radikalismus, einer jeden Theorie. Auffällig ist nämlich, daß sowohl in der Philosophie als auch in der theologischen Ethik das *Problem* des Bösen unterbestimmt bleibt. Wer allein den Grundsatz 'bonum consequendum, malum vitandum' vertritt, trifft bereits hier eine folgenschwere, oft unthematische Vorentscheidung. Er oder sie betrachtet beide gleichwertig wie Positionen auf einer Balkenwaage (Es liegt fast in der Konsequenz einer solchen Logik, daß der Metaphysikkritiker F. NIETZSCHE die moralische Unterscheidung von Gut und Böse als schöpferisches Ressentiment des reaktiv-nihilistischen Willens zur Macht gegen den aktiv, lebensgestaltenden Willen zur Macht, als Aufstand der Sklaven- gegen die Herrenmoral deutet und ihr die vitalistisch-hedonistisch gestimmte Unterscheidung 'Gut - Schlecht' entgegensetzt). Daher sei das Problematisierungsniveau der Beurteilung des *Bösen*, des *Übels* und der *Sünde* kurz vergegenwärtigt:

⊙ Privatio boni

a) Wirkungsmächtig wurde die platonisch-neuplatonische Bestimmung, die auch lange Zeit AUGUSTIN prägte: das Böse ist 'privatio boni', ihm kommt kein Sein, sondern nur Mangel an Sein zu.

b) LEIBNIZ (Theodizee, 1710) unterscheidet drei Arten von 'malum':

malum metaphysicum:	Unsere Welt, obwohl die beste aller möglichen (da der gute Schöpfer nichts Böses tun oder wollen kann), ist nicht so vollkommen gut wie ihr Schöpfer (ansonsten käme sie ihm gleich).
malum morale:	Aus der Freiheit (verstanden als Freiheit zum Guten und Bösen) mit Vernunft begabter Wesen resultieren die moralischen Übel.
malum physicum:	Es ist oft die Folge des malum morale (vgl. den in vielen Teilen des ATs bezeugten Tun-Ergehens-Zusammenhang).

c) Zwei moderne philosophische Theorien zum Problem des Bösen sollten nicht unerwähnt bleiben, da sie spezifische Ausprägungen der Erfahrung mit dem Bösen im 20. Jahrhundert thematisieren:
- Zum einen stellte Hannah ARENDT nach der Beobachtung des Eichmann-Prozesses fest, wie bürokratisch, "banal" und biedermännisch das Böse in der Vernichtungsmaschinerie des NS-Regimes (paradigmatisch in der Gestalt des Familienvaters A. Eichmann) *funktionierte*

(vgl. dies.: Eichmann in Jerusalem. Ein Bericht von der Banalität des Bösen, dt. 1964).
- Zum anderen spricht P. RICOEUR im Anschluß an den Dichter Ch. BAUDELAIRE und unter Aufnahme evolutionstheoretischen Vokabulars von der "*Epigenese des Bösen*" (Epigenese meint im Unterschied zur Präformation den evolutionären Umstand, daß auf einer neuen Entwicklungsstufe neuartige, bisher unbekannte Möglichkeiten entstehen). Zur "Epigenese des Bösen" im 20. Jahrhundert (vgl. ders.: Finitude et culpabilité, Bd. 2, 1960) rechnet er wohl auch die berechnende Kälte und die Perfektion, die scheinbar aggressions- und lustlose Intention und Vollbringung des Bösen. In Zeiten (des Anspruchs) von Humanität kommt auch das Böse im Gewand der Moral daher.

d) So lassen sich unterscheiden: **⊙ Begriffe**

- *Übel:*	als Wort für all die Schatten des Lebens im (tendentiell) außermoralischen Sinne (Krankheit, unschuldiges Betroffenwerden durch Verbrechen, Naturkatastrophen);
- *Böses:*	als moralische und sittliche Fassung des malum, insofern es die Beziehungen zu sich, zu anderen und (theologisch ergänzt) zu Gott untergräbt;
- *Sünde:*	als ausgesprochen theologische Qualifikation des malum, insofern sie die verkehrte Grundausrichtung des Menschen thematisiert (vgl. Kap. 1.4.2; 1.4.4).

- Gerade im letzten Gedanken trägt sich theologische Tradition ein. Da die Deutung der Sünde und ihr Bekennen geistliche Vorgänge sind, die Sünde als reale Macht (ἁμαρτία) gefürchtet ist (LUTHER charakterisiert sie treffend: Nicht wollen, daß Gott Gott sei [vgl. WA 1, S. 225]), deckt sie sich nicht (unmittelbar) mit moralischen und ethischen Bewertungen des Bösen. Deshalb muß aus dieser theologisch-anthropologischen Bestimmung der Glaube immer einen kritischen Vorbehalt gegen allzu schnelle Festsetzungen sittlich-moralischer Kodizes in der Beurteilung des Guten und Bösen wahren. Dazu sei zum einen (e) kurz auf einige entscheidende biblische Bezüge und zum anderen (f) auf K. BARTHs Versuch hingewiesen, die negative Paradoxie des Bösen jenseits von moralischen Kategorialisierungen zu verstehen (zur weiteren dogmatischen Entfaltung vgl. Ch. FREY [Hg.]: Repetitorium der Dogmatik. Für Studierende der Theologie, ^{6}1998, Kap. VI; VIII).

⊙ Altes Testament

e) Im AT gibt es keinen einheitlichen Begriff von Sünde, sondern mehrere Umschreibungen, die nur ansatzweise in ihrer Polysemie (Vielfalt der Bedeutungen) übersetzt werden können (vgl. Ch. FREY: Theologische Ethik, 1990, S. 176):

חטאת	ist	Verfehlung gegen Gott oder die Menschen, Verfehlung eines Zieles;
עון	meint	bewußtes Abweichen von einem Weg;
פשע	bedeutet	Abfall, Rebellion;
רשע	bezeichnet	das qualitative Unrecht (in rechtlichen Dimensionen);
רעה	gilt	ganz allgemein als das Böse.

Diese verschiedenen Auffassungen und Symbolisierungen von Sünde können in der Gottes- und Menschenrelation, in Kult, Gesetz, Geschichts- und Weisheitstraditionen ihren "Sitz im Leben" haben. Bei allem wird deutlich, daß Sünde im alttestamentlichen Verständnis wesentlich eine "soziale Kategorie" darstellt (vgl. G. von RAD: Theologie des Alten Testaments, Bd. 1, ^{4}1962, S. 277).

⊙ Neues Testament

- Durch die besondere Konzentration auf die Gottes*beziehung* kann das NT *eine* Vorstellung von Sünde (nämlich ἁμαρτία als die Macht, die Menschen in ihrer Selbstverschlossenheit gefangen hält) auffallend betonen. Die das weitere Verständnis der Sünde im Christentum wohl am nachhaltigsten prägende neutestamentliche Stelle ist Röm 5: Hier entwirft PAULUS jedoch keine dogmatische Lehre von der Erbsünde (so seit AUGUSTINs fälschlicher Übersetzungsinterpretation von V.12b: "in quo omnes peccaverunt"). Statt dessen will er zeigen, daß alle Menschen aus der Realität kommen, die durch Adam symbolisiert wird. Adam und Christus fungieren so als 'corporate personality'. Um auch hier moralistische Bewertungen fernzuhalten (vgl. die Abqualifizierung von Leiblichkeit und Sexualität in weiten Teilen der Christentumsgeschichte), könnte man mit W. JOEST (Dogmatik, Bd. 2, 1986, S. 415f.) statt von Erbsünde von *Grund*sünde sprechen, um deutlich zu machen, daß es nicht um einen Mechanismus des Ver-

irrtümlich: Erbsünde

hängnisses, sondern um eine menschliche Grundausrichtung im Zusammenhang der Rede von der Sünde geht. So wird die Differenz zwischen moralischer und anthropologischer Bewertung der Sünde gewahrt, ohne deren Bedeutung für die (theologische) Ethik (als Hintergrundreflexion) auszuschließen (s.u.).

f) Zwei Grundeinsichten in der Beurteilung des Bösen und der Sünde aus der Kirchlichen Dogmatik K. BARTHs können entscheidend helfen, diese Phänomene transmoralisch zu verstehen: ⊙ **Barth**
- Zum einen: das Böse, von Barth als "das *Nichtige*" bezeichnet (vgl. KD III,3, § 50): Es darf nicht in Gottes Wollen oder Schöpfung einbezogen und auch nicht als reale Gegenmacht Gottes gedacht werden. Da beide Vorstellungen in die theologische Aporie führen (erstere zur Vorstellung, daß der gute Gott Böses will, während letztere einen Dualismus impliziert) greift Barth zu einer an den Fundamenten der Logik rüttelnden Grenzbestimmung: das Nichtige ist die den Menschen angreifende Macht, die ihre Existenz aus der *Verneinung* Gottes gewinnt und die sich nicht nur in metaphysischer Defizienz, sondern auch in Angst und Bedrohung und deren Konsequenzen niederschlägt.
- Zum andern will Barth Sünde nicht abstrakt und moralisch begründen, auch nicht im Kontrast zu einer Idealvorstellung oder Idee des Guten, sondern im Widerspruch zur Person und zum Wirken Jesu Christi (vgl. KD IV,1, S. 83), so daß sie als *Hochmut, Trägheit und Lüge* charakterisiert werden kann.

g) Welche ethischen Einsichten lassen sich aus den hier nur ansatzweise dargestellten biblischen und dogmatischen Überlegungen (vgl. weitergehend Ch. FREY [Hg.]: Repetitorium der Dogmatik. Für Studierende der Theologie, [6]1998, Kap. VI; VIII) ziehen? ⊙ **Beurteilung**

- Das 'malum' (als 'malum morale') verstanden ist zu harmlos, um für eine Anthropologie, die eine "realistische" Ethik grundlegend prägt, aufschlußreich zu sein. Wenn die christliche Ethik an der realen Macht der Sünde nicht vorbeigehen will, muß sie damit rechnen, daß Sünde sogar die Perversion des Guten durch eine *Ideologie* des Guten bewirkt (vgl. Gen 3: Eritis sicut Deus) und daß oft die schlimmsten Taten im Namen des (scheinbar) Guten vollbracht werden. Kein anderer als B. PASCAL hat diesen Umstand prägnant auf den Punkt gebracht:

"Niemals tut man derart vollständig und heiter das Böse, als wenn man es mit gutem Gewissen tut" (vgl. Pensées, Frg. 895 [Ed. Brunschvicg]).

- Aber auch das in Relation zum 'malum morale' gedeutete 'malum physicum' wird eine christliche Theologie am *Kreuz* (alttestamentlich bereits eingezeichnet im Prophetenschicksal [z.B. Jeremias] und dem Scheitern des Tun-Ergehens-Zusammenhanges [bei Hiob]) zerbrechen sehen.

⊙ Sünde, transmoralisch

- Obwohl oder gerade weil die Sünde transmoralisch zu verstehen ist, ist ihr Verständnis für die Ethik bedeutsam: Der in vielfachen Relationen vor Gott und den Menschen stehende und in Wort, Tat und Unterlassen handelnde Mensch existiert in Größe und Tiefe zugleich;
er ist berufen zur Gotteskindschaft, frei und verantwortlich zu leben und befindet sich doch qua Selbstgerechtigkeit ständig im Bruch mit Gott, dem Nächsten und seiner eigenen Bestimmung.

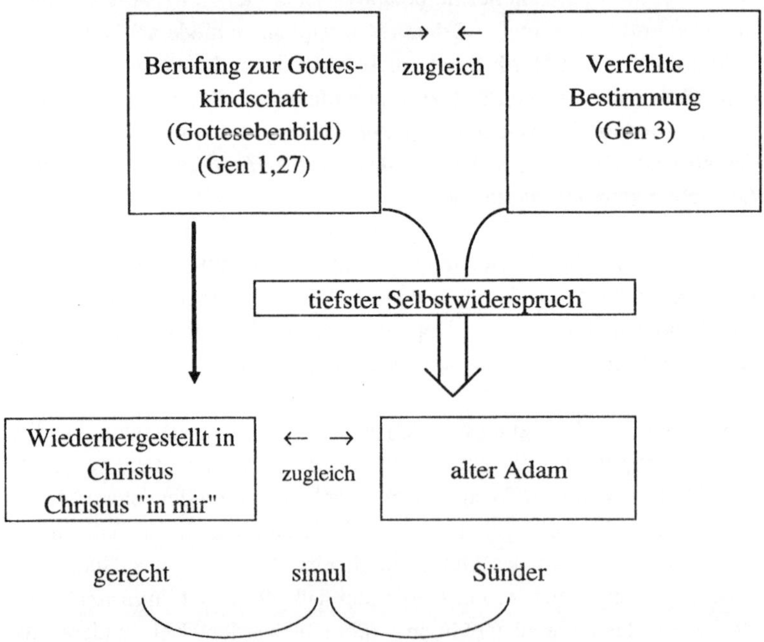

Blickt man daher aus theologischer Perspektive zurück auf die Bestimmungen des Guten (vgl. Kap. 1.7.1.1), wird man festhalten müssen, daß ein Großteil der philosophischen Denker nicht mit dem *Grund*problem des Bösen und (seiner theologischen Qualifikation als) der Sünde rechnet. Gegen eine allzu optimistische Sicht menschlicher Möglichkeiten ist theologisch einzuwenden, daß das "Gute" menschlicher Lebensführung immer bedroht ist, und der Zu'recht'bringung durch Gott bedarf (vgl. D. BONHOEFFER: Ethik, 1992, S. 137-162: Handeln im Vorletzten aus der Verheißung des Letzten). Gegen eine rein individuell und existentiell ausgerichtete Interpretation von Sünde und Sündenfolgen (vgl. G. EBELING: Wort und Glaube, Bd. 3, 1975, S. 205-224 [bes. 220-224]) ist der Problemkomplex auch sozialhermeneutisch zu entschlüsseln. Wie kann in sozialen und gesellschaftlichen Lebensverhältnissen ein Bewußtsein für theologisch als Sünde zu qualifizierende Phänomene geweckt werden, die einerseits nicht nur moralisch zu bestimmen sind, andererseits aber auch nicht zu passiver Resignation verleiten dürfen? Wenn hier die soziale Existenz der zur Freiheit Berufenen Widerspruch im Wort und durch die Tat erheben will, müssen sie gemeinsam anfangen, die Kirche selbst als den Ort der Ansage und Einübung der Befreiung von der Sünde (unter dem Anspruch der μετάνοια) zu sehen, um aus dieser auch sozialen Verheißung Veränderung zu suchen und zu gestalten.

Lit.: Art. 'Malum' I-VI, in: HWPh, Bd. 5 (1980), Sp. 652-706.

1.7.2 Glück(seligkeit)

a) Manche Aspekte des schillernden Wortes 'Glück' wurden bereits in Kap. 1.7.1 im Zusammenhang des Guten angesprochen. Dies ist insofern nicht verwunderlich, als das, was als gut gilt und zu erstreben ist, gemeinhin glücklich macht, wie umgekehrt Glück selbst als ein Gut gilt. Diesen Zusammenhang gilt es festzuhalten und trotzdem zu unterscheiden. Dann wird ebenso deutlich, daß Glück zwar erstrebt wird, aber immer auch an ein anderes Gut (individuell ausgerichtet z.B. auf Lust, Nutzen, Vollkommenheit, Apathie, Reinheit, Integrität, aber auch: Gesundheit, Reichtum, Abgesichertsein, oder sozial ausgerichtet

⊙ **Begriff des Glücks**

auf: ein möglichst hohes Maß an Freundschaft, Gemeinschaft, Solidarität, Gerechtigkeit, Teilhabe und Freiheit für alle) gebunden ist. Die Vielzahl der Vorstellungen von Glück zeigen, daß Glück kein dominantes, sondern ein inklusives Ziel ist, das mit anderen kooperiert. Was glücklich macht, wird an Zielvorgaben des Guten ausgerichtet (vgl. Kap. 1.7.1). O. HÖFFE (in: Lexikon der Ethik, [4]1992, S. 100) faßt diesen Umstand pointiert zusammen: "Das Glück ist kein direkter Gegenstand menschlichen Strebens, sondern die Begleiterscheinung im Fall des Gelingens: die Qualität eines zufriedenstellenden, weil sinnvollen, eben *guten Lebens.*" Da gewichtige Positionen hierzu bereits in Kap. 1.7.1 skizziert wurden, sei auf dieses zurückverwiesen.

⊙ Eudämonismus

b) Der Ethik-Typ, der das Glück als oberstes Ziel anstrebt, wird als *Eudämonismus* bezeichnet. Als Hauptvertreter gilt ARISTOTELES, der gemäß seinem Grundsatz "gut ist das, woraufhin alles strebt" (vgl. Kap. 1.7.1.1b) des Menschen Gut-Sein in der Glückseligkeit findet:

"Da sich viele Ziele zeigen, wir aber von diesen manche um anderer Dinge wählen, wie den Reichtum, Flöten und überhaupt alle Instrumente, so ist es offenbar, daß nicht alle Endziele sind. Das vollkommen Gute scheint aber ein Endziel zu sein. Wenn es also nur ein einziges Endziel gibt, so wäre dies das Gesuchte, wenn aber mehrere, dann das vollkommenste unter diesen. Vollkommener nennen wir das um seiner selbst willen Erstrebte gegenüber dem um eines anderen willen Erstrebten und das niemals um eines anderen willen Gesuchte gegenüber dem, was sowohl seiner selbst wegen als auch wegen eines anderen gesucht wird; allgemein ist das vollkommene Ziel dasjenige, was stets nur an sich und niemals um eines anderen willen gesucht wird. Derart dürfte in erster Linie die Glückseligkeit sein ... Die Glückseligkeit aber wählt keiner um jener Dinge willen und überhaupt nicht wegen eines anderen" (Nikomachische Ethik 1097a).

⊙ Gutes Leben

An diesem Zitat zeigt sich, daß das Glück auch bei Aristoteles an einen *Sinnentwurf*, an ein Konzept vom *guten* Leben, rückgebunden ist und sich keineswegs in kurzfristigen Wünschen materieller oder ideeller Natur erschöpft. Da des Menschen vollkommenste Bestimmung in seinem *Vernunftgebrauch* liegt (vgl. ebd.), vollendet sich auch die Glückseligkeit entweder in der reinen Theorie (βίος θεωρητικός) bzw. unter dem Aspekt des ζῷον πολιτικόν in der Gerechtigkeit innerhalb der Polis (βίος πρακτικός). Dieser philosophische Gedanke der

Glückseligkeit hat im Mittelalter die eschatologische Lehre von der '*beatitudo*' (Glückseligkeit) als '*visio beatifica*' (Schau Gottes in der Seligkeit) begründet.

Kritik Kants

Wenn KANT das Glück als Triebfeder des Handelns scharf kritisiert und damit den Eudämonismus als ethische Theorie mit dem Vorwurf der subjektiven Willkür, Heteronomie und hypothetischen Unsicherheit belegt (vgl. Metaphysik der Sitten, Tugendlehre, A VIIIf.), identifiziert er ihn fälschlicherweise, aber vor seinem historischen Hintergrund (polemische Abgrenzung gegen empirische Ethiken, z.B. D. HUME) verständlich mit dem *Hedonismus* (vgl. Kap. 1.7.1.1; 1.7.3; 1.7.4). Weil schließlich auch für Kant (unter dem praktischen Postulat der Idee Gottes, vgl. KpV, A 223-228) Pflicht und Glückseligkeit zusammenfallen, lassen sich sogar im Endeffekt gewisse Affinitäten zwischen Aristoteles und Kant nicht leugnen. Dennoch besteht eine Grunddifferenz zwischen den beiden Denkern. Während man im Blick auf Kant festhalten muß, daß Handeln immer nur dann moralisch qualifiziert ist, wenn es nur aus Pflicht, "ohne alle Neigung" (Grundlegung zur Metaphysik der Sitten, BA 11; vgl. jedoch zur partiellen Revision dieses Gedankens Kants im Gespräch mit F. SCHILLER Kap. 1.7.7b) geschieht, sieht Aristoteles darin keinen unbedingten Gegensatz. Im Gegenteil - in der Sprache Kants gesagt: Pflicht und Neigung konvergieren eo ipso, wenn denn ein Handeln *wirklich* moralisch ist.

⊙ Seligpreisungen

c) Einen eigenen Aspekt in der Bewertung von Glückseligkeit bringt die christliche Tradition ein. Während der Begriff εὐδαιμονία dem NT fremd bleibt, provozieren die Makarismen der Q-Tradition (vgl. Mt 5,3-12; Lk 6,20-23) zum Umdenken in der Einschätzung des Glücks (zur Übersetzung 'glücklich' statt 'selig' - was eher zu spirituell klingt - vgl. H.-R. REUTER in: ZEE 23, 1979, S. 84-105). Nicht als ob ein Mangel (arm sein, verfolgt sein, traurig sein etc.) an sich als wertvoll und erstrebenswert erschiene, wird hier behauptet, aber der Situation der Bedürftigkeit wird besondere Verheißung zugesprochen, die befreiend wirken kann. "Darum lassen die Seligpreisungen etwas sonst gern Verdrängtes erkennen: *Wer im Mangel lebt, wird das Menschlichste am Menschsein eher wachhalten: die das ganze Leben kennzeichnende Bedürftigkeit und Verletzlichkeit*" (Ch. FREY: Theologische Ethik, 1990, S. 159). So wird zugleich - in Konvergenz mit paulinischer Rechtfertigungslehre - der responsible, aber auch in Raum,

Zeit und Möglichkeiten endliche Charakter menschlichen Daseins hervorgehoben. Glück wird dann als Gabe und nicht so sehr wie bei Aristoteles als Werk (εὐπραξία) verstanden, die zu nachfolgend skizzierter Sensibilität befreit:

1. Glück läßt sich nicht individuell verwirklichen; wir sind auf Gott und die anderen angewiesen.

2. Nur wer seine eigene Begrenzung in Raum, Zeit und Leiblichkeit anzunehmen bereit ist und so kein maßloses Glück zu erstreben sucht, wird auch offen sein für das Glück (und Unglück) anderer.

3. Nicht Leistung oder Distribution, sondern Empfangen(-Können) und Verantwortung sind wesentliche Aspekte gelingenden und so glücklichen Lebens.

4. Zugleich wird so eine dumpfe, aber auch eine in "der unerträglichen Leichtigkeit des Seins" (M. KUNDERA) schwebende Glücksvorstellung konterkariert und kritisiert.

"Gelingendes" Leben - mehr als gutes Leben

5. Als Kriterien biblischer Vorstellung von gelingendem Leben (vgl. Ch. Frey: a.a.O., 1990, S. 171f.) lassen sich so (selbst-)kritisch und mit Relevanz auch für allgemeinethische Diskurse festhalten:

- Beachtung der Integrität der Person (mit Vernunft, Wille und Emotion),
- Respektierung von Basisbedürfnissen und sozialer Verfaßtheit,
- Akzeptanz und Gestaltung der Endlichkeit,
- Offenheit zur Zukunft aus dem eschatologischen Vorbehalt gegenüber den Faktizitäten des Lebens,
- die Güte des Lebens je neu produktiv zu entdecken,
- kein absolutes, abstraktes Gut zu erstreben, sondern Nächstenschaft zu gestalten.

Lit.: J. RITTER: Art. 'Glück', in: HWPh, Bd. 3 (1974), Sp. 679-707.

1.7.3 Lust bzw. Freude (Hedonismus)

⊙ Glück als Lust

Hedonismus wird (seit der 2. Hälfte des 18. Jhds.) eine Richtung genannt, die das Gute und das Glück v.a. in psychischen Zuständen des Menschen sucht. Während Kant den Gedanken der Glückseligkeit zunächst aus der Grundlegung der praktischen Philosophie verbannte (vgl. Kap. 1.7.2.), haben v.a. englische Moralphilosophen '*pleasure*' als Ziel ethischen Handelns ausgegeben.

a) Die philosophische Richtung der *Kyrenaiker*, unter ihnen EPIKUR (vgl. Kap. 1.7.1.1), wurde von Stoikern und Christen verdächtigt, sinnliche Freuden und Lust als höchstes Glück auszugeben. Tatsächlich sahen sie im Glück die Summe der Glücksempfindungen bzw. Abwesenheit von Schmerz. Auch waren sich manche Vertreter nicht einig, ob sich überhaupt Unterschiede des Rangs der einzelnen Glücksempfindungen feststellen ließen. Der oft angegriffene Epikur strebte eine heitere Gelassenheit (ἀταραξία; vgl. Kap. 1.7.1.1) als Freiheit vom Schrecken religiöser Wesen und von der Furcht des Todes an (*negativer Hedonismus*). **Epikur**

b) Hedonistische Gedanken finden sich in der Neuzeit erneut im sog. *Utilitarismus* (vgl. Kap. 1.8.3.6). Hauptvertreter sind nach Vorarbeit von HOBBES, HUME und PRIESTLEY J. BENTHAM (vgl. ders.: Einführung in die Prinzipien von Moral und Gesetzgebung, 1789), J. S. MILL (vgl. ders.: Utilitarismus, 1863) und H. SIDGWICK (vgl. ders.: Die Methoden der Ethik, 1874). **⊙ Utilitarismus**

Den Hedonismus-Gedanken repräsentiert der folgende Merkvers Benthams auf paradigmatische Weise:

> Intense, long, certain, speedy, fruitful, pure -
> such marks in pleasures and in pain endure.
> Such pleasures seek, if private be the end:
> If it be public, wide let them extend.
> Such pains avoid, whichever be thy view:
> If pains must come, let them extend to few.

(Zit. nach: Approaches to Ethics, hg. v. W. T. Jones, 1962, S. 273)

c) Neben der Tatsache, daß eine hedonistische Einstellung wohl das Lebensgefühl vieler Menschen unserer Tage prägt (vgl. G. SCHULZE: Die Erlebnisgesellschaft, ²1992), findet sich auch in gegenwartsphilosophischen Ansätzen diese Haltung. So u.a. beim Mentor der 68er-Bewegung, Herbert MARCUSE. In 'Triebstruktur und Gesellschaft' (²1968) entwirft er im Rückgriff auf MARX und FREUD das Modell einer Gesellschaft, die nicht mehr aus Not allein arbeitet, in der befreite Arbeit und psychischer Lustgewinn endlich zusammenfallen und Schönheit und Vernunft zusammengehen.

⊙ Kritik

d) All das, was im Zusammenhang des Glücks bereits gegenüber einem einseitigen Erstreben im Anschluß an biblische Reflexionen, aber auch unter Rückgriff auf KANTs Kritik, die ja einen Hedonismus treffen wollte, gesagt wurde (vgl. Kap. 1.7.2), gilt um so mehr für die an Lustgewinn und Schmerzvermeidung ausgerichteten Ethiken. Nicht daß Freude und auch Lust per se unsittlich und ethisch verwerflich wären (die Leibfeindlichkeit eines großen Traditionsstranges der Christentumsgeschichte dürfte bekannt genug sein), aber die Verabsolutierung zu einem Letztwert übersieht entscheidende Aspekte menschlichen Lebens und somit auch ethischer Begründbarkeit (vgl. Kap. 1.7.2c).

Lit.: H. REINER: Die philosophische Ethik, 1964, S. 35-46.

1.7.4 Nutzen

⊙ Utilitarismus

Nutzen als Ziel von Handlungen und eine daran ausgerichtete ethische Bewertung finden sich im *Utilitarismus* (Hauptvertreter s. Kap. 1.7.3b), einer Spielart des Hedonismus. Dieser Gedanke scheint so prägend zu sein, daß diese philosophische Richtung ihren Namen davon erhielt. Keineswegs ausgemacht - weder in interner Selbst- noch externer Fremdkritik - ist die weitere Ausgestaltung des Nutzenkalküls: Gilt ein Durchschnittsnutzen (pro Person) oder die Nutzensumme? Woran bestimmt sich Nutzen, an welchem (qualitativen oder quantitativen) Gut? Läßt er Spielraum für Gerechtigkeit? Gilt das Nützlichkeitskalkül nur für Handlungen oder auch für Regeln? All dies sind im Utilitarismus diskutierte Fragen. Insofern die Nützlichkeit jedoch noch im Zusammenhang weiterer, für den Utilitarismus prägender Prinzipien bedacht werden muß, sei auf Kap. 1.8.3.6 verwiesen.

1.7.5 Common Sense

a) Nach Maximilian FORSCHNER (in: Lexikon der Ethik, [4]1992, S. 34f.) bezeichnet "Common sense (lat. sensus communis, frz. sens commun, bon sens, dt. Gemeinsinn, gesunder Menschenverstand) ... ein Urteilsvermögen, das ohne Hilfe von Verstandesargumenten u. Vernunftschlüssen, im Ausgang von Sinneserfahrung, Alltagspraxis u. unmittelbarem sittl. Empfinden, Einsichten über lebensrelevante Probleme vermittelt." **⊙ Gemeinsinn**

Während der sensus communis in der aristotelisch-scholastischen Tradition primär erkenntnistheoretisch (als Gegenstandswahrnehmung) verstanden wird, gewinnt er - vor allem unter dem Einfluß der Schottischen Schule im 18. Jahrhundert (Th. REID, D. STEWARD, J. BEATTIE) - primär ethische Bedeutung im Sinne der obigen Bestimmung eines prärationalen Urteilsvermögens. Dieses wird gegen übertriebene Skepsis, aber auch gegen realitätsfremde Spekulation gewendet.

Der *Intuitionismus*, eine Richtung analytischer Ethik mit den Hauptvertretern G. E. MOORE, W. D. ROSS und H. A. PRICHARD, setzt diese nicht-intellektuelle Begründung der Ethik fort. Nach Moore (vgl. ders.: Principia Ethica, 1903) ist 'gut' ein undefinierbares Wort, dessen Bedeutung jeweils *intuitiv* erfaßt wird (und dessen Identifikation mit empirischen Deskriptionen als *naturalistischer Fehlschluß* [vgl. Kap. 1.8.2.2] bezeichnet wird). **Intuitionismus** **⊙ 'Gut'**

b) Ohne Zweifel läßt sich ein begrenzter Sinn von Common Sense oder Intuitionismus nicht bezweifeln, da Menschen einen Großteil ihrer Handlungen auf *sozial eingeübte*, prärationale *Handlungsmuster* zurückführen und nicht in ständiger intellektuell-ethischer Reflexion leben. Problematisch wird diese Theorie, wenn sie sich zum alleinigen sittlich-ethischen Urteilskriterium aufspreizt, da so die Gefahr der Ideologisierung des "gesunden Volksempfindens" droht.

c) Sucht man nach biblischen Entsprechungen zu Common-sense-Motiven und Formen, wird man sie wohl vor allem in den alttestamentlichen *Weisheitstraditionen*, aber auch in den neutestamentlichen *Tugend- und Lasterkatalogen* finden (wobei mindestens die späte Weisheit auch die Brüchigkeit ihres eigenen Ansatzes reflektiert). **⊙ Weisheit**

Breiter und gewichtiger ist jedoch die kritische Einstellung gegenüber eingefahrenen Denk- und Handlungsmustern. Angefangen von den **Biblische Kritik** prophetischen Zeichenhandlungen bis zu den Gleichnissen Jesu greifen die Verkündiger der Botschaft Gottes alltägliche und damit auch sittliche Voreinstellungen auf, um sie von ihrer Selbstverständlichkeit zu entmythologisieren und im Lichte des Wortes Gottes zu destruieren. Paradigmatisch sei auf das Gleichnis vom barmherzigen Samariter (Lk 10,25-37) verwiesen, in dem nicht nur Status-, Nationalitäts- und Religionsgrenzen durchbrochen werden, sondern vor allem die sittliche Frage nach dem Nächsten neu perspektiviert wird (aus der Frage: 'Wer ist mein Nächster?' wird die Wendung: 'Wem werde ich zum Nächsten?').

⊙ Beurteilung

d) Wendet sich theologische Ethik Common-sense Argumentationen zu, sollte sie diese immer an übergeordneten sittlichen Standards - wie sie in den Kap. 1.3 (Person), 1.4 (Freiheit), 1.6 (Verantwortung), 1.7.1 (das Gute), 1.7.8 (Gerechtigkeit), 1.7.9-10 (Naturrecht und Menschenrechte) perspektiviert werden - messen und keinesfalls ungeprüft übernehmen: "Prüfet aber alles, und das Gute behaltet" (1 Thess 5,21; zum Guten in biblischer Sicht vgl. Kap. 1.7.1.1j; 1.7.1.2; 1.7.2c).

Lit.: M. FORSCHNER: Art. 'Common Sense', in: Lexikon der Ethik, hg. v. O. Höffe, [4]1992, S. 34-36 (Lit.!).

1.7.6 Tugenden

Pflicht, Güter, Tugenden

Seit SCHLEIERMACHER (vgl. ders.: Grundlinien einer Kritik aller bisherigen Sittenlehre, 1803) unterscheidet evangelische Theologie zwischen Pflicht-, Güter- und Tugendethik. Die erstere fragt nach den normativen Grundlagen, die zweite nach dem Ziel einer Handlung, die dritte nach den die Handlung und das Sein der Menschen prägenden Stetigkeiten. Dabei wird vorausgesetzt, daß Menschen nicht in jeder Situation, in der sie eine problematische Handlung ethisch beurteilen und entscheiden müssen, ab ovo anfangen, sondern (ähnlich wie in der Normenfrage, vgl. Kap. 1.2) auf ein in ihrer Lebensgeschichte sozial und individuell aufgebautes Repertoire von Verhaltensmustern und -habitus zurückgreifen können, so daß sie quasi "selbstverständlich" und frei entscheiden und handeln können. Der sich in einer solchen

⊙ Tugenden

⊙ Stetigkeiten

Vorstellung ausdrückende Gedanke der sittlich gereiften Persönlichkeit und der ***Stetigkeit im Handeln*** wurde in der Geschichte europäischen Denkens immer wieder rückgebunden an eine das Lebenskonzept einer jeweiligen Zeit artikulierende ***Tugendlehre.*** Drei der bedeutendsten Entwürfe - nämlich die von PLATON, ARISTOTELES und THOMAS von AQUIN - sollte man kennen, da sie lange prägend waren, zugleich eine Kontrastfolie reformatorischer Theologie und Ethik darstellten und heute teils eine Wiederkehr feiern. Zudem gibt das Motiv der Stetigkeit in Handlungen auch in unserer Zeit zu denken.

⊙ Platon

a) Die wohl rezeptionsgeschichtlich wirkungsvollste Tugendlehre stammt von PLATON. Gemäß seinem hierarchischen Menschenbild, in dem die Vernunft die Führung inne hat, ordnete er jedem 'Seelenteil' eine Kardinaltugend zu:

Tugenden und Seelenteile

Es entspricht:

dem oberen Seelenteil (der Vernunft, λογιστικόν, rationale)	die Klugheit (σοφία, sapientia),
dem mittleren Seelenteil (dem Mutartigen, θυμοειδές, irascibile)	die Tapferkeit (ἀνδρεία, fortitudo),
dem unteren Seelenteil (dem Begehren, ἐπιθυμητικόν, concupiscibile)	die Mäßigung (σωφροσύνη, temperantia).

Aus der Harmonie aller, unter der Hegemonie der Klugheit erwächst als Krönung:

Gerechtigkeit

die Gerechtigkeit
(δικαιοσύνη, iustitia)

Unschwer läßt sich erkennen, wie eine bestimmte *anthropologische Konzeption*, die bei Platon wiederum an die Ideenlehre rückgebunden ist (als Leiterin der Seelenkräfte gilt die Vernunft, die ja auf die Ideen ausgerichtet ist und über sich hinausstrebt, indem sie sich von den niederen Seelenkräften trennt; vgl. Höhlengleichnis; vgl. Phaidon), moralische und ethische Konsequenzen für den einzelnen zeitigt. Zugleich spiegelt sich die Seelenlehre auch im Staat wider: Den drei Ständen der Herrscher (gemeint sind die Philosophen!), Wächter und Handwerker entsprechen die Tugenden der Weisheit, der Tapferkeit und des

Maßhaltens, die ja wiederum auf die Seelenteile Vernünftiges, Muthaftes und Begehren bezogen sind (vgl. Politeia, 427c-445e). So sorgt die die Harmonie der Seelenkräfte zur Vollendung bringende Gerechtigkeit zugleich für eine Ordnung im politischen Gemeinwesen als einem sozialen Kosmos. Diese Ordnung wird im individuellen wie im sozialen Lebenssektor als beständige Haltung (ἕξις) eingeübt und befestigt.

⊙ Aristoteles

b) Weil ARISTOTELES sowohl die auf die Erkenntnis des Guten abzweckende Ideenlehre Platons, als auch seine Seelenteillehre nicht rezipieren wollte, übernahm er zwar von diesem den Gedanken der Tugenden, stellte sie aber in ein neues Ordnungsgefüge mit veränderter Intention. Anders als Platon rekurriert Aristoteles nicht auf an sich gültige Ideen oder Ideale, sondern sucht im prägenden Ethos und ihm vor Augen stehenden Lebenszusammenhang und Recht nach geronnenen, bewährten Geltungen, die Orientierung für einzelne und die Gemeinschaft in der Polis ermöglichen können, so daß Glück erstrebt werden kann. So sind die Tugenden (ἀρεταί) Tüchtigkeiten als Beitrag und Werk (ἔργον) des Bürgers zum Wohlgelingen des politischen Gemeinwesens.

Zu diesem Zweck unterscheidet Aristoteles (NE 1105b-1145a) im vernünftigen Seelenteil:

und

Tugendarten

dianoetische Tugenden	ethische Tugenden
- sie richten sich auf das Vernünftige; es sind:	- sie richten sich auf die Gestaltung des Begehrens; es sind u.a.:
1) im Blick auf Unveränderliches:	- Tapferkeit (ἀνδρεία)
- Verstand der Prinzipien (νοῦς τῶν αρχῶν)	- besonnenes Maßhalten (σωφροσύνη)
- Wissenschaft (ἐπιστήμη)	- Freigebigkeit (ἐλευθεριότης)
- Weisheit (σοφία)	- Hochherzigkeit (μεγαλοπρέπεια)
2) im Blick auf Veränderliches:	- Hochsinnigkeit (μεγαλοψυχία)
- Kunst, Technik (τέχνη) als Tugend der Poiesis	- Wahrhaftigkeit (ἀλήθεια)
- Klugheit (φρόνησις) als Tugend der Praxis	- Freundlichkeit (φιλία)
	- Gerechtigkeit (δικαιοσύνη)

⊙ Mitte zwischen Extremen

Die ethischen Tugenden haben ihren "Sitz im Leben" im sozial-politischen Miteinander (allgemein, im Blick auf Besitz, in Fragen des Prestiges, im Bereich der Interaktion und der Politik) und suchen immer, die Mitte (μεσότης) zwischen zwei

Extremen auszutaxieren. So bildet z.B. die Tapferkeit die Mitte zwischen Feigheit und Tollkühnheit etc. Tugenden werden schlicht und einfach durch immer wieder einübendes Tun erworben, so daß sie einen Habitus (ἕξις) bilden, der die sittlich reife Persönlichkeit auszeichnet. Wie bei Platon gipfelt auch die aristotelische Tugendtafel in der die Polis beanspruchenden Gerechtigkeit. Sie teilt jedem das Seine zu und sorgt für den Ausgleich im Prozeß des Tauschens. Bevor Anfragen evangelischer Ethik an dieses Grundmodell abendländischer Ethik herangetragen werden können, muß noch auf die bedeutendste Rezeption der Tugendlehre im christlichen Bereich, auf die Tugendtafel des Thomas von Aquin, eingegangen werden.

⊙ Thomas von Aquin

c) Während Platon und Aristoteles ihre Tugendlehren an ihren jeweiligen sozialen Kontext rückbinden, entwirft sie THOMAS von AQUIN im Rahmen einer metaphysischen Naturrechtslehre, die er um eine theologische Gnadenlehre erweitert. In seiner großen Summe ist die Tugendlehre in die allgemeine Lehre von der Hinwendung des Menschen zu Gott (noch vor der Christologie) eingeordnet (STh I-II, q 55-67; II-II, q 1-170). Während Begehren und Zorn als 'passiones' den Menschen mit den Tieren gemein sind, qualifizieren die Handlungen die Menschen in besonderer Weise. Sie erwachsen aus inneren Gründen (principia), die entweder im *Habitus* (ἕξις) gründen oder von außen als *Gesetz* und *Gnade* hinzutreten. Gemäß seinem Grundsatz: 'gratia non tollit, sed supponit et perficit naturam' ('die Gnade hebt die Natur nicht auf, sondern setzt sie voraus und vollendet sie'; vgl. STh I, q 1, 8 ad 2; I, q 2, 2 ad 1) erweitert er die platonische Lehre von den *Kardinaltugenden* (virtutes morales: sie können von allen Menschen entfaltet werden) um die sogenannten *theologischen Tugenden* (virtutes theologicae): sie sind durch die Gnade Gottes eingegeben (infusae) und können so zum (erworbenen) Habitus werden, wobei die Liebe als Wurzelgrund des auf den 'virtutes infusae' aufbauenden christlichen Lebens fungiert. Durch sieben Gaben des Heiligen Geistes (vgl. STh I-II, q 68-70 in Anlehnung an Gal 5,22: Freude, Friede, Geduld, Freundlichkeit, Güte, Sanftmut, Keuschheit) wird das Tugendideal christlichen Lebens vollendet.

Kardinaltugenden

theologische Tugenden

⊙ Reformation

d) In der *Reformation* findet sich ein zwiespältiges Verhältnis zu den mittelalterlichen Tugendidealen: Zunächst brechen die reformatorischen Theologien mit ihnen; eine spezifische reformatorische Tugendlehre findet sich nicht - und dies nicht ohne Grund: Die reformatorische Einsicht, daß Gott nicht in Raten zuteilt und der Mensch nicht im Werk Gottes Liebe zu gewinnen hat, sondern sich in der Zuwendung Gottes zu den Menschen in Jesus Christus beschenken lassen darf, *befreit* von habituell zu steigernden Tugendidealen. Dann können insbesondere Glaube, Liebe, Hoffnung nicht als Tugend und Verhaltensstetigkeit gedeutet, sondern müssen als Grundvollzug unseres Daseins verstanden werden, die im Blick auf die Mitmenschen von selbst diakonische Gestalt gewinnen. (In der Auffassung, daß die Tugenden lediglich die Relation zu den Menschen und nicht die Gottesbeziehung prägen, stimmen alle Reformatoren überein.)

⊙ Luther

Dabei hält besonders Luther an der bleibenden Ambivalenz menschlichen Daseins und der daraus erwachsenden Werke fest, sie können nicht zur ständigen Selbststeigerungsstrategie beitragen (vgl. das 'simul iustus ac peccator', das zwar auch - wie W. JOEST: Ontologie der Person bei Luther, 1967 überzeugend gezeigt hat - im 'transgressus' [vom Sünder zum Gerechten] einen 'progessus' [der Glaubensbewährung] ansatzweise kennt, aber immer unter dem eschatologischen Vorbehalt, dabei kein Zu-Ende-Kommen konstatieren zu können, steht).

⊙ Glaubensbewährung

Die so als geschenkte Identität erfahrene Befreiung von Werken bewährt sich im alltäglichen Leben, das selbst als Beruf(-ung) erlebt wird. Nicht ein an monastischen Idealen ausgerichtetes Tugendideal, sondern den konkreten, "normalen" Alltag gilt es als Gottes Ruf zu leben (vgl. paradigmatisch dazu Luthers 'Sermon von den guten Werken', 1520 und die 'Freiheit eines Christenmenschen', 1520).

⊙ Melanchthon

Während Luther Skepsis gegenüber den antiken und mittelalterlichen Tugendtafeln wahrt, erleben diese bei MELANCHTHON eine unerwartete Wiederkehr - allerdings unter reformatorischen Transformationen: Da er nicht eine theologische Anthropologie teilen konnte, die dem rationalen Seelenteil eine Hegemonie über die anderen zusprechen sollte, besiegt der im Geist neugegründete *Affekt* die von Gott wegführenden Affekte, weshalb der Mensch die Zehn Gebote hält und das allgemeine Naturgesetz beachtet. Durch diesen Kunstgriff "gelingt" es MELANCHTHON - jedenfalls formell -, einerseits reformatorische Vorgaben (Ablehnung des freien Willens) aufrechtzuerhalten und gleichzeitig vorreformatorisch-philosophische Traditionen aufzunehmen. (Rezeptionsgeschichtlich hat in der mit Melanchthon beginnenden Orthodoxie wohl das zweite Moment Oberhand gewonnen) Dabei nennt er an Tugenden in seiner 'Philosophiae moralis epitome' (1538) Gerechtigkeit, Wahrheit, Wohltätigkeit, Dankbarkeit und Freundschaft.

⊙ Vergleich

e) Im Vergleich lassen sich antike und mittelalterliche Tugendlehren sowie die reformatorische Kritik so *zusammenfassen*:

- Nach ARISTOTELES gilt: Leben, gestaltet im Tugendhabitus, ist ein Werk (der Aristokraten).
- Nach THOMAS: Leben ist ein Geschenk des Schöpfers und seiner Gnade und wird (in dieser Klammer) auch zum Werk, indem durch die Tugenden ein christlicher Lebenshabitus vervollkommnet wird.
- In *reformatorischer Sicht*: Gottgewolltes Leben beruht auf dem Geschenk der Gerechtigkeit, die Geschenk bleibt und so zum Handeln im Vorletzten freisetzt und dann erst die Stetigkeiten des Verhaltens zu entdecken sucht.

Neue Tugendethik?

f) Blickt man - sei es nun unter der erwähnten theologischen Perspektive, sei es in eher kritisch-skeptischer Haltung - auf den heutigen Umgang mit dem Thema 'Tugend', so kann die allenthalben festgestellte Ratlosigkeit wenigstens teilweise bearbeitet werden. Angesichts der düsteren Erfahrungen mit (scheinbaren) Tugenden - spätestens in der NS-Zeit (die gesellschaftlich-geschichtlichen Gründe dürften früher anzusetzen sein) - kann es nicht darum gehen, alte "bürgerliche" und private (Sekundär-)Tugenden wie Ordnungsliebe, (Kadaver-) Gehorsam, Pünktlichkeit, Sparsamkeit etc. zu erneuern. Auch das Modell des (konservativen) Kommunitaristen A. MACINTYRE (vgl. ders.: Der Verlust der Tugend, 1987 [amerik. 1981]) vermag kaum zu überzeugen. Wohl zu Recht moniert der Autor, daß ein Großteil der Gegenwartsethik zu wenig die sozialen Kontexte und gesellschaftlich-geschichtlichen Lebenshintergründe für die ethische Argumentation fruchtbar macht. Seine auf dieser Diagnose aufbauende Forderung, nicht nur in verschiedenen Praxisbereichen, sondern auch bei der Suche nach dem "endgültigen Telos" des Lebens und in der Einbettung in sozial vorgegebene Traditionen Tugenden (im aristotelischen Sinne) wiederzuentdecken, dürfte kaum die innovative Lösungsstrategie angesichts sittlicher Krisen bieten. Nicht nur daß sie in Verdacht steht, sittliche Standards "im adäquaten Gefühl für die Traditionen" (a.a.O., S. 297) zu stabilisieren, bleibt problematisch, sondern auch, wie angesichts von zunehmendem Auseinanderbrechen und Beliebigkeitstendenzen in verschiedenen Gesellschaften bereits hinsichtlich basaler Lebensorientierungen ein auch nur annähernder Konsens über *relevante* Traditionen (die dann tugendethisch gefördert werden könnten) erreicht werden soll.

Evangelische Neuinterpretationen

g) Nach dem Verlust teleologischen Denkens und der Reduktion von Tugenden auf den Privatbereich kann eine biblisch-evangelischer Orientierung (dadurch nicht weniger kommunikabel) das mit dem Begriff der Tugenden angezeigte *Problem der Stetigkeit im Handeln* folgendermaßen neu fassen: Da die Frage der Stetigkeit im Handeln immer auf soziale Kontexte verweist, gilt es, die Kriterien von *Nächstenschaft* (vgl. Kap. 1.7.2) und den *sozial engagierten Beitrag zum besseren Leben* (vgl. Kap. 1.7.8.3) in komplexen gesellschaftlichen Verhältnissen bei der Auswahl von Tugenden *heute* zu berücksichtigen. So erfinden der Christ und die Christin Tugenden nicht von Grund auf neu, sondern setzen andere Akzente. Dies beginnt schon damit, daß er oder sie diese nicht als Werk, sondern als Gaben (s.o.), als *Charismata*, re-identifizieren kann (vgl. Gal. 5,22f; 1 Kor 12-14, wo die Gaben an die Auferbauung der Gemeinde und nicht an persönliche Selbststeigerung und Reife gebunden werden). Beispielhaft seien einige heute christlich verantwortbare Handlungsstetigkeiten erwähnt, die von jedem und jeder unter den genannten Kriterien geprüft und erweitert werden müssen:
- Dann wird man wohl eher für Zivilcourage und Mut als für heldenhafte Tapferkeit eintreten.
- Offenheit, Standfestigkeit und Freimut drückt die in der Freiheit und dem Vertrauen des Glaubens gründende παρρησία aus.
- Lebenserfahrene Weisheit und Klugheit dürften eher an der Zeit sein als formale Intelligenz.
- Solidarität wäre wohl heute nötiger als schematisch verfahrende Gerechtigkeit.

Lit.: Ch. FREY: Theologische Ethik, 1990, S. 182-196.

1.7.7 Pflicht

⊙ Pflicht: Unbedingtes Sollen

'Pflicht' zählt zu den Grundbegriffen ethischer Reflexion (vgl. Kap. 1.6.1). In ihm drückt sich das *unbedingte Sollen einer Handlung* unabhängig von räumlichen, zeitlichen, sozialen und leiblichen Kontingenzen aus. (Das unterscheidet diesen Begriff von den zuletzt erörterten, die aus ihrem jeweiligen sozialen Kontext zu deuten sind) Was für alle Menschen (in einer Situation) gilt, mag (zunächst) als Pflicht verstanden werden. Welche historischen und inhaltlichen Differenzierungen sich auftun und wie christliche (insbesondere protestantische) Ethik zu diesem Terminus steht und stehen kann, soll das folgende Kapitel skizzieren. Wenn dabei von der Pflicht die Rede ist, so soll die Unterscheidung von 'obligation' (τὸ δέον, das unbedingt Verpflichtende) und 'duty' (τὰ καθῆκοντα, das sich Geziemende) aufgenommen werden.

Stoa

a) Wenn Glückseligkeit und höchstes Gut die Ziele athenischer Philosophie waren (vgl. Kap. 1.7.1; 1.7.2), verwundert es nicht, wenn die Pflicht nicht von dort, sondern von der *Stoa* in die Philosophiegeschichte eingebracht wurde. Philosophen dieser Richtung suchten nach dem sich Geziemenden (τὸ καθῆκον), das von CICERO als 'officium' übersetzt wurde (vgl. ders.: De officiis). Aufgegriffen wurde der Gedanke bei AMBROSIUS und AUGUSTIN, dann erst nach der Renaissance durch die deutsche Aufklärung (Chr. WOLFF: Philosophia practica universalis, 1703 und Chr. A. CRUSIUS). Hier wird die 'obligatio' rückgebunden an die in einem *Ordnungszusammenhang mit dem Kosmos* stehende Seele, die so dem höchsten Gut entgegenstrebt.

Neben dieser rationalistischen Metaphysik und der in ihr begründeten Ethik existierten insbesondere in England zwei moralphilosophische Richtungen, die metaphysische Weltbilder und deren Konsequenzen radikal in Frage stellten, ja destruierten. *Ethischer Naturalismus* (HOBBES und HUME) und *Intuitionismus* (SHAFTESBURY) betonten auf je ihre Weise die Ausrichtung sittlicher Güter entweder an der (vermeintlichen) menschlichen Natur bzw. an spontaner Evidenz des Wohlwollens und der Sympathie. So gründen sie das Sollen teils auf empirische, teils auf hedonistische Argumente, so daß keineswegs die *Unbedingtheit* einer moralischen Forderung einsichtig wird.

⊙ Kant

b) Vor diesem doppelten Hintergrund ist die Stoßrichtung der Moralphilosophie KANTs zu deuten. Einerseits wollte er den wichtigen Gedanken der *Verpflichtung* (das *Universalisierungspostulat*) nicht aufgeben, konnte aber andererseits die es begründenden metaphysischen Prämissen (s.o. den Gedanken der kosmischen Ordnungen) aufgrund der Kritik der Empiristen nicht mehr teilen. Wie kann Verbindlichkeit eines sittlichen Sollens ebenso gewahrt werden wie die Freiheit, diesem zu entsprechen, ohne dabei in Gefühl oder Naturdetermination abzugleiten?

⊙ Implikate

Um dieser doppelten Frontstellung gegen Empirismus und rationaler Metaphysik adäquat begegnen zu können, enthält der Pflichtbegriff bei Kant wichtige Implikate:

Überempirische Geltung

- Soll eine *Verpflichtung unbedingt* sein, muß sie die Begrenztheit empirischen Lebens übersteigen. Dies ist nur möglich, wenn sie die (reine) Vernunft mit ihrem Allgemeinheitscharakter selbst betrifft, wenn diese von selbst (a priori) praktisch sein kann und wird. Kant sichert dieses Postulat dadurch, daß er die *reine Vernunft* nicht nur als theoretisches Vermögen, sondern als *Willen* (als das Vermögen, nach objektiven Vernunftgesetzen zu handeln) begreift. Der so gedeutete Wille ist mehr als Trieb oder Begehren, weil er die Übereinkunft mit einem vernünftigen, d.h. universalisierbaren, alle verpflichtenden *Maßstab* sucht.
- Dieser kann *nicht material* sein (hieße dies doch wieder eine Einschränkung unter empirische Bedingungen).
- Er kann *nicht subjektivistisch* sein (bedeutete dies doch die Unterwerfung der Verpflichtung unter Neigungen, Interessen, Bedürfnisse und Triebe).

Kategorische Geltung

- Er muß *kategorisch* gelten, darf also nicht unter irgendwelche hypothetische Bedingungen gestellt werden (wenn .. dann), und

Autonomie

- ihm muß *in Autonomie entsprochen* werden können, weil nur so die moralische Rezeption gewährt werden kann. Handlungen, die in Heteronomie ausgeübt werden, haben keine moralische Qualität, weil der Handelnde sie nicht in Freiheit, nicht selbst als Person durchführt.

Kriterien der Pflicht sind daher Vernünftigkeit, Formalität, Objektivität, Universalität, Kategorizität und autonom-freie Rezeptivität. Die einzige, diesen Postulaten entsprechende und so gute, weil vernunftgemäße und deshalb autonome *Triebfeder* ist der *reine gute Wille*, der die unbedingte, allgemeine Pflicht als sein Ureigenstes unbedingt will (vgl. Grundlegung zur Metaphysik der Sitten, BA 1: "Es ist überall nichts in der Welt, ja auch außerhalb derselben zu denken möglich, was ohne Einschränkung für gut könnte gehalten werden, als allein ein *guter Wille*"). Kriterien dafür, ob das Wollen wirklich gut ist und so aus Pflicht (und nicht nur pflichtgemäß, also nur scheinbar aus Pflicht) gehandelt wird, bietet der kategorische Imperativ in seinen verschiedenen Formulierungen (vgl. dazu A. ANZENBACHER: Einführung in die Ethik, 1992, S. 43-80):

⊙ Kategorischer Imperativ (Formen)

Die **Grundformel**	überprüft die Maximen durch Universalisierung:	Handle so, daß die Maxime deines Willens jederzeit zugleich als Prinzip einer allgemeinen Gesetzgebung gelten könne (KpV, A 54).
Die **Naturgesetzformel**	fragt nach der Analogie zum allgemeinen Gesetz in der Natur:	Handle so, als ob die Maxime deiner Handlung durch deinen Willen zum allgemeinen Naturgesetze werden sollte (Grundlegung zur Metaphysik der Sitten, BA 52).
Die **Selbstzweckformel**	bestimmt den Wert der Person als absolut und Zweck an sich selbst:	Handle so, daß du die Menschheit, sowohl in deiner Person, als in der Person eines jeden anderen, jederzeit zugleich als Zweck, niemals bloß als Mittel brauchest (Grundlegung zur Metaphysik der Sitten, BA 66f.).
Die **Autonomieformel**	rekurriert auf die Autonomie des moralischen Subjektes wie auf seine Eingebundenheit in die Sozialität:	Demnach muß ein jedes vernünftige Wesen so handeln, als ob es durch seine Maximen jederzeit ein gesetzgebendes Glied im allgemeinen Reich der Zwecke wäre (Grundlegung zur Metaphysik der Sitten, B 83).

Im Gegenüber zum Hypothetischen Imperativ wird die Unbedingtheit der Verpflichtung des Kategorischen Imperatives um so deutlicher:

Vergleich: Kategorischer - Hypothetischer Imperativ

Kategorischer Imperativ	Hypothetischer Imperativ
unbedingter moralischer Anspruch, da nur so sittlich (gut/böse)	unter Bedingungen, nach Klugheitsregeln (besser/schlechter)
in der Sphäre der reinen Vernunft	in der determinierten, empirischen Welt
Mensch als Freiheitswesen	Mensch als Naturwesen
Triebfeder in vernünftiger Selbstbestimmung: Pflicht / schlechterdings guter Wille	äußerliche bzw. empirische Triebfedern
Subjekt: - weder Weltvernunft, - noch persönlicher Gott, - sondern Vernunft im je einzelnen (Autonomie)	Subjekt unterliegt heteronomen Einflüssen

Kritik an Kants Ethik

Der Einwand, daß Kants formale Pflichtethik weltabgewandt sei und die konkrete Situation nicht bedenke, wurde in Kap. 1.6.1 bereits in seiner Stereotypie zurückgewiesen (nicht geleugnet sei dagegen die Berechtigung der *Tendenz* dieses Vorwurfes). Trotzdem beinhaltet das Programm Kants einige mehr oder minder gewichtige Schwächen, auf die kurz eingegangen werden muß:

- durch Schiller

- Einen ersten Schwachpunkt hat F. SCHILLER bereits karikiert, indem er dichtete: "Gerne dien' ich den Freunden, doch tu ich es leider mit Neigung, und so wurmt es mich oft, daß ich nicht tugendhaft bin" (ders.: Werke [Nationalausgabe], Bd. I, S. 357; zur philosophisch-ästhetischen Begründung vgl. ders.: Über Anmut und Würde, 1793). In diesem Distichon kritisiert Schiller nicht nur die Entgegensetzung von Pflicht und Neigung, sondern auch die Einordnung der Neigung allein in die Kategorie 'Naturkausalität' durch Kant. Hat Kant auf die erste Kritik reagiert (in der Religionsschrift bemerkt er im ausdrücklichen Rekurs auf Schiller, daß die Pflicht eine "fröhliche Gemütsstimmung bewirken muß" [vgl. ders.: Die Religion ..., 1793, B 12]), so bleibt doch die Problematik der zweiten.

- theologisch

- Auch daß Kant *Gott als Postulat* benötigt, um am Ende Pflicht und Glückseligkeit doch noch zusammenzubringen (vgl. KpV, A 233ff.), mag weder theologisch (trotz liberaltheologischer Rezeption durch A. RITSCHL und W. HERRMANN) noch moralphilosophisch zu überzeugen. Theologisch kann es wohl kaum befriedigen, Gott allein in der Funktion dessen zu sehen, der das Superadditum (des Glücks) eines pflichtgemäßen Lebens ermöglicht (das consummatum, das durch das supremum des pflichtgemäß-tugendhaften Lebens noch nicht erfüllt ist; vgl. KpV, A 198). Moralphilosophisch läßt sich kaum der Verdacht zurückweisen, daß die Pflichtethik wohl doch nicht so konsistent ist, wenn sie am Ende noch der durch Gott garantierten Glückseligkeit bedarf.

Pflichtenkollision

- Das Problem der *Pflichtenkollision* und des unterschiedlichen Bindungscharakters scheint Kant in seiner Schärfe nicht wahrnehmen zu wollen. Denn obwohl er einen Pflichtenkatalog, der zwischen vollkommenen und unvollkommenen Pflichten gegenüber sich selbst und anderen gegenüber unterscheidet (vgl. Grundlegung zur Metaphysik der Sitten, BA 52ff), zudem die Differenzierung zwischen Rechts- und Tugendpflichten kennt, wird an den moralphilosophisch entscheidenden Stellen immer von *der* Pflicht im Singular (zu deren Bestimmungen s.o.) geredet. Da Pflicht vernunftgemäß ist und nach der Logik der Vernunft nicht zwei einander entgegengesetzte Regeln gleiche Notwendigkeit beanspruchen können, "ist eine Kollision von Pflichten und Verbindlichkeiten gar nicht denkbar" (Die Metaphysik der Sitten, Rechtslehre, AB 24). Abgesehen davon, daß dieser Standpunkt tatsächlich die Realität von Konflikt- und Notsituationen zu kaschieren droht (vgl. jedoch mit Kant gegen Kants eigene Beispiele seine Argumentation zum Verhältnis von Maximen und Handlungsregeln [vgl. Kap. 1.6.1.]), hat er auch philosophischen Widerspruch gefunden.

Pflichten (-kollision) nach Ross

Der englische Philosoph W. D. ROSS kennt sehr wohl einen möglichen Konflikt von allgemeinen Verpflichtungsregeln (im Blick auf Kants berühmtes Beispiel: 'Du sollst nicht lügen!' und 'Du sollst Notleidenden helfen!'). Solche 'prima-facie-duties' können im konkreten Fall durch eine 'actual duty', die nicht notwendig aus den ersten Handlungsregeln deduzierbar und die je nur eine sein kann (was mit Hilfe der Klugheit eruiert werden soll; vgl. dazu Kap. 1.7.6), aufgehoben werden (vgl. ders.: The Right and the Good, 1930; ders.: Foundations of Ethics, 1939).

Kritische Prüfung durch Kategorischen Imperativ

- Aber bei einer gerechten Beurteilung des in seiner Bedeutung nicht zu unterschätzenden Ansatzes Kants muß berücksichtigt werden, daß er nicht als ethisches Deduktionsverfahren dienen soll, sondern als *kritische Überprüfung subjektiver Maximen und Regeln*. Da sein Ziel darin liegt, Normen auf ihre Universalisierbarkeit, ihre Unbedingtheit und ihre Reziprozität zu befragen, kommt ihm auch heute noch aktuelle Relevanz zu. Das von Kant hochgehaltene Problematisierungsniveau darf nicht leichtfertig unterschritten werden. Dennoch bleiben grundsätzliche Fragen vor allem an das das Programm Kants prägende Menschenbild, das zu einseitig auf Vernunft und Pflichterfüllung ausgerichtet ist und die sozial-habituelle Dimension des Menschseins unterbestimmt.

⊙ Vergleich von Pflicht und Liebe

c) Deutlich werden die Grenzen auch in der Gegenüberstellung von den keineswegs zu leugnenden Verdiensten der Pflichtenethik Kants (Betonung von Universalisierbarkeit, Unbedingtheit des Sollens und Reziprozität) und dem Ansatz der biblisch-evangelischen Liebesethik (vgl. Kap. 1.6.2):

	Pflichtethik	Liebesethik
Universalisierbarkeit	orientiert sich an den Kriterien des Kategorischen Imperatives (s.o.),	sucht die Universalisierbarkeit mit wachsender *Konkretion* zu verbinden, so daß wachsende Allgemeingültigkeit die Andersheit der anderen respektiert,
Unbedingtheit des Sollens	orientiert sich an der *Vernunft* und widersetzt sich ausdrücklich empirischen Maßstäben,	aufgrund der Achtung vor dem anderen, muß er / sie nicht nach dem Bilde meiner selbst oder einer reinen Vernunft gedacht werden, sondern wird in seinem einmalig *geschichtlichen und leiblichen Dasein* und den es prägenden Bedürfnissen angenommen,
Reziprozität	beachtet die *Gegenseitigkeit* als Maßstab moralischer Qualität,	sieht schon im Feind die Basisbestimmung der Liebe und rechnet deshalb *nicht per se* mit der *Reziprozität* sittlicher Handlung,
Selbstzwecklichkeit der Person	wird stark an die *Vernunft*konzeption zurückgebunden.	sucht ein integrales *Verständnis des Menschen als psychophysische Einheit* in Gesellschaft und Geschichte im Prozeß geschenkter Identität.

Diese grobe, aber die Tendenz der jeweiligen Ansätze treffende Gegenüberstellung zeigt, daß Kants Ethik wichtige Gesichtspunkte für ethische Diskurse bereithält. Zugleich macht sie deutlich, daß die pflichtethische Perspektive durch eine liebesethische korrigiert werden kann. Obwohl Christen und Christinnen die biblische, und das heißt: die kategoriale Begründung für solche ethische Perspektiven im Leben und der Botschaft Jesu von Nazareth wie dem Rechtfertigungsevangelium des Paulus finden, sind die daraus gewonnenen Konsequenzen auch allgemeinethisch rezipierbar, wenn denn die Frage nach einem integralen Verständnis guten Lebens die ethischen Reflexionen leitet.

Lit.: Ch. FREY: Theologische Ethik, 1990, S. 197-212.

1.7.8 Gerechtigkeit

Kaum ein sittlich-moralischer Topos wurde in den letzten zwei Jahrzehnten so virulent interdisziplinär verhandelt wie die Frage nach *Gerechtigkeit.* Wissenschaftsgeschichtlich mag dies mit dem Erscheinen des Werkes "A Theory of Justice" von John RAWLS 1971 zusammenhängen. Jedoch wäre Rawls Entwurf kaum so breit rezipiert worden, wäre "Gerechtigkeit" nicht eins der großen Themen und Wörter unserer Zeit, was wiederum auf die vielfältigen politischen und gesellschaftlichen Zustände von Ungerechtigkeit verweist. Was jedoch ist mit 'Gerechtigkeit' intendiert? Welche Funktion kommt diesem normativen Begriff zu? In welchem Verhältnis steht er zu 'Billigkeit' und in welchem zu 'Liebe'?

⊙ Neue Diskussion um die Gerechtigkeit

1.7.8.1 Das klassische Gerechtigkeitskonzept

Die Forderung nach Gerechtigkeit erhebt sich in äußeren Kooperations- und Konfliktsituationen menschlichen Zusammenlebens. Wenn daher an dieser Stelle die ethische Frage nach Gerechtigkeit gestellt wird, wird nicht nach der subjektiven Tugend (vgl. PLATONs Konzept in Kap. 1.7.6), sondern nach der *sozialen, politischen und rechtlichen Leitkategorie* gefragt. Nach der auch heutige Diskussionen noch prägenden antiken Tradition (u.a. von ARISTOTELES her) ist diese einerseits von Liebe, andererseits von Wohlwollen und Billigkeit (*Sympathie, Epikie*) zu unterscheiden (vgl. Kap. 1.7.8.3). Sie beruht weder auf freier Zuneigung noch geht sie über das hinaus, was man dem anderen schuldet. Dafür erhebt die Forderung nach Gerechtigkeit aber einen *Unbedingtheitsanspruch.* Man bittet nicht um sie oder erachtet ihre Erfüllung als fakultativ oder erhofft sie bloß, sondern verlangt (im entsprechenden Fall) nach ihrer Verwirklichung. Klassisch impliziert der Term 'Gerechtigkeit' (δικαιοσύνη; iustitia) - vor allem in Rezeption des V. Buches der Nikomachischen Ethik des Aristoteles (allerdings in terminologischem Anschluß an THOMAS) drei verschiedene Aspekte:

⊙ Soziale, politische und rechtliche Leitkategorie

Alternativen: Wohlwollen, Billigkeit

⊙ Unterscheidungen

1) die *iustitia distributiva* (austeilende Gerechtigkeit),
2) die *iustitia commutativa* oder *correctiva* (ausgleichende Gerechtigkeit),
3) die *iustitia legalis* (Rechtsgerechtigkeit).

⊙ Iustitia distributiva

ad 1) Die *austeilende Gerechtigkeit* (iustitia distributiva) teilt proportional die zu verteilenden Güter des Gemeinwesens zu und kontrolliert so vor allem rechtliche Aspekte des Zusammenlebens, wobei Ungleichheiten proportional ausgeglichen werden.

suum cuique

Als Grundsatz der iustitia distributiva gilt die von dem römischen Juristen ULPIAN stammende Formulierung: "iustitia est constans et perpetua voluntas ius *suum cuique tribuendi*" ("Die Gerechtigkeit ist der feststehende und dauernde Wille, einem jeden sein Recht zuzuteilen", Fr. 10), deren Auslegung sich jedoch alles andere als einheitlich erwies. So läßt sich fragen: gilt 'jedem / jeder das Seine oder das Gleiche',

- der / die gleiche Verdienste um die Gesellschaft hat (*meritokratisch*),
- der / die gleiche *Leistungen* erbringt (nach welchem subjektiven oder objektiven Kriterium gemessen),
- der / die gleichen *Bedürfnisse* hat,
- der / die gleichen gesellschaftlichen *Rang* hat;
- jedem / jeder *überhaupt das Gleiche* (heutige Frage nach der Einheitsrente)
- jedem / jeder gleiche *Chancen* nach dem Gesichtspunkt der Fairneß (s.u.)?

Iustitia commutativa

ad 2) Die *ausgleichende Gerechtigkeit* (iustitia commutativa / correctiva) gilt für den Tauschverkehr. Hier wird von den beteiligten Personen abgesehen, sie sollen statt dessen eine angemessene Proportion für den von ihnen in das Tauschgeschäft eingebrachten Wert erhalten. Bei dieser Art der Gerechtigkeit muß gefragt werden, wer wonach die Proportionalität verschiedener Güter und Werte festlegt (gemäß dem Nutzen, der Seltenheit, der Kunstfertigkeit eines Produktes, der Berühmtheit und gesellschaftlichen Anerkennung bis hin zu inszenierten Modeerscheinungen, dem Arbeitseinsatz, der Risikobeteiligung, der politischen oder sozialen Macht vor bestimmten Verteilungsinstanzen oder Konzernen, etc.)? Wonach und worin bemißt sich die Gleichheit unterschiedlicher Werte? Kann es (ab einem bestimmten Zeitpunkt) eine (Gegen-)Regulation (staatlicherseits) geben? Bei der kommutativen Gerechtigkeit werden daher stärker als bei der distributiven gesellschaftliche aktuelle Leitvorstellungen die jeweilige technische Gestaltung beeinflussen.

Iustitia legalis

ad 3) Unter *iustitia legalis* werden die als *Bedingung des Gemeinwohls* (vgl. Kap. 1.7.11) erlassenen rechtlichen (Zwangs-)Befugnisse subsumiert. Zu ihren Realitätsbedingungen zählen aus heutiger Sicht: Unparteilichkeit, Willkürfreiheit - noch allgemeiner gesprochen: Achtung des Gleichheitsgrundsatzes (Auf diesen verweist schon Aristoteles, wenn er in bezug auf die im Staat gerechte sittliche Persönlichkeit schreibt: "Gerecht ist, wer die Gesetze einhält und wer sich mit der Gleichheit zufriedengibt" [NE V, 2]; vgl. auch das in der Kunstgeschichte etablierte Motiv der mit verbundenen Augen dargestellten Justitia). Die iustitia legalis muß sich nach dem Ausmaß und den Kriterien des durch sie verfügten Zwanges fragen lassen: Nach welchen Regeln verfährt sie? Gibt es ein Widerspruchs- oder gar ein Widerstandsrecht gegen die sie verbürgenden Institutionen oder läßt sich eine interne Regulation in einem bestimmten Verfassungssystem erkennen, das vor (Rechts-) Willkür schützt (z.B. die Gewaltenteilung)?

Epikie (Billigkeit)

- Wenn die Anwendung einer allgemeinen Rechtsregel im Einzelfall aufgrund besonderer Umstände zu offensichtlichen Ungerechtigkeiten führt, kennt die aristotelische Tradition die Tugend der *Epikie* (*Billigkeit*), die es erlaubt, in diesem Fall vom Buchstaben des Gesetzes abzuweichen.

- In Rezeption der aristotelischen Lehre unterscheidet auch THOMAS zwischen iustitia legalis (als iustitia generalis) auf der einen und iustitia distributiva und commutativa (als den beiden Formen der iustitia particularis) auf der anderen Seite. Bedeutend ist nicht nur seine Charakterisierung der iustitia legalis als Bedingung der Möglichkeit von distributiver und kommutativer Gerechtigkeit, weil sie das Gemeinwohl als bonum commune (vgl. Kap. 1.7.11) im Blick hat, ermöglicht und fördert, sondern auch ihr Verständnis als Reflex der Gerechtigkeit Gottes. Dies zeigt sich schon daran, daß ihre Fundierung im göttlichen

Recht und im Naturrecht angesetzt wird (vgl. STh II, q 58; vgl. Kap. 1.7.9).

1.7.8.2 John Rawls "Theorie der Gerechtigkeit" als Fairneß

Vertragstheorien

Zum Kristallisationspunkt gegenwärtiger ethischer Reflexionen über Gerechtigkeit wurde das 1971 veröffentlichte Werk 'A Theory of Justice' von John RAWLS. Wissenschaftsgeschichtlich erhielt es diesen Rang wohl deshalb, weil es in Aufnahme vertragstheoretischer Gedanken von LOCKE, ROUSSEAU und KANT (die durch moderne Überlegungen zur Spiel- und Entscheidungstheorie aktualisiert werden) die Auseinandersetzung mit dem nutzenorientierten Utilitarismus eingeht und deshalb Gerechtigkeit distributiv als *Fairneß* zu begreifen sucht. Um der empiristischen Ethik ein normatives Gegenkonzept, das zugleich ein wissenschaftliches Prüfungsverfahren impliziert, entgegenstellen zu können, konstruiert Rawls eine *Ursprungssituation* gemäß "rationaler Klugheitswahl". Danach sollten sich vernünftige Mitglieder einer Gesellschaft, die unter dem Informationsdefizit eines "Schleiers des Nichtwissens" ständen (sie kennen soziologische Mechanismen, wissen aber nicht um ihre eigene Stellung in einer zukünftigen Gesellschaft, so daß sie entweder eine Führungsposition erhalten oder ganz unten enden könnten), nach folgenden Grundsätzen orientieren, die wiederum als kritische Kriterien für die Verfahrensgerechtigkeit politischer Institutionen und Handlungsmuster dienen können:

Fairneß

⊙ Rawls Grundsätze

"Erster Grundsatz
Jedermann hat gleiches Recht auf das umfangreichste Gesamtsystem gleicher Grundfreiheiten, das für alle möglich ist.

Zweiter Grundsatz
Soziale und wirtschaftliche Ungleichheiten müssen folgendermaßen beschaffen sein:
(a) sie müssen unter der Einschränkung des gerechten Spargrundsatzes den am wenigsten Begünstigten den größtmöglichen Vorteil bringen, und
(b) sie müssen mit Ämtern und Positionen verbunden sein, die allen gemäß fairer Chancengleichheit offenstehen" (J. Rawls: Eine Theorie der Gerechtigkeit, 1975, S. 336).

Wichtig zum Verständnis ist, daß die beiden Grundsätze (auch in den Unterschritten des zweiten) in strenger lexikalischer Ordnung zu lesen sind, d.h. der Freiheitsgrundsatz hat Priorität, um des *Egalitätsprinzips* darf es nicht zu Rechtsverletzungen im Sinne der Beschränkung von Grundfreiheiten kommen. Des weiteren verwirft Rawls eine marxistisch-revolutionäre Gerechtigkeitsverwirklichungsstrategie, rechnet deshalb realistisch mit Ungleichheiten in jeder Gesellschaft, die aber gemäß dem *Differenzprinzip* (2a) kontrolliert und reformorientiert und nicht mit Mitteln repressiver, freiheitseinschränkender Gewalt verändert werden sollen. "In dem Versuch, Freiheit und Gleichheit nicht in einem Verhältnis der Konkurrenz, sondern in einem Verhältnis wechselseitiger Bedingung zu verstehen, liegt der Kern des Projektes der Theorie der Gerechtigkeit" (H. BEDFORD-STROHM: Vorrang für die Armen, 1993, S. 292).

Kritik an Rawls

Rawls Konzeption hat nicht nur Zustimmung, sondern von wirtschaftsliberaler über kommunitaristische bis hin zu marxistischer Seite, aber auch aus wissenschaftstheoretischer Perspektive vehemente Kritik erfahren (vgl. in Kürze: W. KERSTING: Art. 'J. Rawls', in: Philosophie der Gegenwart in Einzeldarstellungen, 1991, S. 482-490 [Lit.!]; ausführlicher: H. Bedford-Strohm: a.a.O., S. 204-292). Bei allen unterschiedlichen materialen und methodologischen Einwänden dürfte sich als besonders problematisch erwiesen haben, daß es auch Rawls nicht gelingt, die Konvergenz von Gerechtigkeit und Sittlichkeit rein vernünftig zu begründen. So muß auch er zunächst die (schon durch den Willen zur Gerechtigkeit geprägte) Bereitschaft zur *Klugheitswahl* voraussetzen und kommt daher an den durch keine Argumentation mehr als notwendige Position zu begreifenden Ausgangspunkt: "Der Fairneß-Charakter der Konklusionen, der Gerechtigkeitsprinzipien, reproduziert nur den Fairneß-Charakter der Prämissen, der Ausgangsbedingungen" (O. HÖFFE: Ethik und Politik, 1979, S. 187). Kurzum: wären die in der Ursprungssituation Beteiligten nicht bereit, sich der Gerechtigkeit vernünftig unterzuordnen, könnten sie auch nicht das Konzept der Gerechtigkeit als Fairneß entwickeln. Dennoch bleibt "Eine Theorie der Gerechtigkeit" ein für heutige Gerechtigkeitsdiskussionen unverzichtbares Buch, insbesondere wenn man die Konstruktion der Ursprungssituation als kritisches, die Bedingung der Möglichkeit von Gerechtigkeitsdiskursen auslotendes Gedankenexperiment liest.

1.7.8.3 Aspekte eines christlichen Gerechtigkeitsverständnisses: Gerechtigkeit und Liebe

a) Die sich in RAWLs Werk nicht lösende Problematik der Verbindung von Gerechtigkeit und Sittlichkeit darf nicht zur Diskreditierung des Gerechtigkeitsbegriffes führen (so ansatzweise bei M. HONECKER: Einführung in die Theologische Ethik, 1990, S. 188-191). Gerade biblische und christliche Traditionen können auf ein bedeutendes Repertoire an Vorstellungen über (menschliche und göttliche) Gerechtigkeit zurückgreifen, die der klassischen Begriffsorientierung korrigierende Perspektiven eröffnet:

⊙ Gerechtigkeit, biblisch

Selbst wenn exegetisch und theologisch zwischen *Gottes und der Menschen Gerechtigkeit* unterschieden wird, so darf doch die Zusammengehörigkeit beider Vorstellungskomplexe nicht übersehen werden, denn der biblische Gerechtigkeitsbegriff (צדק bzw. δικαιοσύνη) meint in beiderlei Hinsicht ein heiles, förderliches personales Verhältnis. Dabei gründet allerdings die menschliche Gerechtigkeit in der göttlichen, die sowohl alttestamentlich (vor allem in der dtn.-dtr. Bundeskategorie, aber auch bei den Propheten) als auch neutestamentlich (in der Ankündigung der Herrschaft Gottes) als Heilshandeln verstanden wird. Diesem dynamischen Geschehen hat der Mensch ebenfalls in (rechtlicher und sittlicher) Gerechtigkeit zu entsprechen - so eine breite alttestamentliche Traditionslinie, die hinüberreicht bis ins NT zu PAULUS (dessen Gerechtigkeitsverständnis nach KÄSEMANN die um die Welt kämpfende *Macht* Gottes meint), MATTHÄUS (vgl. Mt 5,20) und zu den Rabbinen wie in die Alte Kirche. Menschliche Gerechtigkeit als das dem Willen Gottes entsprechende Gesamtverhalten des Menschen (vgl. Dtn 6,25) verbindet Gehorsam vor Gott mit der Achtung vor dem Nächsten und der Sorge um die ihn umgebende Schöpfung. Dabei setzt sich dieser Gesichtspunkt mit dem der Proportionalität auseinander. Erst in der Zeit der Alten Kirche wird unter dem Einfluß römischen Rechtsdenkens und der magischen Religiosität der Begriff einseitig verrechtlicht und der Proportionalitätsgesichtspunkt dann leitend.

⊙ Vorrang für die Armen

b) Neben der soteriologischen Komponente, die die rechtliche und sittliche erst freisetzt, enthält die biblisch-theologische Reflexion auf Gerechtigkeit einen bedeutenden sozialethischen Akzent, auf den H. BEDFORD-STROHM unter dem Summar: "*Vorrang für die Armen*" auf-

merksam macht. Diese solidarische Ausrichtung von Gerechtigkeit läßt sich sowohl *schöpfungstheologisch* (mit der Würde des Menschen), *bundestheologisch* (mit dem Hinweis auf die besondere Nähe Gottes zu den Schwachen) und *kreuzestheologisch* (in der Identifikation Gottes mit den Armen und Leidenden) begründen. Die Spannung zwischen Liebe und Gerechtigkeit, die erst die vorrangige Option für die Armen im Gerechtigkeitsbegriff nötig macht, wird erst eschatologisch aufgehoben (vgl. H. Bedford-Strohm: a.a.O., S. 294-298).
Im Blick auf biblische Akzentuierungen werden so am rein kriterienfixierten sozialen wie rechtlichen Proportionalitätsgesichtspunkt ausgerichtete und oft standardisierte Gerechtigkeitskonzeptionen auf ihre Tragfähigkeit zur Gestaltung gelingenden Lebens befragt (paradigmatisch zeigt sich dies in der Parabel von den Arbeitern im Weinberg: Die Arbeiter wollen proportional zur Arbeitszeit entlohnt werden, der Besitzer hat ihnen aber versprochen, zu zahlen, was angemessen ist [δίκαιον]).

⊙ Luther: iustitia passiva

c) Auch LUTHERs Entdeckung der Gerechtigkeit Gottes (als 'iustitia aliena' und 'passiva'; vgl. Ch. FREY [Hg.]: Repetitorium der Dogmatik. Für Studierende der Theologie, [6]1998, Kap. VIII) bleibt ja nicht folgenlos für ein qualifiziertes sozialethisches Verständnis von Gerechtigkeit. Auch wenn der Reformator zwischen iustitia spiritualis und civilis zu unterscheiden weiß (so in 'De triplice iustitia' [1518] und in 'De duplice iustitia' [1519]), trägt die in der Rechtfertigung transformierte Identität der / des Gläubigen in seinem / ihrem Tun das ihm / ihr Geschenkte in seine / ihre Lebenswirklichkeit ein. Auch wenn geschenkte Gerechtigkeit nie zum Habitus werden kann, so muß sie nicht nur im Geistlichen (coram Deo), sondern auch im Weltlichen (coram hominibus) das Sein und Handeln des Christen / der Christin prägen (vgl. Luthers Bergpredigtauslegung [Wochenpredigt über Mt 5-7], in: WA 32 [v.a. S. 388ff.] und 'Von weltlicher Obrigkeit', in: WA 11, S. 247ff.).

iustitia civilis

Billigkeit

Vielfach unbeachtet blieb in der Lutherforschung der Umstand, daß Luther zudem Gerechtigkeit und Billigkeit in einem anderen Licht sieht als bloß in der Zuordnung: 'allgemeine Regel - Ausnahmebewältigung'. Statt dessen erkennt er der *Billigkeit* für sozialethische Problemfelder (so z.B. beim Zinsnehmen) eine originär-kritische Bedeutung zu, um Gerechtigkeit an sich (und nicht nur in Ausnahmefällen) zu gestalten. Der sonst *arithmetisch-proportionalen* Gestaltung der Gerechtigkeit in Verteilungsfragen setzt er deshalb die sogenannte *geometrische* entgegen, die die Besonderheiten einer jeweiligen Situation berücksichtigt (vgl. W. MAASER: Luthers Wort- und Naturverständnis ..., Habil. Schrift, Bochum 1995, S. 291-313).

⊙ Barth: Rechtfertigung und Recht

d) In seiner Programmschrift '*Rechtfertigung und Recht*' (1938) fragt Karl BARTH: "Gibt es eine Beziehung zwischen der Wirklichkeit der von Gott in Jesus Christus ein für allemal vollzogenen Rechtfertigung des Sünders allein durch den Glauben und dem Problem des menschlichen Rechtes?" (a.a.O., S. 5) und kommt zum Ergebnis, daß von der *Andersheit* der Gerechtigkeit Gottes menschliche Distributions- und Proportionalitätskonzepte von Gerechtigkeit erneuert und immer kritisch befragt werden müssen. Den Akzent in der Frage nach der Gerechtigkeit setzt Barth somit auf eine Korrektur einer eindimensionalen iustitia legalis und mißt somit der Rechtfertigungslehre eine korrigierende, nicht klerikalisierende Funktion in rechtlich-politischen Fragen bei.

Kirche zu Wirtschaftsfragen

e) Trotz Festhaltens an der Differenz von theologischer und sozialer Gerechtigkeit betont noch die jüngste (an sich eher konservativ-liberal ausgerichtete) EKD-Wirtschaftsdenkschrift "Gemeinwohl und Eigennutz" (1991) die Zusammengehörigkeit beider, wobei sie die korrektive Funktion der theologischen für die proportionale unterstreicht: "Die christliche Freiheit ist die Freiheit von der Sorge um die eigene Gerechtigkeit vor Gott. Sie befreit und leitet an zu tätiger Liebe. ... Insofern gibt es einen unlösbaren inneren Zusammenhang zwischen der Glaubensgerechtigkeit und dem Verständnis und der Praxis sozialer Gerechtigkeit" (a.a.O., S. 108).

⊙ Gerechtigkeit und Liebe

f) Aus all dem ergibt sich, daß Gerechtigkeit und Liebe, allgemeiner: Streben nach Rechtem und Streben nach Gutem, in einem konstruktiven Spannungsverhältnis stehen. Einerseits erschöpft sich menschliches Handeln (im Kooperations- wie im Konfliktfall) nicht im Proportionalitätsausgleich, andererseits kann es auch nicht angehen, im Streben nach Gutem das Mindestmaß des Gerechten zu vergessen. Statt deshalb eine ungeschickte Scheinalternative aufzubauen (entweder: Vorrang des Guten [so der Utilitarismus mit einer ganz bestimmten Sicht des Guten] oder Vorrang des Rechten [so Rawls]), sollte man mit der Formel: "Begrenzung des Guten durch das Rechte" (Bedford-Strohm: a.a.O., S. 290 u.ö.) arbeiten. Erlaubt sie doch, sowohl auf die Notwendigkeit sozialer Gerechtigkeit hinzuweisen als auch ihre Eingebundenheit in ein Konzept guten Lebens zu artikulieren.

Lit.: Art. 'Gerechtigkeit' I-VII, in: TRE 12 (1984), 404-448.

H. BEDFORD-STROHM: Vorrang für die Armen. Auf dem Weg zu einer theologischen Theorie der Gerechtigkeit, 1993.

O. HÖFFE: Ethik und Politik, 1979.

Ders.: Politische Gerechtigkeit, 1987.

J. RAWLS: Eine Theorie der Gerechtigkeit (1971) dt. 1975.

1.7.9 Naturrecht

⊙ Recht "von Natur aus"

a) Die abendländische Ethik-Tradition kennt seit ihren Anfängen den Gedanken, dem in Sätzen "gesatzten", positiven Recht ein dies begleitendes, teils legitimierend, teils kritisch-korrigierend gedachtes, transpositives Recht gegenüber zu stellen. Nicht so sehr in biblischen Traditionen verwurzelt, eher aus der hellenistischen Kultur stammend wird es im Unterschied zum positiven (θέσει) als Recht von Natur aus (φύσει) bezeichnet und gewinnt über die Stoa auch bald großen Einfluß auf das christliche Abendland. Mit der Bestimmung 'von Natur aus' wird zum Ausdruck gebracht, daß die intendierten Rechte (Recht auf Leben; Recht auf Nahrung etc.) jedem Menschen unabhängig von seiner Position, unabhängig von gesellschaftlichen, rechtlichen und staatlichen Eingriffen zukommen. Paradigmatisch erläutert ein Zitat CICEROs Inhalt, Anspruch und Intention des Naturrechtes:

" Das wahre Gesetz ist die mit der Natur übereinstimmende rechte Vernunft, an der alle teilhaben und die beständig und ewig ist, die befehlend zur Pflicht ruft und verbietend vom Bösen abschreckt ... Diesem Gesetz darf weder die Gültigkeit genommen, es darf weder beschränkt noch abgeschafft werden; weder der Senat noch das Volk können uns von der Verpflichtung ihm gegenüber entbinden ... es ist weder in Rom noch in Athen, weder jetzt noch später anders ... Wer ihm nicht gehorcht, flieht vor sich selbst" (De re publica III, 22/23).

⊙ Differenzierung

b) Typologisch lassen sich mit Otfried HÖFFE (vgl. ders.: Politische Gerechtigkeit, 1987, S. 88-109) drei Unterarten der Naturrechtsidee differenzieren:

Ordnung

1) eine kosmologische Variante: mit Begründung in einer (gottgestifteten) Weltordnung,

Wesen des Menschen

2) eine anthropologische Variante: mit Rekurs auf das Wesen des Menschen,

Vernunft

3) eine rationale Variante: mit Hinweis auf die (praktische) Vernunft.

Trotz zahlreicher Angriffe gegen diese Denkform, trotz ständiger Vorhersagen ihres Untergangs ist es um diese Begründungsstrategie dessen, was für alle Menschen gilt oder gelten kann, nie gänzlich still geworden. Seine letzte Renaissance erlebte das Naturrecht in Deutschland nach dem Kriege, als die katastrophalen Folgen eines einseitigen Rechtspositivismus in der NS-Herrschaft überdeutlich wurden. Nach einer Phase der Ernüchterung aufgrund der Problematik der Applikation schloß sich eine weitere Epoche kritischer Rezeption naturrechtlicher Argumentationsformen an. Wenn daher heute die ethische (und rechtliche) Frage nach dem Naturrecht aufgeworfen wird, geht es um das Austaxieren der Möglichkeit, ob es diesseits oder jenseits der Pluralität, Diversifikation und Differenz von Lebensformen diesen Phänomenen gegenüber eine normative, auch rechtlich einklagbare Kriteriologie gibt, die das für alle Menschen Gültige bestimmt oder wenigstens eingrenzt.

c) Geschichte des Naturrechtsgedankens:

Anfänge

(1) Ohne Zweifel ist ein das positive Recht begleitendes Naturrecht selbst nie eindeutig und so auch gegen *Ideologieanfälligkeit* nicht gewappnet (so der Hauptvorwurf des Naturrechtskritikers E. TOPITSCH). Schon im Beginn seiner Geschichte manifestiert sich dies an den zwei Tendenzen, die sich beständig in seiner weiteren Ausgestaltung durchhalten. Dem *konservativen* Naturrecht der ionischen Naturphilosophen (die bestehenden Gesetze werden durch den Rekurs auf die Natur begründet [so u.a. bei HERAKLIT]) steht das (dem Nomos der Polis kritisch entgegengestellte) *revolutionäre* der Sophisten gegenüber (bei KALLIKLES wird so das "Recht des Stärkeren" als Naturrecht ausgege-

ben). In dieser Spannung artikuliert sich zugleich der sachliche Grund für eine jeweilige Konjunktur des Naturrechtes: "Das Naturrecht wird dann für die Begründung der Ethik notwendig und bedeutsam, wenn die überlieferten geschichtlichen Normen und Werte fraglich und brüchig werden" (M. HONECKER, Einführung in die Ethik, 1990, S. 112), wobei die einen die alten Vorgaben halten, die anderen sie dagegen verwerfen wollen.

Alte Kirche

(2) Über Aristoteles, die Stoa und Cicero, die klassischen Juristen der römischen Kaiserzeit (GAIUS, ULPIAN) erreicht das naturrechtliche Denken das sich im römisch-hellenistischen Kulturkreis etablierende Christentum. Nach anfänglichen Aufnahmen einzelner Gedanken durch die *Apologeten*, ORIGENES, CYPRIAN, LAKTANZ und AMBROSIUS erhält es eine spezifische Ausgestaltung durch AUGUSTIN. Während in der antiken Tradition unterschiedliche Prinzipien des Zusammenlebens naturrechtlich begründet werden (die klassischen Prinzipien sind: neminem laedere, suum cuique, honeste vivere, deum colere, pacta sunt servanda), vollzieht sich durch die christliche Rezeption bei teils gleichbleibenden inhaltlichen Aussagen ein *Wechsel in der Begründung*. So wird bei Augustin die '*lex aeterna*' mit Gottes Willen und Weisheit identifiziert, wobei nach dem Fall den Menschen die gute Schöpfungsordnung nur partiell und relativ bekannt ist. Als Dreh- und Angelpunkt des christlichen Naturrechts, das immer der pädagogischen Unterstützung durch die lex Mosis und die lex Christi bedarf, erweist sich die Goldene Regel (Mt 7,12).

lex aeterna

⊙ Mittelalterliches Ordo-Denken

(3) Auf dem Hintergrund mittelalterlichen Ordo-Denkens erhält die christliche Naturrechtslehre in der Summe der Theologie des Thomas (STh I-II q 90-108) seine klassische Ausprägung.

⊙ Thomas von Aquin

Unter lex naturalis versteht Thomas die "participatio legis aeternae in rationali creatura" ("die Anteilhabe der vernünftigen Kreatur am ewigen Gesetz Gottes"; STh I-II, q 91,1). Zusätzlich zur generellen Partizipation, die die Menschen mit allen Kreaturen und allen Animalien teilen, zeichnet sie eine spezifische aus, nämlich qua Vernunft an der providentia Dei (regulans et mensurans) teilzuhaben. (Neben der 'lex naturalis' drückt sich die 'lex aeterna' noch in der 'lex divina' aus, die jedoch nicht für alle vernunftbegabte Kreatur, sondern nur für die Gläubigen einsichtig ist; vgl. das Schema unten.)

Aus diesem besonderen, qua Vernunft und Analogie an der 'lex aeterna' partizipierendem Seinsstatus ergeben sich Konsequenzen für die praktische Vernunft:
I) Als oberster Grundsatz des Naturrechts gilt :

> "bonum est faciendum et prosequendum, malum est vitandum"
> ("Das Gute ist zu tun und zu befolgen, das Schlechte zu meiden";
> STh I-II, q 94,2).

"Grundrichtungen"

II) Gemäß dem "ordo inclinationum naturalium" (also der durch Gott festgelegten, sich in der Kreatur ihrem Wesen nach verwirklichenden Ordnung, die bereits allgemein und nicht nur den Gläubigen einsichtig sei) lassen sich aus dem Obersatz drei Schichten menschlicher Güter (bona humana) deduzieren:
1. *conservatio sui esse* (Erhaltung des eigenen Seins, dem Menschen gemeinsam "cum omnibus substantiis" [mit allem Dasein]);
2. *coniunctio maris et feminae, educatio liberorum* (Vereinigung von Mann und Frau, Aufzucht der Kinder, den Menschen gemeinsam "cum ceteris animalibus");
3. *naturalis inclinatio ad cognitionem veritatis de Deo* (natürliche Ausrichtung auf die Erkenntnis der Wahrheit von Gott einschließlich des Lebens in der Gemeinschaft [in societate] und der Pflicht zur Ausbildung des Geistes).
Entsprechend einer hierarchischen, ontologischen Stufung bestimmt sich das Sein und Verhalten der vernunftbegabten Kreatur von der dritten Stufe, d.h. ihr kreatürliches und animalisches Sein wird schon immer unter dem Aspekt der Vernünftigkeit verstanden. Daher kommt diesen unteren Seinsschichten allein qua Vernunft auch moralische Bedeutung zu (ansonsten wären sie ja gestaltungsunfähig und im Sinne KANTs heteronome Konstituenzien menschlichen Daseins).

Wirkung

III) Ausgerichtet sind die sich aus diesem Seins-Ordo ableitenden Normen ('praecepta legis naturae') auf die Vervollkommnung des Tugendhabitus des einzelnen (vgl. Kap. 1.7.6), auf die 'directio ad communitatem perfectam' (also auf die menschliche Gesellschaft als das 'bonum commune'; vgl. Kap. 1.7.8; 1.7.11) und unter dem Gesichtspunkt der 'lex divina' auf die 'directio ad ultimum finem' ('beatitudinem') als 'bonum aeternum' (also im Blick auf die Hinführung zur Freude des ewigen Lebens als des höchsten Zieles). In diesen drei Ausrichtungen gründen die leges humanae.

Schematisch läßt sich der Zusammenhang von lex aeterna, lex naturalis, lex divina, inclinationes naturalia, praecepta legis naturae und leges humana so skizzieren:

Lehre von den Gesetzen

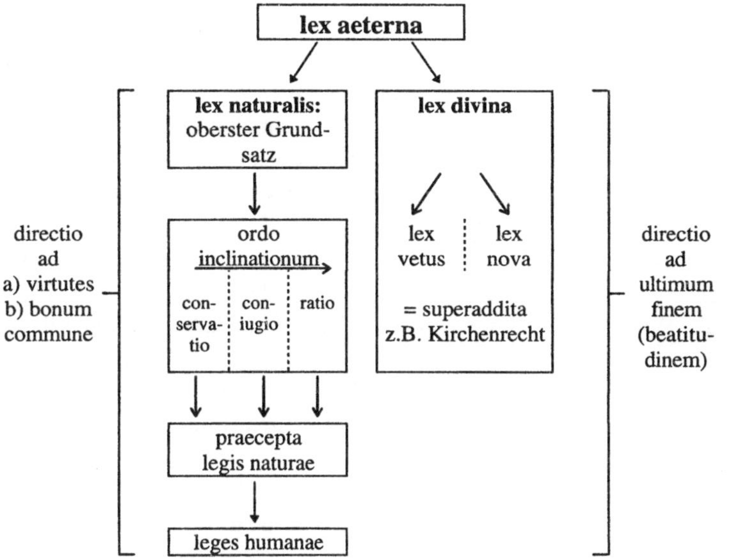

Spätmittelalter und Reformation

(4) Da das mittelalterliche Naturrecht eine verläßliche Einsicht in die *Natur des Menschen*, eingebunden in den Schöpfungsordo, voraussetzt, diese Grundlage aber bereits im Spätmittelalter (vgl. WILHELM von OCCAMs Reflexionen zur 'potentia Dei absoluta') brüchig wurde und im Gefolge der reformatorischen Rechtfertigungserkenntnis mit ihren Konsequenzen (Betonung des unfreien Willens, der radikalen Korrumpiertheit des menschlichen Wesens und Verlustes der Gottebenbildlichkeit [vgl. Kap. 1.4.2; 1.7.1.2; 2.6]) vollends zerbrach, konnte das Naturrecht zunächst in der Reformation nicht mehr die Bedeutung einnehmen, die es noch bei Thomas inne hatte.

⊙ Luther

- LUTHERs Einstellung zum Naturrecht ist zwiespältig. Obwohl er die scholastische Hierarchisierung 'natürlich-übernatürlich' im Gefolge seiner Rechtfertigungserkenntnis ablehnt, leugnet er nicht die Plausibilität naturrechtlicher Argumentation zur Regelung menschlichen Zusammenseins: "Denn die Natur lehret, wie die Liebe tut, daß ich tun soll, was ich mir wollt getan haben (WA 11, S. 279)". In der Ausrichtung des Naturrechtes an *Liebe und Billigkeit* (vgl. Kap. 1.7.8.3) zeigt sich bei Luther auch die *kreative Kraft des Naturrechtes*. Mit E. WOLF (vgl. ders.: Peregrinatio I, ^{2}1962, S. 193ff.) kann man daher zum Naturrechtsgedanken bei Luther festhalten: 1. Luther kennt kein ontologisches Naturrecht im Sinne des Thomas, sieht aber den Menschen vom Wort Gottes im Selbst (kritisch unter der obigen Perspektive von Liebe und Billigkeit) getroffen; er akzeptiert 2. gewisse Ordnungsverordnungen Gottes für alle Menschen (die er durchaus mit denen des materialen Naturrechts konvergieren lassen kann); und er sieht 3. im Naturrecht eine Rezeptionshilfe für die Gebote des ATs (vgl. WA 16, S. 372: "Wie wohl die Heiden auch etliche Gesetze haben gemein mit den Juden. Als: daß ein Gott sei, daß man niemand beleidige, daß man nicht ehebreche, totschlage, stehle usw., das ist ihnen natürlich ins Herz geschrieben und habens nicht vom Himmel herab gehört wie die Juden").

Melanchthon

- Der große Einfluß aristotelischer Gedanken auf MELANCHTHON (von ihm als apologetische Kommunikationsvoraussetzung verstanden und gebraucht) führt zur systematischen Rückgewinnung des Naturrechtes in einem Zweig lutherischer (orthodoxer) Theologie. In den 'loci praecipui' (1559) unterscheidet Melanchthon:

-- *Leges naturales* (nach Röm 2,14f.) sind "sententiae communes cui omnes homines pariter adsentiuntur": (1) Deus est colendus, (2) nascimur in quandam: vitae societatem, (3) die Dinge der Welt sind zum Gemeinbrauch da, weswegen Tauschverkehr und Handel geboten sind und keiner etwas allein für sich haben soll.
-- *Leges divinae*, z.B. im AT: leges morales, iudiciales, ceremoniales (nur die ersteren gelten noch für Christen),
-- *leges humanae.*

Neuzeit

(5) Die beginnende *Neuzeit* (mag man sie nun im Gefolge des pro me der Reformation sehen oder als Kind der Renaissance deuten) prägt auch eine neuartige Form des Naturrechts. Nach den zahlreichen Umwälzungen vom späten 15. bis zur Mitte des 17. Jahrhunderts (Renaissance, Reformation, "Entdeckung" Amerikas, naturwissenschaftliche

Revolutionen, Konfessionskriege) hatte für zahllose Menschen der Absolutheitsanspruch des Christentums, alle Lebensbereiche aus den eigenen Prinzipien und Kriterien bestimmen zu können, an Plausibilität verloren. Spätestens der große Dreißigjährige Krieg machte überdeutlich, daß mit der Berufung auf christliche Wahrheit noch kein Recht interkonfessionell und zu vertreten ist. Vor diesem Hintergrund erst bekommt die berühmte Formel "*etsi deus non daretur*" von Hugo GROTIUS ihren Sinn, indem sie angesichts der Kriegsgreuel jenseits des im Krieg offenbar machtlosen bürgerlichen Rechtes die absolute Verbindlichkeit des Naturrechtes einklagt und zur Ausgestaltung des Völkerrechtes beiträgt (selbst unter der hypothetisch radikalsten Prämisse, daß es kein Gott garantieren würde).

Vernunftrecht

Über die protestantischen Denker Samuel PUFENDORF, Christian THOMASIUS und die Aufklärer John LOCKE, Christian WOLFF, Jean Jacques ROUSSEAU hin zu Immanuel KANT wird die *Rationalität* zum Kriterium der Unbedingtheit eines Rechtsanspruchs, den zuvor das kosmologische Naturrecht begründete. Da diese vernunftrechtliche Begründungsstrategie das Selbstbewußtsein des aufgeklärten Menschen repräsentiert, setzt sie zugleich einen starken Akzent auf den *Freiheits*gedanken. Im Strom des nicht nur theoretischen Bewußtseins, sondern politischen Freiheitsgedanken vollzieht sich der langsame Wechsel vom Naturrecht zu den *Menschenrechten*, um eine kritische Dimension dem positiven Recht gegenüber zu wahren (vgl. Kap. 1.7.10).

Rechtspositivismus der Neuzeit

(6) Dennoch scheint das Naturrecht (zumindest als Bedrohung) weiterhin die intellektuellen Gemüter zu bewegen. Seit dem Durchbruch historischen und positivistischen Denkens (als politisch rechtskonservative Folge des Zerbrechens des HEGELschen Systems) um die Mitte des 19. Jahrhunderts gewinnt der *Rechtspositivismus* historisch und systematisch (durch F. K. von SAVIGNY bis hin zu H. KELSEN und C. SCHMITT) an Gewicht. Dieser leugnet überpositive Rechtsprinzipien und damit ein eigenständiges Naturrecht O. HÖFFE (vgl. ders.: Politische Gerechtigkeit, 1987, S. 110-129) zeigt, daß auch der Rechtspositivismus gewisse unhinterfragte Rechtsregeln kennt, allerdings die Subsumtion dieser unter die Kategorie Naturrecht ablehnt.

Gerade in *Ablehnung der positivistischen Rechtswissenschaft* formt sich der *Anspruch des kritischen Naturrechts in der Moderne*. Sowohl bei tendenziell konservativen (G. RADBRUCH vor allem nach dem 2. Weltkrieg), als auch bei reformorientierten (M. WEBER) und bei marxistisch-revolutionären Denkern (E. BLOCH; H. MARCUSE) stellt das Naturrecht eine konstitutive Säule in ihrer jeweiligen politischen und Rechtsphilosophie dar. Gerade die Unterschiedlichkeit des Rekurses auf das Naturrecht (teils zur Idealisierung des Bürgertums, teils zur radikalen Kritik an ihm, teils zur Stabilisierung des vorhandenen Rechtes in metaphysischen Anfangsgründen, teils zur Aufhebung desselben) weisen auf die Probleme des Naturechtsdenkens hin.

d) Kritische Wertung:

Mit O. HÖFFE (a.a.O., S. 88-109) und M. HONECKER (vgl. ders.: Einführung in die Theologische Ethik, 1990, S. 107-125) lassen sich folgende Gegenargumente gegen das Naturrecht systematisch bündeln. Widerspruch kommt danach

⊙ Naturalistischer Fehlschluß

(1) *aus philosophischer Sicht* (insbesondere dem kritischen Rationalismus und analytischer Ethik): das Naturrecht projiziere ein Gut oder Wert in die Natur hinein, der wiederum mit dem Hinweis auf seine Naturhaftigkeit legitimiert werde. Ein solcher Argumentationszirkel begehe den "naturalistischen Fehlschluß" (vgl. Kap. 1.8.2.2). Höffe zeigt, daß dieser Vorwurf nur eine Stereotypie und Karikatur von Naturrecht darstellt. Hier werde der Naturbegriff rein deskriptiv gebraucht (und sei so vielleicht allein im neoscholastischen Prinzip 'agere sequitur esse' vorzufinden). In den meisten Naturrechtstraditionen wird er jedoch moralisch-kritisch und nicht deskriptiv oder teleologisch verwendet.

Rechtspositivismus

(2) *aus rechtspositivistischer Sicht*: Dem Naturrecht mangele es an juristischer Praktikabilität. Hiergegen wendet Höffe ein, daß sich der Rechtspositivismus des Argumentationsfehlers schuldig mache, Recht allein nach seinen technischen und pragmatischen Praktikabiliätsvorstellungen zu definieren, und nicht mit einem transzendental und moralisch konnotierten Rechtsbegriff rechne (Rechtskriterien als Bedingung der Möglichkeit von Rechtsanwendungen).

Geschichtlichkeit

(3) *aus geschichtsphilosophischer Sicht*: Spätestens seit K. MARX und W. DILTHEY sei die historische und gesellschaftliche Verfaßtheit der Vernunft ein philosophischer Gemeinplatz, dem es Rechnung zu tragen gelte. Zurecht wendet sich dieses Argument gegen (pseudo-) metaphysische Eindeutigkeiten. Die mit dem Naturrecht gegebene kritisch-

normative Überprüfung, warum und in welcher Hinsicht es Recht und staatliche Zwangsvollstreckung überhaupt in allen gesellschaftlichen Verbänden gibt, ist damit nicht aus der Welt geschaffen.

Schwierigkeiten der Schöpfungstheologie

(4) *aus theologischer Sicht:* Zwei gewichtige Argumente gegen das Naturrecht stammen vornehmlich aus protestantischer Perspektive: Wer Natur- und Schöpfungsordnung sowie deren direkte menschliche Einsehbarkeit propagiere, argumentiere mit dem Verfahren der 'analogia entis', welche jedoch von Karl BARTH aus theologischer Selbstbeschränkung und ideologiekritischen Gründen einer heftigen Kritik unterzogen wurde (vgl. ders.: KD I,1, S. VII; II,1, S. 67 ff.; 267ff.). Zugleich setzt diese Argumentationstrategie ein optimistisches Menschenbild voraus, das sich mit dem realistischen Programm einer evangelischen Anthropologie schwer vereinbaren läßt (vgl. Kap. 1.3.3; 1.4). Gegen allzu optimistische Auffassung naturrechtlicher Erkenntnis setzt E. WOLF das Christusrecht, an dem sich das Naturrecht bricht (vgl. ders.: Art. 'Naturrecht II', in: RGG[3] [1960], Sp. 1359-1365). Dennoch sind die beiden Einwände keine prinzipiellen, sondern treffen nur eine bestimmte Art des Naturrechtes - nämlich das neoscholastische. (Nebenbei sei bemerkt, daß seit dem II. Vaticanum auch die katholische Moraltheologie entweder vorwiegend personalistisch oder sogar autonom-ethisch argumentiert; vgl. Kap. 3.2.3.1.)

Christusrecht

⊙ Ethische Beurteilung

Schwankende Menschenbilder

e) Welchen ethischen Sinn macht heute noch die Rede vom Naturrecht? Der geschichtliche Durchgang dürfte die Variabilität der Positionen ebenso überdeutlich gemacht haben wie auch deren Ideologieanfälligkeit (paradigmatisch zeigt dies nochmals die Synopse der konträren Aussagen SENECAS 'homo homini sacra res' und HOBBES' 'homo homini lupus est'). Dennoch sollte man vom Naturrecht nicht verlangen, was man bei anderen ethischen Begriffen stillschweigend akzeptiert: nämlich daß sie sich in ihrer Geschichte wandeln und daß ihre Pervertierung zunächst kein prinzipielles Argument gegen sie ist (der Mißbrauch des Pflichtbegriffs im preußischen Gehorsam läßt zwar auf bestimmte Schwachpunkte in der einseitigen Applikation des Pflichtgedankens aufmerksam machen, diskreditiert damit jedoch nicht seine sinnvollen ethischen Momente [vgl. Kap. 1.7.7]). Begibt sich theologische Ethik auf das Feld 'Naturrecht', sollte sie sich nicht auf die prominente Stelle Röm 2, 14f. stützen (die Exegese hat gezeigt, daß der Skopus dieses Textes nicht die Begründung des Naturrechtes intendiert, sondern die Prämisse, daß *alle* Menschen gesündigt haben, durch das Naturrecht zu unterstützen sucht; vgl. U. WILCKENS: Der Brief an die Römer, 1978, S. 131-137). Statt dessen sollte sie diesen nicht aus ihrer Tradition stammenden Topos als *interdisziplinäre Herausforderung* annehmen, über die verschiedenen Weltanschauungen hinaus nach allen Menschen gemeinsam verpflichtenden ethischen Grundlagen zu fragen. Nicht als ob damit *ein* universales Weltethos à la KÜNG intendiert sei (vgl. Kap. 1.2.4; 2.7.4), sondern was durch und in verschiedenen Kulturen als Beitrag zu gerechterer, solidarischer, freierer Lebensgestaltung eingebracht werden kann, gilt es zu *entdecken*. Wird dies als Zielperspektive anvisiert, wird der Begriff 'Naturrecht' zum normativ-kritischen Symbol für universal verbindliche Perspektiven sonst sehr variabler Lebensgestaltungen praktischer Vernunft. Dabei kommt es nicht darauf an, möglichst abstrakte ungeschichtliche Deduktionsprinzipien zu bestimmen, sondern in der Fülle des normativen Materials nach universalisierbaren Kriterien für sozial gelingenderes Leben zu suchen. Naturrecht wird so nicht nur *technisch* (welche Rechts- und Staatsprinzipien sind legitim?), nicht nur *pragmatisch* (ist es legitim, daß zwischen Menschen Rechts- und Staatsordnung herrscht?), sondern *normativ* verwendet (darf es überhaupt zwangsbefugte Sozialordnung geben?) (vgl. zu dieser dreifachen Unterscheidung O. HÖFFE: a.a.O., S. 98).

Theologische Ethik wird sich in einen solchen offenen Diskurs über Fragen nach dem Naturrecht mit ihrer geschichtlichen Tradition eintragen - nicht mit fertigen Rezepten, sondern mit kritischer Sympathie: sie wird auf die (verlorene) Gottebenbildlichkeit als kritische Dimension des Menschenbildes und dessen Folgen für Institutionalisierungsprozesse wie auf das vor Gott, den Mitmenschen und der Mitwelt responsiv-relationale Verständnis des Menschen in der Bibel hinweisen. Sie wird die faktische Fragmentarität menschlichen Lebens und menschlicher Bemühungen um soziale Lebensmuster unter eschatologischem Vorbehalt nicht als Verzweiflung verstehen wollen, sondern als befreiten Auftrag zur Gestaltung (im Vorletzten) in den Diskurs über die Gestalt menschlichen Zusammenlebens eintragen. Treffen sich unter dem Stichwort 'Naturrecht' verschiedenste Traditionen, wird es zum möglichen Begegnungsort, die Frage nach dem Horizont menschlichen Handelns und seiner sozialen Regelung auszutaxieren.

Deshalb ist 'Naturrecht' - wider den ersten Anschein - keine fixe Größe, sondern ein *Gestaltungstopos*, der heute - auch aus christlicher Sicht - im Sinne interdisziplinären Diskurses noch nicht an gesellschafts-, staats- und rechtskritischer Relevanz verloren hat.

Gestaltungstopos

Lit.: Art. 'Naturrecht' I-II', in: RGG[3], Bd. 4 (1960), Sp. 1353-1365.
Art. 'Naturrecht' I-II, in: TRE, Bd. 24 (1994), S. 132-185.
O. HÖFFE: Politische Gerechtigkeit, 1987.
M. HONECKER: Einführung in die Theologische Ethik, 1990, S. 107-125.

1.7.10 Grund- und Menschenrechte

⊙ Menschenrechte, Grundrechte

Mit der *anthropologischen Konzentration der Neuzeit* verlagerte sich das mit dem Naturrecht aufgegebene Problem, welche normativen Rechtsansprüche für alle Menschen gelten, auf den Topos '*Menschen- und Grundrechte*'. Mit Menschenrechten wird umschrieben, was den Menschen unabhängig von irgendwelchen Bedingungen (Geschlecht, Staatszugehörigkeit, Hautfarbe, sozialer und wirtschaftlicher Besitzstand, religiöser oder politischer Überzeugung, Alter etc.) allein im Blick auf Menschsein und menschliche *Würde* uneingeschränkt zukommt und zuzusprechen ist. In einem Jahrhundert, dessen Signatur 'Auschwitz' oder in ganz anderer Weise 'Archipel Gulag' ist und das ein für viele tödliches Macht- und Wirtschaftsgefälle aufgebaut hat, gewinnt die Frage nach Menschenrechten sowohl in sittlicher als auch in rechtspragmatischer und -technischer Hinsicht an nie gekannter Dringlichkeit. Vor diesem Hintergrund kann auch christliche Ethik sich diesem äußerst relevanten ethisch-rechtlichen Feld nicht entziehen. Dabei hat sie sich zunächst die Vorgeschichte der Menschenrechte vor Augen zu halten, weil diese zwar Motiventsprechungen zur biblisch-christlichen Tradition kennt, jedoch in ihrem neuzeitlich-politischen Anspruch (zunächst und lange) nicht von den christlichen Kirchen unterstützt wurde. Mit dem Anspruchsniveau der neuzeitlichen Menschenrechte, ihren Ausformungen und Ausgestaltungen ist eine politische Herausforderung gegeben, die allgemein- und theologisch-ethisch zum Weiterdenken und -handeln auffordert.

⊙ Begriffe

Begrifflich wird zwischen *Menschen-, Grund- und Bürgerrechten* unterschieden:

- Unter den Terminus *Menschenrechte* faßt man die den Menschen unveräußerlichen, für ein Subjektiv fundamentalen Rechte auf integrale Lebensbewahrung und -gestaltung (wobei über die konkrete Ausgestaltung keineswegs Konsens besteht).
- *Grundrechte* sind die in einer Verfassung (oder im Zivilrecht [so in England]) kodifizierten und so auch einklagbaren Menschenrechte, kurz: sie sind positivierte Menschenrechte.
- Kommen diese Grundrechte in einem Rechtsterritorium nicht allen Menschen, sondern nur den Bürgerinnen und Bürgern dieses Gemeinwesens zu, spricht man von *Bürgerrechten.*

⊙ Menschenwürde

a) Zur Vorgeschichte des Menschenrechtsgedankens lassen sich all die gedanklichen und weltanschaulichen Konzepte rechnen, die in der einen oder anderen Form das Thema *Menschenwürde* reflektieren. Dieses (gegenüber den nichtrationalen Lebewesen) als *Differenz-* und unter den Menschen als *Egalitäts*prinzip fungierende Motiv läßt sich finden:
- in der griechisch-antiken-stoischen Tradition im Zusammenhang des dort entfalteten Naturrechtsgedankens (vgl. das CICERO-Zitat in Kap. 1.7.9)
- in der biblisch-christlichen Tradition mit Rekurs auf die Gottebenbildlichkeit (vgl. Kap. 1.3.3).

Über die weitere Vorgeschichte des Menschenrechtsgedankens in Humanismus, Reformation, spanischer Spätscholastik und Aufklärung informiert W. HUBER: in: TRE, Bd. 22, S. 578-582 (vgl. zu entsprechenden Motiven in den Weltreligionen a.a.O., S. 595-598).

Vernunftrecht

Wurde die Menschenwürde in antiker und christlicher Tradition schwerpunktmäßig ontokosmologisch oder schöpfungstheologisch fundiert, erhält sie in der Neuzeit eine *vernunftrechtliche* Begründung. Dem Menschen als vernünftigen Wesen, das sich selbst Zweck ist und nicht nur zum Mittel degradiert werden darf (KANT), kommt qua dieser Bestimmung Freiheit zu, die vor willkürlichen Zwangsübergriffen des

Staates geschützt werden muß (LOCKE hatte in 'Two Treatises of Civil Government' [1690] bereits auf den vorstaatlichen Charakter der Menschenrechte durch den Gesellschaftsvertragsgedanken hingewiesen, indem er betonte, daß der Gesellschaftsvertrag zwischen 'politischer Gewalt' und Volk die natürlichen Rechte der Individuen auf Leben, Freiheit und Eigentum nicht infragestellt, sondern zu garantieren und zu fördern hat; dient die politische Gewalt nicht dem eingeräumten Ziel, besteht ein legitimes Widerstandsrecht gegen sie).

Schutz- und Abwehrrechte

In dieser Tradition des politischen Liberalismus werden die Menschenrechte zunächst als subjektive *Schutz- und Abwehrrechte* des freiheitlich-vernünftigen Individuums gegenüber dem absoluten Staat angesehen.

⊙ Menschenrechtserklärungen

b) Indem sich der (subjektive) Freiheitsgedanke politisiert und kollektiviert, kommt es in England, Amerika und Frankreich zu unterschiedlichsten gesellschaftspolitischen Revolutionen, die wiederum in verschiedenen Deklarationen weltgeschichtlichen Ranges die Menschenrechtsgeschichte geprägt haben. Zu ihnen zählen

- (als Vorstufen) die Habeas-Corpus-Akte von 1679 und die Bill of Rights von 1689 (in England),
- die Kodifizierung der Religionsfreiheit in Amerika (seit 1632 in Maryland; 1677 in New Jersey; 1682 in Pennsylvania),
- die Virginia Bill of Rights von 1776,
- die amerikanische Unabhängigkeitserklärung von 1776,
- die Bill of Rights von 1789,
- die Erklärung der Rechte des Menschen und des Bürgers in Frankreich vom 27. 8. 1789

(- die deutsche Tradition ist mager, erst seit dem Bonner Grundgesetz ist das Bekenntnis zu Menschen- und nicht nur zu Bürgerrechten in die Verfassung eingebunden).

Völkerrecht

c) So sehr die Geschichte der Menschenrechte im 18. Jahrhundert die Menschenrechte des einzelnen (als seine Statusrechte, nicht als Kollektivrechte) zu begreifen versteht, daraus politische Partizipationsrechte ableitet und auch zum Teil schon auf die notwendigen sozialen Teilhabebedingungen (Bildung, Arbeit, etc.) aufmerksam wird, so erkennt man doch erst im 20. Jahrhundert die Notwendigkeit, die Menschenrechtsideen als Instrumentarien des *Völkerrechtes* weiterzuentwickeln. Hintergrund für diese Einsicht war der Umstand, daß der Verletzung der Menschenrechte nicht allein im Rahmen nationalstaatlicher Rechts- und Ordnungsmuster entgegengesteuert werden kann, sondern auf internationaler Ebene zu denken gibt und zum Handeln auffordert.

⊙ Allgemeine Erklärung der Menschenrechte

Die - auch von der *Ökumene* begleitete - Ausgestaltung vollzog sich im Zusammenhang der Gründung und Konsolidierung der Vereinten Nationen in den 40er Jahren und fand in der '*Allgemeinen Erklärung der Menschenrechte*' vom 10.12.1948 in Paris ihren Höhepunkt (zu den weiteren UN-Instrumentarien vgl. Huber: a.a.O., S. 585-587).
Art. 1. lautet: "Alle Menschen sind frei und gleich an Würde und Rechten geboren. Sie sind mit Vernunft und Gewissen begabt und sollen einander im Geiste der Brüderlichkeit begegnen." In den weiteren Artikeln werden sowohl persönliche Freiheitsrechte, politische Partizipationsrechte als auch soziale Sicherheit, Erziehung und kulturelle Entfaltung für die einzelnen eingefordert. Vor dem Hintergrund der Menschenrechtsgeschichte und der begleitenden politischen, soziologischen, juristischen, philosophischen und theologischen Wissenschaften hat sich als Grundfigur der Menschenrechte die Trias "*Freiheit, Gleichheit, Teilhabe*" (vgl. W. HUBER / H. E. TÖDT: Menschenrechte, [3]1988, S. 80ff.; O. HÖFFE: Sittlich-politische Diskurse, 1981, S. 98-110; bes. S. 105-108) herausgebildet. Im Unterschied zu der bloß am Individuum ausgerichteten methodischen *Unterscheidung von Abwehr-, Mitwirkungs-, und Anspruchsrechten* ist sie nicht nur stärker inhaltlich geprägt, sondern impliziert einen konstitutiven Bezug der drei Glieder zueinander: jeder der drei Aspekte muß im Blick auf die anderen beiden ausgelegt werden: das Freiheitsrecht entspricht dabei der Unverfügbarkeit der Person, das Gleichheitsrecht der Würde, während das Teilhaberecht den konstitutiven Sozialbezug des Menschseins rechtlich bestimmt. Ohne Zweifel steht jede Rechtsordnung in Gefahr, eines der drei Momente mehr zu betonen als die anderen beiden. Problematisch wird die Auslegung dort, wo eines der drei Elemente aus dem gegenseitigen Begründungsverhältnis gänzlich herausgerissen wird, da es so entweder zu wirtschaftsliberalen (durch Überbetonung der Freiheit und Mißachtung der Sozialstaatlichkeit) oder zu staatlichen Totalisierungen (bei zwanghafter staatlicher Egalisierungstendenz) kommt.

Differenzierungen ("Trias")

Probleme

d) Obwohl die Menschenrechte für sich reklamieren können, zu Völkergewohnheitsrecht geworden zu sein, ziehen sie dennoch ethische, rechtliche und auch theologische Probleme nach sich. Hauptkritikpunkt am Menschenrechtsgedanken - vor allem aus Ländern nichteuropäischer Kulturkreise - ist der mit den Menschenrechten importierte *Eurozentrismus*. Mit diesem zeigt sich nicht nur prinzipiell das Problem des Verhältnisses von partikularer Tradition und universalem Anspruch (und die damit gegebene Gefahr eines Kulturimperialismus), sondern trägt sich auch konkret die Kritik ein, daß ein einseitiger *Individualismus* die Sozialbindung der Menschen mißachtet. Angesichts der Geschichte des europäischen Imperialismus und eines Kolonialismus ökonomischer und politischer Art sind die Bedenken nicht grundlos. Zur ersten, allgemeinen Anfrage ist zu sagen, daß eine partikulare Begründung und Herkunft eines Gedankens nicht gegen dessen mögliche allgemeine Geltung spricht. Dennoch muß es möglich sein, die Ursprungssituation zu transzendieren und die aufgeworfenen Fragen in anderen Kulturkreisen applizierbar zu gestalten. Der konkrete Hinweis auf die Individualismustendenz deutet auf die Gefahr hin, die mit *einer* bestimmten (liberalistischen) europäischen Denkform gegeben ist. Wenn auch der Freiheitsgedanke einseitig profiliert werden kann, so hat doch die mit ihm (im Zusammenhang mit den Gleichheits- und Teilhaberechten) eingeklagte Forderung, daß der menschlichen Person eine unveräußerliche, auch durch keine Sozialbindung aufzugebende individuelle Würde zukommt, in heutiger Zeit immer noch eine drängende politische Relevanz; denn es geht um Ansprüche gegen den Staat, dessen Macht eingeschränkt werden soll (eine auch für Herrschaftsstrukturen der nichteuropäischen Welt kritische Frage). Nicht die Menschenrechte an sich stehen deshalb zur Disposition, sondern die Behauptung, (nur) dieses oder jenes Recht sei ein Menschenrecht und das andere nicht. (Dies gilt vor allem für subjektive Freiheitsrechte, die sowohl in einigen islamischen Ländern wie in China umstritten sind.) Deshalb bleiben Menschenrechte immer ein *Gestaltungsauftrag*, nach angemessenen Formulierungen und Strategien zu ihrer Verwirklichung zu suchen. So notwendig sie daher als rechtliche Instrumentarien in den jeweiligen nationalen Verfassungen und internationalen Abkommen sind, haben sie doch aufgrund ihrer *rechtskriti-*

schen Komponente auch eine ethische Dimension. In diese sollte sich deshalb theologische Ethik einmischen.

Französische Revolution (Jakobinismus)

Durch die politische Verquickung der neuzeitlichen Menschenrechtstradition mit der Französischen Revolution (vor allem vor dem Hintergrund deren späterer terroristischer Exzesse in den Jahren 1793/94) blieben die Großkirchen bis ins 20. Jahrhundert (auch aufgrund eigener antidemokratischer Voreinstellungen) auf Distanz zu den Menschenrechten. Papst Leo XIII. bezeichnete sie 1885 noch als von der Reformation geprägte "zügellose Freiheitslehren" (zit. nach Huber/Tödt: a.a.O., S. 40).

⊙ Theologische Interpretationsmodelle

e) Nach W. Huber (TRE, S. 591-593; vgl. Huber / Tödt: a.a.O., S. 64-73) lassen sich sechs Grundtypen des theologisch(-ethisch)en Umgangs mit der Menschenrechtstradition unterscheiden (die im übrigen auch auf andere ethische Problemfelder angewandt werden können):

Modell	**Vertreter**	**Hauptthesen**	**Kritik Hubers**
1. Verzicht auf theologische Begründung	Martin HONECKER	Plausibilität der Menschenrechte (= MR) ergibt sich aus allg. Vernunftgründen	Die Position ist - vernunftoptimistisch - ungeschichtlich
2. Doppelte Begründung	Katholische (vorkonziliare) Theologie	naturrechtliche und heilsgeschichtlich-christologische Begründung stehen nebeneinander	Problematik des ontotheologischen Entsprechungsverhältnisses von - Vernunft und Offenbarung und - Natur und Gnade
3. Heiligkeit des Lebens	Orthodoxie	Begründung der MR aus der Epiklese des Schöpfers → Weitergabe des Dankes durch Übernahme von Verantwortung	Unterbetonung der menschlichen Würde

4. Gottes Recht und Menschenrecht	Reformierte Tradition	Bundestreue Gottes gelte allen Menschen → MR	- Äquivokation im Rechtsbegriff (bei Begriffsgleichsetzung von Gottes Recht und politischem Recht) - Gefahr der mangelnden Beachtung der besonderen historischen und rechtl. Strukturen der MR
5. Funktionale Theorie der Menschenrechte	Trutz RENDTORFF im Anschluß an Niklas LUHMANN	- Verzicht auf theol. oder phil. Begründung - Betonung der funktionalen Legitimation des christl. Glaubens (bes. der Rechtfertigungslehre) für neuzeitliches Freiheitsbewußtsein	Während die Modernität als Horizont der MR berücksichtigt wird, wird das kritische Potential der jüd.-christl. Tradition nicht hinreichend berücksichtigt.
6. Entsprechung und Differenz	HUBER/TÖDT	- Säkularer Charakter der MR wird ernstgenommen - Selbstevidenz der MR aus Vernunft wird kritisiert, zugleich wird aus partikularer (jüd.-christl.) Tradition nach Begründung und Gestaltung der MR gesucht.	

⊙ Gestaltung der Menschenrechte

f) Beteiligt sich theologische Ethik am ethisch-rechtlichen Diskurs 'Menschenrechte', geht es nicht um die Frage, ob sie dafür oder dagegen ist, sondern wie diese (aus dem Blickwinkel der christlichen und damit durchaus partikularen Tradition) zu gestalten und zu begründen sind, damit sie in ihrem Anspruch möglichst universal angewandt werden können. Sieht man ähnlich wie beim Naturrecht (vgl. Kap. 1.7.9) Menschenrechte als *Gestaltungsaufgabe,* so wird man - mit Huber und Tödt in der Tradition der Theologie des Wortes Gottes - Entsprechung *und* Differenz zwischen neuzeitlicher und christlicher Sicht der Menschenrechte festhalten können (wobei man sich dogmatisch Rechenschaft ablegen muß, welcher Dimension im Verhältnis von Glaubens- und 'weltlicher' Vernunft man die Präferenz einräumt [vgl. Kap. 3.1]).

⊙ Analogie und Differenz

Zur *Trias 'Freiheit-Gleichheit-Teilhabe'* lassen sich dabei folgende Akzentuierungen hervorheben, die teils bestärkende, teils kritische, teils radikalisierende Momente zum Menschenrechtsdiskurs beitragen (vgl. Huber/Tödt: a.a.O., S. 160-175):

Kommunikative Freiheit

- Im Kap. 1.4 über die *Freiheit* wurden bereits einige Besonderheiten eines theologisch gefaßten und begründeten Freiheitsbegriffes umrissen: Theologisch wird Freiheit nicht bloß individuell oder libertär (bloße Freiheit *von* ...), sondern als geschenkte, eschatologisch befreite, als dynamische und vor allem als kommunikativ-verantwortliche im Blick auf andere (Freiheit *zu* ...) verstanden. Zugleich weiß der Glaube und damit die theologische Ethik um die Ambivalenz und Dialektik der Freiheit und um die Ausgesetztheit gegenüber dem Bösen (vgl. Kap. 1.4): "Die 'befreite' Freiheit, aus der der Christ lebt, ist also gerade Freiheit zur *Dienstbarkeit der Liebe*" (Huber/Tödt: a.a.O., S. 164 [Kursivierung von uns]). Daher wird sie sich gegen eine individualistisch-liberalistische Engführung von Menschenrechtskonzeptionen stellen.

Gleichwürdigkeit

- *Gleichheit* ist weder als Zustand noch als Rechtsanspruch ein empirisch aufweisbares Faktum. Fordert man ein Recht auf Gleichheit, so kommt dies einer kontrafaktischen Ansage gleich, die gegenüber den bestehenden Zuständen einen kritischen und regulativen Charakter erhält. Doch worin läßt man die Gleichheit ihrerseits gründen? Christlicher Glaube wird sie nicht primär als naturwüchsigen Status, sondern als in Christus geschenkte Gleich*würdig*keit verstehen wollen (vgl. Gal. 3,28). Unterschiede dürfen (nur) solange sein, solange sie nicht die Würde der einzelnen angreifen (Gal. 3,28 hält ja durchaus fest, daß es Unterschiede gibt, hebt diese aber am geschenkten Sein in Christus auf). Wie schon beim Freiheitsrecht wird auch beim Gleichheitspostulat eine christliche Begründung auf den Sozialcharakter der 'aequitas' verweisen. Nicht zu individualistischer Selbstverwirklichungsstrategie, sondern zur regulativen Gestaltung der Freiheit *und* der Nächstenschaft in Sozialverbänden dient das Menschenrecht der Gleichheit. Der Goldenen Regel (Mt 7,12) kommt dabei der Status einer sittlichen Minimalbedingung zu, die jedoch im Sinne der Liebe, ja sogar der Feindesliebe überboten werden kann (vgl. Kap. 1.7.7). Huber und Tödt nennen *Rassismus* und *Weltwirtschaftsordnung* als Problemfelder, in denen Gleichheit elementar verletzt wird und zum Wandel von Denken und Handeln aufgefordert werden muß (vgl. a.a.O., S. 168f.).

Teilhabe

- *Teilhabe* gründet in der prinzipiellen (aus christlicher Sicht: in der zugesprochenen) Gleichheit zur Freiheit und stellt die Partizipationsmöglichkeiten heraus. Schließlich kennt jede Gesellschaft das soziale Faktum, daß einzelne oder ganze Gruppen vom Gestaltungsprozeß gesellschaftlicher Veränderungen ausgeschlossen werden. Sowohl in synoptischer wie in paulinischer Tradition gehört die Relativität und somit Offenheit gegenüber fixierten Herrschaftsformen zum Kernbestand christlicher Überzeugung. Während sich dies in den Evangelien im Topos des Reiches Gottes und seinen eschatologischen Relativierungen ausspricht, thematisiert Paulus die Begrenztheit der Gültigkeit des alten Äons unter den Aspekten des gnadenhaften 'Neuen Seins' in Christus, im Geist und in der daraus erwachsenden Communio des Leibes Christi, in der alles zur Auferbauung der Gemeinde und zur Förderung der anderen (dabei sogar unter Verzicht eigener Freiheit [vgl. 1 Kor 8-10; Röm 14]) geschehen soll. Eine differenzierte Zwei-Reiche-Lehre (vgl. Kap. 3.2.5.2) wird zwar geistliches und politisches Verständnis nicht gleichsetzen, aber auch nicht trennen, wenn denn Christus als Herr der Welt und nicht nur der Gesinnung geglaubt wird.

Auch von der umgekehrten Sicht kann man Analogie und Differenz zwischen zentralen christlichen Aussagen und Menschenrechten bedenken (vgl. Huber / Tödt: a.a.O., S. 175-193). Sowohl von eschatologischen Überlegungen zur Herrschaft Gottes, von den christologischen Aspekten der Rechtfertigungslehre und den schöpfungstheologischen Gedanken zur Gottebenbildlichkeit läßt sich die Unverfügbarkeit der Menschen, ihre Würde, ihre grundlegende Sozialität und Partizipationsnotwendigkeit herleiten; zugleich wird von diesen theologischen Topoi auf die Begrenztheit, Dialektik und Ambiguität menschlicher Bemühungen hingewiesen, wobei sie dennoch unter dem Blickwinkel der zugesprochenen Verheißung gesehen werden dürfen.

Beteiligen sich Glaube, Kirche und Theologie am Menschenrechtsdiskurs, werden sie sich aber auch vor Grenzüberschreitungen hüten müssen. In einer pluralistischen Gesellschaft kann und darf - schon um ihrer eigenen Glaubwürdigkeit willen - theologische Ethik weder zur Begründung noch zur Geltung der Menschenrechte das einzige Wort sprechen wollen (aus diesem Grund muß sie sich auch für die Religionsfreiheit einsetzen, ohne deshalb ihre eigene Überzeugung aufgeben zu müssen). Auch die (verfassungs-, völker- oder zivil)rechtstechnische Ausgestaltung der Menschenrechte kann angesichts ausdifferenzierter und auseinanderstrebender Gesellschaftsstrukturen nicht allein aus theologischer Tradition geleistet werden. An den über den rechtlichen Diskurs immer hinausgehenden sittlichen Begründungs- und politischen Gestaltungsfragen werden sich Theologien und Kirchen - um ihres eigenen Auftrages willen, Zeugen der Barmherzigkeit Gottes sein zu dürfen - unter Wahrung ihres Öffentlichkeitsauftrages im obigen Sinne konstruktiv-kritisch beteiligen (was im übrigen auch die Frage nach den Grundrechten in den Kirchen selbst einschließt; vgl. dazu Huber: TRE, S. 594f.).

Lit.: W. HUBER / H. E. TÖDT: Menschenrechte, Perspektiven einer menschlichen Welt, [3]1988.

W. HUBER: Art. 'Menschenrechte/Menschenwürde', in: TRE, Bd. 22 (1992), S. 577-602.

1.7.11 Gemeinwohl

⊙ Gemeinwohl

Gemeinwohl ist ein zentraler Begriff der Sozialethik, zunächst insbesondere katholischer Provenienz. Mit ihm wird zum Ausdruck gebracht, daß der Mensch ein soziales Lebewesen ist und deshalb sein Handeln an dieser Conditio humana auszurichten hat (Hintergrund ist die aristotelische Auffassung vom Menschen als ζῷον πολιτικόν oder als 'animal sociale', das das '*bonum commune*' gemeinschaftlich verwirklichen soll; während es ARISTOTELES im gelingenden Zusammen-

animal sociale

leben in der Polis verwirklicht sieht, wird es bei THOMAS um die rechte Gottesverehrung erweitert [vgl. Kap. 1.7.6; 1.7.9]). Deshalb ist unter der Anleitung der *Vernunft* das Verhältnis des einzelnen (seiner generellen Lebensperspektive und seiner konkreten Wünsche und Handlungsabsichten) zum Allgemeinen zu regeln und privates Glück mit öffentlichen Gütern abzuwägen.

Gemeinnutz, katholische Soziallehre

'Gemeinnutz' sagt: Das öffentliche Interesse ergibt sich nicht allein aus der Summe der Einzelinteressen, da es sonst nur einen summierten Egoismus darstellte. Statt dessen muß es an Gerechtigkeit (für alle) ausgerichtet sein (vgl. Kap. 1.7.8). Da sich ultraliberale Marktwirtschaft, in der Sprache des marxistischen Denkens: purer Kapitalismus, auf die Prämissen des Utilitarismus beruft (vgl. Kap. 1.8.3.6) und diese Prämissen das größtmögliche Glück der größtmöglichen Zahl begründen wollen, kann der Begriff des Gemeinwohls gegen die rein nutzenorientierte Ideologie kritisch eingesetzt werden. So verwundert es nicht, wenn die katholische Soziallehre deswegen oft Kritik am liberalistischen Wirtschaftssystem geübt hat (eine kurze Übersicht über die Sozialenzykliken von LEO XIII. bis JOHANNES PAUL II. bietet M. HONECKER: Einführung in die Theologische Ethik, 1990, S. 344-354), dabei aber aufgrund naturrechtlicher Vorannahmen oft in geradezu romantische Modelle einer Sozialmetaphysik (z.B. die Gesellschaft als Organismus) verfiel, die wiederum als Alternative kaum zu überzeugen wußten.

Beurteilung

Da theologische Ethik - weder katholischer noch evangelischer Couleur - davon ausgehen kann und darf, daß ihre konkrete Ausformung des Gemeinwohlgedankens gesamtgesellschaftlich geteilt wird, muß sie - wie übrigens alle an der Gestaltung der Gesellschaft interessierten Gruppen - sich Rechenschaft über die Bestimmung, Abgrenzung und Vermittlung gemeinsamer, jenseits von bloßem Nutzen liegenden Grundannahmen (durch demokratisch geregelten Kooperations- und Konfliktstrategien) ablegen, auf deren Grundlage dann erneut die Frage nach der positiven Ausgestaltung des Gemeinwohls gestellt werden kann (vgl. den im Gerechtigkeitskapitel genannten Grundsatz: 'Begrenzung des Guten durch das Rechte', der demokratiestrategisch auch hier seine Berechtigung erhält; zu Ansätzen einer positiven sozialethischen Gestaltung vgl. die Kap. 1.7.8.3; 1.7.2c).

Lit.: W. VOSSENKUHL: Art. 'Gemeinwohl', in: Lexikon der Ethik, S. 70-77.

1.7.12 Zusammenfassende Übersicht

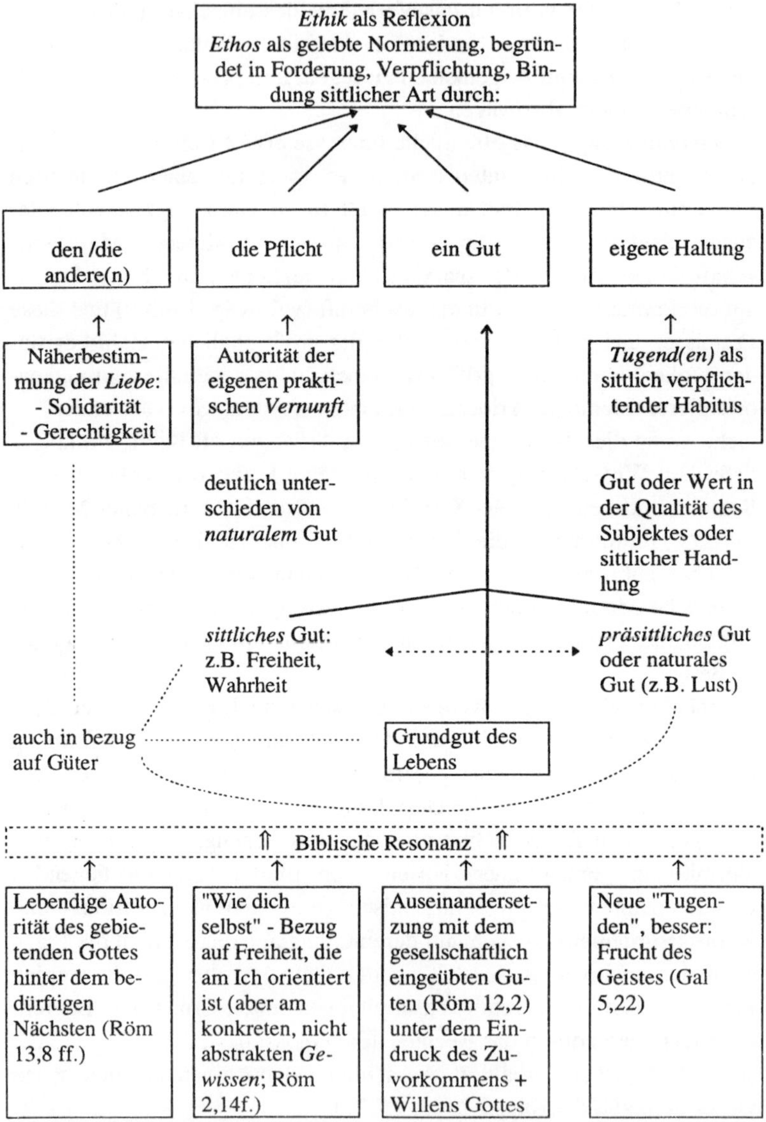

1.8 Methoden ethischer Begründung bzw. die Rechtfertigung ethischer Argumente

1.8.1 Vorüberlegung

Die in Kap. 1.6 skizzierten ethischen Theorien und Ansätze sowie deren in Kap. 1.7 dargelegten Grundlagen und Zielvorstellungen müssen *methodisch* geordnet und *methodologisch* reflektiert werden, da nur so Ethik als kritische und normative reflexive Besinnung auf Maßstäbe des Verhaltens (vgl. Kap. 1.1.2) bestimmt wird. Auf die Fragestellung, wie Menschen zu Entscheidungen kommen, was das Gute, das Pflichtgemäße, das Gebotene, das Gerechte etc. sei, kann man daher in doppelter Weise antworten:

⇙ a) auf der Ebene (scheinbar) neutraler Reflexion ⇩ Kap. 1.8.2	⇘ b) im Netz bereits gelebter Normen ⇩ Kap. 1.8.3

1.8.2 Deskriptive Ethik

Unter *deskriptiver Ethik* sind all die Theorieansätze zu subsumieren, die sich vorwiegend mit der Beschreibung, Rekonstruktion und Analytik menschlicher Praxis, einzelner Handlungen und deren normativen Vorgaben beschäftigen. Dabei lassen sich wiederum zwei Typen deskriptiver Ethik unterscheiden: **⊙ Definition: Deskriptive Ethik**

1. Solche, die davon ausgehen, daß die Deskription menschlicher Praxis aus sich das Normative freisetzt. Alles käme also darauf an, eine möglichst adäquate Beschreibung zu liefern, aufgrund derer menschliches Handeln gelingt. Der im 20. Jahrhundert prominenteste Ansatz ist die aus der Phänomenologie stammende *materiale Wertethik* (vgl. Kap. 1.8.2.1). **Typen**

Auch in der christlichen Ethik finden sich zahlreiche Varianten dieses Typos, durch Deskription menschlichen Handelns dessen normativen Gehalt aufzudecken. An zwei besonders bedeutende Modelle des 19. Jahrhunderts sei erinnert:

Schleiermachers "Christliche Sitte"

- Zum einen an die "Christliche Sitte" Fr. SCHLEIERMACHERS: Christus ist nicht nur Vorbild einzelner Handlungen, sondern *Urbild* des die ganze Geschichte durchwaltenden Kraftstromes und so auch des gesamten Verhaltens und der Ausrichtung der Christen, so daß die entscheidende sittliche Frage lautet: Was ist in Christus realisiert (als Herrschaft des Geistes über die Natur)? Da die Christen diesem Urbild nicht unmittelbar entsprechen (Lust-Unlust-Antagonismus des alten Menschen), wird das (an Christus ausgerichtete) 'Sein' von selbst zum 'Sollen'. Das Christenleben wird als sich in diesem Prozeß befindliches Werden - orientiert am Urbild Christus - aufgefaßt (vgl. ders.: Die christliche Sitte, hg. v. L. Jonas, 1843).

Katholische Moraltheologie

- Zum anderen an die katholische, neuthomistische Moraltheologie des endenden 19. und beginnenden 20. Jahrhunderts. Unter dem naturrechtlich aufgefaßten Axiom: *'agere sequitur esse'* glaubte man von einer metaphysischen Deskription des Seins der Menschen auf die darin gründenden und auch daraus erklärbaren Handlungen der Menschen schließen zu können. Insofern dem päpstlichen Lehramt die Letztinstanz sowohl in der Festsetzung der metaphysischen Vorgaben als auch der sich daraus ergebenden sittlichen Konsequenzen zustand, wurde dieses Modell auch kirchenpolitisch äußerst dominant und erst im Laufe des II. Vaticanums bibeltheologisch (durch Orientierung am Topos vom wandernden Gottesvolk) aufgebrochen, allerdings von JOHANNES PAUL II. in abgewandelter Form (Karol WOYTILA war zuvor Ethiker in der SCHELERschen Tradition; vgl. Kap. 1.8.2.1) erneuert.

2. Analytische Metareflexion auf Moral und Ethik (vgl. Kap. 1.8.2.2).

1.8.2.1 Wertethik

Materiale Wertethik

Im Gefolge phänomenologischer Tradition, sich nicht nur an formalen Bedingungen von Erkenntnis und Handeln philosophisch abzuarbeiten, suchte die *materiale Wertethik* objektiv gültiges "Material" menschlicher Praxis beschreiben zu können. Ihre Hauptvertreter, Max SCHELER (vgl. ders.: Der Formalismus in der Ethik und die materiale Wertethik, 1913/16) und Nicolai HARTMANN (vgl. ders.: Ethik, 1926), finden dieses in den objektiv, also allen Menschen gegenüberstehenden, aber nicht durch rationale Erkenntnis oder sinnliche Wahrnehmung zu definierenden Werten: "Werte sind klare, *fühlbare* Phänomene" (Scheler:

a.a.O., S. 39; Hervorhebung Verf.). *Wertfühlen* ist also die angemessene moralische Grundkategorie. Dieses ist so organisiert, daß das *subjektive Wertfühlen* einer *objektiven Wertordnung* entspricht (wobei innerhalb der Wertethik keineswegs Übereinkunft über die Ausprägung und inhaltliche Füllung dieser Ordnung herrscht und die sittlich ungeheuer bedeutende, aber problematische Aufgabe des Ethikers darin besteht, die das Handeln prägen sollende Ordnung zu "entdecken"). Nach Scheler läßt sich folgender hierarchischer Aufbau der Wertordnung konstatieren:

IV. ↑	Werte des *religiösen* Fühlens	Werte des Heiligen - Unheiligen	Glaube - Unglaube; Liebe - Haß
III. ↑	Werte des *geistigen* Fühlens	Werte des Schönen - Häßlichen	Billigen - Mißbilligen; Achten - Mißachten
II. ↑	Werte des *vitalen* Fühlens	Werte des Edlen - Gemeinen	gutes- schlechtes Befinden
I.	Werte des *sinnlichen* Fühlens	Werte des Angenehmen - Unangenehmen	Genießen - Erleiden; Lust - Schmerz
Hierarchie von	**Wertfühl*stufe***	**objektivem Wert**	**subjektivem Wertfühlen**

Entsprechend dem in den Werten impliziten Sollen hat der Mensch sein Leben zu gestalten, indem er es möglichst an den hierarchisch höchsten Werten ausrichtet.

So berechtigt das forschungsgeschichtliche Anliegen dieser phänomenologischen Kreise war, nicht nur - wie der Anfang des Jahrhunderts führende *Neukantianismus* - nach den formalen Bedingungen menschlicher Praxis zu fragen, sondern deren materiale Fülle zu inspizieren, ebenso problematisch erweist sich der dann eingeschlagene Weg. Nach NIETZSCHEs genealogischer Destruktion aller Werte, ähnlichen Erkenntnissen der Hermeneutik über die geschichtliche Genese menschlicher Vorstellungen und die begrenzte Verstehbarkeit fremder Äußerungen, aber auch nach den Einsichten sozialwissenschaftlicher Kritik über die gesellschaftliche Verfaßtheit von Normen und Werten und den kritischen Überlegungen der Psychoanalyse zum Projektionscharakter von Über-Ich-Instanzen mag man nicht mehr von objektiven Werten, denen ein subjektives Wertfühlen zu entsprechen hat, reden. Dennoch bleibt die ethische Aufgabe, auch materiale Elemente des Lebens für die Ethik zu reflektieren. Dies sollte aber sinnvoller in der zunächst sozialpsychologischen und dann auch philosophischen Reflexion über das jeweilige Ethos einer Gesellschaft erfolgen (vgl. Kap. 1.1.2; 1.2). Dessen normative Vorgaben sind dann auf ihre ethische Geltung und Gestaltungsfähigkeit zu überprüfen.

Die an ein vermeintlich objektives Sein gebundenen Werte haben bei HEIDEGGER Kritik gefunden; indirekt folgt ihm E. JÜNGEL, wenn er die "wertlose Wahrheit" proklamiert (vgl. ders.: Wertlose Wahrheit. Christliche Wahrheitserfahrung im Streit gegen die "Tyrannei der Werte", in: ders.: Wertlose Wahrheit, 1990, S. 90-109).

Lit.: W. FRANKENA: Art. 'Value and Valuation', in: EncPh, Bd. 8 (1967), S. 229-232.

1.8.2.2 Metaethik

Metaethik

Neutralitätsanspruch

a) Der moralisch-sittlichen Neutralität fühlt sich die sogenannte *Metaethik* (= reflektierte Kritik vom Standpunkt jenseits durchgeführter normativer Ethik) verpflichtet. Sie will normativ-präskriptive Aussagen wie 'gut', 'richtig', 'sollen' in ihrer Anwendung und Begründung untersuchen. Zudem denkt sie darüber nach, wie Menschen zu eindeutigen Aussagen über präskriptive Sachverhalte kommen; jedoch handelt sie nicht von dem, was in sich selbst 'gut', 'richtig' o.ä. und was gesollt ist und was nicht. Hand in Hand mit den Methoden der Analytischen Sprachphilosophie bearbeitet sie daher das Feld moralischer Aussagen in logischer und linguistischer (syntaktischer, semantischer, pragmatischer) Hinsicht.

b) An Richtungen der Metaethik lassen sich unterscheiden (eine prägnante, aufschlußreiche Darstellung und Bewertung - wenn auch nicht aller hier dargestellten Positionen - liefert A. ANZENBACHER: Einführung in die Ethik, 1992, S. 262-289):

Richtungen

<table>
<tr><td colspan="9">Metaethik
als
⇙⇘</td></tr>
<tr><td colspan="5">metakritische Klärung von Begründung, Tragweite und Bedeutung moralischer Wörter und Urteile
⇙⇘</td><td colspan="4">metakritische Analyse der in Moral und Ethik geübten Verfahrensweisen
⇙⇘</td></tr>
<tr><td colspan="2">1. Kognitivismus</td><td colspan="3">2. Nonkognitivismus</td><td colspan="2">3. eth. Logizismus</td><td colspan="2">4. Wissenschaftstheorie</td></tr>
<tr><td>⇙
Naturalismus</td><td>⇘
Intuitionismus</td><td>⇙
Positivismus</td><td>⇩
Emotivismus</td><td>⇘
Präskriptivismus</td><td>⇙
deontische Logik, eth. Logizismus</td><td>⇘
Sprechakttheorie</td><td>⇙
Kritischer Rationalismus / Fallibilismus</td><td>⇘
Beratungsmodell / Konstruktivismus</td></tr>
<tr><td>Perry, Foot, Warnock</td><td>Moore, Prichard, Ross</td><td>Wittgenstein I</td><td>Stevenson</td><td>Hare</td><td>v. Wright, Toulmin, Baier</td><td>Austin, Searle, Hare</td><td>Popper, Albert</td><td>Kamlah, Lorenzen, Schwemmer</td></tr>
</table>

(Ohne Zweifel ist die Einteilung in heuristischer Absicht auch problematisch: wenn die ersten beiden Richtungen als Kritik von Begründung und Bedeutung, die zweiten als methodenkritische Reflexionen bezeichnet werden, heißt dies nicht, daß es nicht in den jeweiligen Gruppen auch die Frage nach den anderen Problemen gibt; allerdings gibt die Unterteilung den Schwerpunkt der jeweiligen Arbeit an.)

Kognitivismus

zu 1: Der *Kognitivismus* betrachtet präskriptive Wörter als Bezeichnungen für empirisch erkennbare (durch Verstand wahrnehmbare) Sachverhalte.

Naturalismus

1.1. Der *Naturalismus* ersetzt 'gut' durch 'nützlich' (PERRY) oder durch 'lustvoll, freudevoll' (Hedonismus, Utilitarismus), behauptet also eine Konvergenz von Seins- und Sollensaussagen.

Intuitionismus

⊙ Naturalistischer Fehlschluß

1.2. Der Hauptvertreter des *Intuitionismus*, der englische Philosoph G. E. MOORE (vgl. ders.: Principia Ethica, 1903), bezeichnet dieses Verfahren (1.1) als *naturalistischen Fehlschluß* (naturale oder empirische Ist-Aussagen lassen sich nicht an die Stelle von nicht-naturalen Sollens-Aussagen setzten; von diesem semantischen Fehlschluß ist der bereits auf David HUME zurückgehende logische Sein-Sollens-Fehlschluß zu unterscheiden: x ist nützlich, du sollst x tun.). Statt vom 'is' auf das 'ought' zu schließen, behauptet der Intuitionismus, daß moralisch-sittliche Urteile in sich evident und nur intuitiver Erkenntnis zugängig sind (im Unterschied zum Nonkognitivismus damit aber grundsätzlich [wenn auch nur in einer spezifischen Weise] erkennbar sind; so unterschiedlich daher Naturalismus und Intuitionismus in der Beurteilung von moralischen Aussagen sind, stimmen sie doch in deren Erkennbarkeit überein).

Nonkognitivismus

zu 2: Im Gegensatz zur Grundannahme des Kognitivismus bestreiten die verschiedenen Spielarten des *Nonkognitivismus*, daß den moralischen Wörter 'gut', 'richtig', 'sollen' usw. eine in empirisch ausgerichteter Erkenntnis des Verstandes nachvollziehbare Bedeutung zukommt. Darin folgen sie dem oben bereits angesprochenen *Humeschen Gesetz*: 'one cannot go from is to ought' (vgl. ders.: A Treatise on Human Nature, 1739-40, III, S. 211). Wie mit dem sich daraus ergebenden Problem umgegangen wird, wird wiederum unterschiedlich geregelt:

Positivismus

2.1. Im *Positivismus,* dem Neopositivismus des Wiener Kreises, dem logischen Empirismus des frühen WITTGENSTEIN, dem logischen Atomismus B. RUSSELLs, aber auch mit dem frühen A. J. AYER wird die Sinnhaftigkeit moralischer Sätze gänzlich bestritten, da diese Theorien eine strenge Reduktion der Erkenntnis auf die empirisch feststellbare Welt behaupten. Paradigmatisch heißt es im Tractatus logico-philosophicus des frühen Wittgenstein: "Es ist klar, daß sich die Ethik nicht aussprechen läßt (6.421)." Allein als *Unaussprechliches* kommt ihm quasi-transzendentale, regulative Funktion zu.

Emotivismus

2.2. Der *Emotivismus* sucht, präskriptive Aussagen in Gefühlen (AYER) oder in Einstellungen (STEVENSON) zu begründen. Nach Ayer (vgl. ders.: Language, Truth and Logic, 1940) beschränken sich moralische Sätze und Ausdrücke in ihrem Gehalt auf *Empfindungsausdrücke* (nicht Ausdrücke über Empfindungen) von der Qualität: "Au!" - zugegeben etwas trivial. Immerhin spricht Ch. L. Stevenson (vgl. ders.: Ethics and Language, 1944) den moralischen Wörtern eine *appellative, eine suggestive und eine persuasive Funktion* zu, die die Einstellungen der Menschen und somit das Ethos einer Gesellschaft prägen.

Präskriptivismus

2.3. Eine bedeutende Variante des Nonkognitivismus liegt im *universellen Präskriptivismus* Richard HAREs (vgl. ders.: The Language of Morals, 1952; Freedom and Reason, 1962) vor. Der moralische und außermoralische Gebrauch von 'gut' kommt einer

Empfehlung gleich, die eine *deskriptive* und *präskriptive* Komponente besitzt, wobei der Empfehlungsgrad mit der Universalisierbarkeit einer Handlung steigt. Ein Imperativ enthält daher Information (*Phrastik*) und Aufforderung (*Neustik*). Im Zuge der Universalisierung unterscheidet sich moralisches von außermoralischem 'Gut' dadurch, daß es als Zweck an sich betrachtet wird (die Anklänge an KANT [vgl. Kap. 1.7.7] sind unüberhörbar). Im Unterschied zu Kant behauptet Hare jedoch (und dies macht das nonkognitivistische Moment seiner Theorie aus), daß die moralischen Grundsätze, die empfohlen und auf Universalisierbarkeit ausgerichtet werden, auf subjektiven Festsetzungen beruhen. Diesen in seiner Begründung als *Dezisionismus* (vgl. Kap. 1.8.3.6) zu bezeichnenden Ansatz entfaltet Hare dann wiederum regelutilitaristisch (vgl. Kap. 1.8.3.6). Andererseits erkennt er eine Logik der präskriptiven Elemente an; deren oberster Grundsatz ähnelt der Goldenen Regel.

Ethischer Logizismus

zu 3. Der *ethische Logizismus* will eine Logik und Analytik der Ethik entfalten. Dies geschieht entweder durch direkte Analyse der Logik moralischer Sätze (Deontik) oder ethischen Logizismus (im engeren Sinne). Unter dem Begriff 'ethischer Logizismus' (im weiteren Sinne) werden hier aber auch *Sprechakttheorie* und *Konstruktivismus* verhandelt, da sie in sprachphilosophischer bzw. erkenntnistheoretischer Absicht nach der "Logik" im weiteren Sinne, also der reflektierten Verfahrenstechnik ethischer und moralischer Sätze fragen.

3.1. Wegweisend für die *deontische Logik* (die sich im Unterschied zur Deontologie auf formale Analytik normativer Aussagen beschränkt und nicht deren Sollens-Gehalt selbst thematisiert) ist das Werk des finnischen Philosophen G. H. von WRIGHT (vgl. ders.: Norm and Action, 1963). Seine Theorie überträgt die Grundsätze der Modallogik auf den Bereich der Sollens-Aussagen und unterscheidet: Gebote, Verbote und Erlaubnisse, die in logischen Kalkülen operationalisiert und auf ihre logische Stringenz überprüft werden können. Dies geschieht auf der Grundlage weniger Prinzipien: "was geboten ist, ist auch erlaubt", "nichts kann zugleich geboten und verboten sein", "was verboten ist, dessen Unterlassung ist geboten".

Moral point of view

b) Der *ethische Logizismus* will einen vernünftigen Begriffszusammenhang der Moral erstellen. Dabei gehen alle Regeln praktischer Vernunft auf den "moral point of view" (BAIER) zurück, der mit der

Goldenen Regel (allgemeine Reziprozität) identifiziert wird. Nach TOULMIN erhärtet sich Plausibilität moralischer Sätze, wenn sie den Kriterien der *Universalität* (für alle Menschen gültig) und der *Reversibilität* (was ich tue, muß ein anderer auch tun dürfen) genügen.

Sprechakttheorie

3.2. Die *Sprechakttheorie* von J. A. AUSTIN (vgl. ders.: How to do Things with Words, 1962) und J. R. SEARLE (vgl. ders.: Speech Acts, 1969) untersucht die verschiedenen Dimensionen eines Sprechaktes. So lassen sich nach Austin an jedem Sprechakt unterscheiden:

- der *lokutionäre Akt* (act *of* saying: die formale und semantische Korrektheit in einer Sprache),
- der *illokutionäre Akt* (act *in* saying: der funktionelle Gebrauch in der Sprache, durch Frage, Antwort, Aufforderung, Gebot, Warnung etc.),
- der *perlokutionäre Akt* (act *by* saying: die Wirkung, die der lokutionär-illokutionäre Akt des Sprechers beim Hörer erzielt).

Searle reduziert dieses Schema dahingehend, daß er an jedem Sprechakt zwei Momente unterscheidet:

- den *propositionalen Gehalt*
- und den *illokutionären Akt*.

In seiner Theorie reflektiert Searle auch auf den gesellschaftlichen Hintergrund als Bedingung der Möglichkeit moralischer Aussagen: Daß Sprechakte gelingen, hängt auch von gesellschaftlichen Konventionen ab, bestimmten, fest eingespielten Sprechakten kommt der Rang *institutioneller Tatsachen* zu.

Auf der Grundlage dieser sprachwissenschaftlichen Unterscheidungen wird die Pragmatik moralischer Sätze analysiert. So kann aufgedeckt werden, daß 'ist' und 'soll', Information und Forderung, oft schon ineinander liegen; ja, ein grammatikalisch indikativer Satz kann in einem bestimmten Kontext imperativisch wirken (Bsp.: Die deskriptive Aussage: 'Die Tür ist auf, es zieht.' reicht oft aus, um zu bewirken, daß sie jemand schließt).

Wissenschaftstheorie

zu 4: Neben den metakritischen Analysen zum Verfahren moralischer Sätze, Forderungen und Begründungen wird die Ethik auch *wissenschaftstheoretisch* untersucht:

Kritischer Rationalismus

4.1. Auf den von Hume namhaft gemachten Sprung zwischen 'ist ' und 'soll' greift der *Kritische Rationalismus* oder *Fallibilismus* von K. POPPER (vgl. ders.: Die Logik der Forschung, [10]1994) und H. ALBERT (vgl. ders.: Traktat über die kritische Vernunft, 1969) zurück und wendet ihn auch auf die Ethik als Wissenschaft an. An sich zeichnet sich diese wissenschaftstheoretische Richtung dadurch aus, daß sie wahre Sätze nicht wie der Positivismus als verifizierbare Sätze ansieht (d.h. an der Empirie zu bestätigende); statt dessen müssen mögliche wahre Sätze widerlegbar sein; mißlingt die Widerlegung in vielen Fällen, so wird der Satz wahrscheinlich(er) (= *Falsifikation* ⇒ *Fallibilismus*). Karl Poppers Schüler Hans Albert hat festgestellt, daß Sätze des Sollens (ethische Sätze) nicht in falsifizierbarer Gestalt auftreten. Aber er erkennt sogenannte *Brückenprinzipien* an, die 'ist' und 'soll' vermitteln sollen: (1) Sollen impliziert Können (vgl. dagegen die Funktion des Gesetzes in Röm 7!); (2) Sollenssätze müssen mit wissenschaftlicher Erkenntnis übereinstimmen (Kongruenzpostulat); (3) ethische Aussagen müssen logisch widerspruchsfrei sein; (4) sie müssen von autoritärer Suggestion frei sein; (5) als teleologisches Prinzip gilt die Reflexion auf die Folgen einer möglichen Handlung (hier wird die Metaethik im Blick auf eine normative überstiegen).

Konstruktivismus

4.2. Methodenbewußtsein als Beratung in moralisch-ethischen Fragen intendiert der *Konstruktivismus* der Erlanger Schule (P. LORENZEN; O. SCHWEMMER; W. KAMLAH). Bedingung allein ist die Bereitschaft zu konfliktfreiem Miteinander. An Grundregeln der Beratung rekonstruiert Schwemmer (vgl. ders.: Praktische Philosophie und konstruktive Wissenschaftstheorie, 1974) für jedes Gespräch und besonders für das ethische:

a: - keine Wörter zu gebrauchen, deren gemeinsame Verwendung nicht gewährleistet ist,

b: - aufgestellte Behauptungen und Normen Schritt für Schritt rekonstruktiv zu begründen (bedingte Normen werden auf unbedingte, Unterzwecke auf Oberzwecke, Unternormen auf Supernormen zurückgeführt).

Mit *Vernunftprinzip* (vgl. a) und *Moralprinzip* (vgl. b) glauben die Erlanger, in ihrer Wissenschaftstheorie allgemein-verbindliche, transkulturelle Regeln (re-) konstruiert zu haben, nach denen ein ethisches Gespräch (scheinbar) ohne Berücksichtigung von normativ leitenden Zielvorgaben und Werten gelingen kann (ob allerdings das vorausgesetzte Interesse an konfliktfreiem Miteinander nicht doch eine implizite Norm darstellt, mag kritisch angefragt werden).

Lit.: A. ANZENBACHER: Einführung in die Ethik, 1992, S. 262-289.
F. KAULBACH: Ethik und Metaethik, 1974.
Seminar: Sprache und Ethik. Zur Entwicklung der Metaethik, hg. v. G. GREWENDORF / G. MEGGELE, 1974.

⊙ Beurteilung der Metaethik

c) Ohne hier die einzelnen Positionen der Metaethik näher auf ihre jeweilige Berechtigung untersuchen zu können, seien unabhängig vom aktuellen Diskussionsstand im metaethischen Diskurs einige grundsätzliche methodologische Reflexionen angebracht: Als wissenschaftliche Methode besitzt die Metaethik für die Ethik, aber auch für eine sittliche Urteilsbildung einen hohen Stellenwert. Die in ihr aufgeworfenen Methoden- und Begründungsfragen nötigen zu distanzierten Reflexionen über moralisches und ethisches Urteilen. Selbstverständlichkeiten und Täuschungen können durchbrochen und abgebaut, voreilige Schlüsse (vom Sein zum Sollen) können vermieden werden. In der Kontroverse zwischen Kognitivismus und Nonkognitivismus wird um die gewichtige Frage nach der Eigenart praktischer Vernunft gestritten (wobei beide Positionen unter verschiedenen Gesichtspunkten Berechtigung besitzen). In der Deontik werden elementare logische Regeln, die zum basalen Gelingen moralischer Urteile und deren Kommunikabilität notwendig sind, bedacht; in Emotivismus und Sprechakttheorie wird teils die Semantik, teils die Pragmatik moralischer Sprache auf versteckte Voraussetzungen, vertuschte Intentionen und verdeckte Methoden durchleuchtet, um auch hier größere Transparenz zu erlangen. All dies ist notwendig und sinnvoll, um ein reiches Instrumentarium in komplizierten moralischen und ethischen Fragen zu besitzen, ja, dies lehrt die Metaethik auf treffliche Weise, auch noch zu schärfen.

In den Wissenschaftstheorien, die sich der Ethik metakritisch zuwenden, im Fallibilismus und im Konstruktivismus, werden jedoch unüberhörbar Fragen laut, die über den eng gesetzten Rahmen der Analytischen Moralphilosophie hinaustreiben. Das vor allem im Positivismus vertretene reduktionistische, an (scheinbar) purer Empirie ausgerichtete Wissensideal tendiert (ideologiekritisch betrachtet) nicht nur zu einem unausgewiesenen Absolutheitsanspruch; vor allem kann es die vielfältige Lebenswirklichkeit nicht berücksichtigen, denn diese erschöpft sich nun mal nicht in der einfachen oder komplizierten Wahrnehmung. Daher sehen Fallibilismus und Konstruktivismus zu Recht, daß metakritische Überlegungen auch immer durch *normative* (und seien diese rein teleologisch) ergänzt werden müssen. Die Frage nach korrekten Verfahren, nach der spezifischen Semantik und nach verborgener Pragmatik moralischer Sätze dispensiert nicht von der *Frage nach den Grundlagen und Zielen von Normen und Geboten* (Präskriptionen). Mehr oder weniger stillschweigend muß Metaethik das Phänomen sittlich-moralischer Prozesse voraussetzen; geschieht dies aber, sollte die philosophische und die theologische Frage, warum wir möglicherweise uns moralischen Standards unterstellen, jenseits von Methodenfragen wiederaufgenommen werden. Ansonsten werden die - letztlich auch für die Metaethik grundlegenden Voraussetzungen, nämlich eine meist unartikulierte *Freiheit* (vgl. Kap. 1.4) und die darin gründende *Kommunikabilität* und Verantwortlichkeit menschlichen Lebens und Handelns, unterbestimmt. Im Gegenzug unterschätzt man die eigenen, in die jeweilige Theorie miteingebrachten normativen Präferenzen.

Bedeutung des naturalistischen Fehlschlusses

Für die *normativen Ethiken* (vgl. Kap. 1.8.3) spielt besonders die in der Metaethik aufgeworfene Frage nach dem *Verhältnis von Sein und Sollen* eine entscheidende Rolle. Wer den naturalistischen Fehlschluß vermeiden will, kann trotzdem nicht bestreiten, daß ein Bedingungsgefüge zwischen jeweiliger Lebenssituation und darin auftretenden außermoralischen Normen und moralischen Normen herrscht, die sich eben in einem jeweiligen Kontext bilden. Einsichten der Lebensphilosophie, der Alltagspsychologie, der Wissenssoziologie, marxistischer Anthropologie bleiben dabei hilfreich.

d) Da auch theologische Ethik ihre Argumentation kritischer Analyse unterstellen können sollte, muß sie keine Angst vor der Metaethik haben. Anfragen an diese wird sie oft zusammen mit der philosophischen Ethik stellen, in der konkreten Ausfüllung und Rezeption des normativen Elementes der Ethik ihren eigenen Weg in Entsprechung und Differenz (vgl. Kap. 3.1) zur normativen Ethik (vgl. Kap. 1.8.3) gehen.

1.8.3 Normative Ethik

⊙ Normative Ethik

Strebt die deskriptive Ethik zunächst eine Phänomenologie von Moral und Sitte bzw. die Entwicklung einer empirischen Theorie menschlichen Verhaltens an, so liegt das *Ziel der normativen Ethik* in der kritischen Prüfung herrschender Moral und in der Begründung moralischer Prinzipien. Man könnte behaupten, erst in dieser Wendung vom Sein zum Sollen werde wirklich ethisches Gelände betreten; andererseits verweisen sowohl eine Metaethik als auch die differenzierte Betrachtung der einzelnen Normenbegründungen auf das zu diskutierende Verhältnis von Sein und Sollen. Damit wird diese Gegenüberstellung relativiert.

In diesem Kapitel sollen jedoch noch einmal die bekannteren Positionen normativer Ethik vorgeführt werden, damit das in Kap. 1.2 übergreifend diskutierte Problem der Normenbegründung sowie die in Kap. 1.7 thematisch aufgeführten möglichen inhaltlichen Zielvorstellungen ethischer Ansätze noch einmal rekapituliert und mit Namen, Schulen und Begrifflichkeiten aufgefüllt und verbunden werden können. Aus diesem Grunde sind Wiederholungen unvermeidbar bzw. die Lektüre der entsprechenden Kapitel anzuraten. Natürlich zieht sich durch das Feld der normativen Ethik auch erneut die Unterscheidung von deontologischen und teleologischen Argumentationen (Vgl. Kap. 1.6.1).

Also: Unter Rückgriff auf welche Begründungen argumentiert eine Ethik für welches bestimmte Moralprinzip, welche Normen?

1.8.3.1 Transzendentalphilosophischer Ansatz

Der *transzendentalphilosophische Ansatz* sei hier zuerst genannt, weil er in seiner Reinform am ehesten jenes Extrem repräsentiert, das man sich unter normativer Ethik vorstellt. Allerdings ist zu seiner Bezeichnung eher der engere Begriff der *Normenethik* geeignet, der gerade jene Argumentationen umfaßt, die sich auf ein *unbedingtes, vor aller Erfahrung liegendes Moralprinzip* berufen. Es ist nicht verwunderlich, daß von einigen die theologische Ethik in diesen Zusammenhang eingeordnet wird, da sie sich auf das oberste Gebot Gottes, seine Autorität, die Schrift oder Tradition beruft.

Moralprinzip vor aller Erfahrung

Will man im Kontext neuzeitlicher Philosophie den Rückgriff auf die Metaphysik möglichst gering halten und doch hinter geschichtlich-konkrete, ethische Entscheidungen, die politische Wirklichkeit oder das sittliche Bewußtsein zurückfragen, so sucht man ausgehend und doch abstrahierend von diesen sittlichen Urteilen nach dem, was sie als sittlich konstituiert. Dieses transzendentalphilosophische Vorgehen, das auf das Moment des Unbedingten zielt und in ihm die Normenbegründung leistet, findet seinen Anfang bei KANT, wird bei FICHTE oder SCHELLING fortgesetzt und heute vor allem von KRINGS, evtl. HABERMAS und APEL auf je eigene Weise rezipiert.

Kant: Autonomie

In KANTs ethischem Denken liegt das eigentliche transzendentale Moment im Begriff der *Autonomie*. Der kategorische Imperativ und der Gedanke der Pflicht (vgl. Kap. 1.7.6) werden auf konkrete überlieferte Normen angewendet und helfen dann zu beschreiben, wie sittliches Verhalten, ein Verhalten gemäß dem reinen guten Willen, material vorzustellen ist. Als Bedingung der Möglichkeit entsprechenden Verhaltens, d.h. als das Apriori sittlicher Erfahrung, erscheint von daher die Freiheit als die Autonomie des Willens. Diese transzendentale Bedingung ist unabhängig von dem Empirischen; sie und nicht der kategorische Imperativ allein, bildet das oberste Moralprinzip.
Die Möglichkeit menschlicher Selbstbestimmung als Grundlage für allgemeine Normen, wie sie sich bei Kant findet, enthält ein eminent kritisches Moment gegenüber Auffassungen, die das Gegebene als Richtiges legitimieren und sich der normativen Kraft des Faktischen unterwerfen (viele hermeneutische Ansätze haben diese Tendenz), aber auch gegenüber Positionen, die auf universalisierbare Begründungen von vornherein verzichten (solches läßt sich z.B. in dezisionistischen oder situationsethischen Ansätzen beobachten; vgl. Kap. 1.8.3.2).
Allerdings: Auch wenn transzendentalphilosphische Positionen sich im allgemeinen also auf Kant berufen, darf dessen Philosophie der praktischen Vernunft und des Sittengesetzes nicht auf eine mit Recht als unrealistisch und rigoristisch etikettierte reine Transzendentalphilosophie reduziert werden; bei Kant finden sich vielmehr auch induktiv-hermeneutische (Faktum der Vernunft) und konstruktive (Begriff der Sittlichkeit) Vorgehensweisen (vgl. zu dieser Kritik: O. HÖFFE: Immanuel Kant, 1983, S. 202-207; vgl. auch Kap. 1.6.1).

Selbstbegründete Freiheit

Wie bei Kant reflektiert die Letztbegründung der Normen in einer Theorie der Freiheit, wie sie der zeitgenössische Philosoph H. KRINGS vorstellt, nicht den Gehalt jener Normen, sondern die Bedingung der Möglichkeit ihrer Existenz. Krings geht aus von einer *Freiheit* die sich selbst "*affirmiert*", d.h. als unbedingte Freiheit zur Regelsetzung veranlaßt.

Transzendentalpragmatik

Die Transzendentalpragmatik (schwach bei HABERMAS: Begrenzte Letztbegründung, stark bei APEL: Apriori) sieht das formale Moralprinzip nicht in der Freiheit des Individuums, sondern in der *Kommunikationsgemeinschaft*. Die Reziprozität und Universalität eines herrschaftsfreien Diskurses ist die grundlegende Bedingung für ein Herausfiltern allgemeiner Normen (hier kommen sowohl sprachpragmatische wie Konsensus-Theorien ins Spiel; vgl. Kap. 1.8.3.4).

In der Auseinandersetzung mit transzendentalphilosophischen Ansätzen - berufen sie sich nun auf die Autonomie des Menschen oder auf die ideale Sprechsituation - dürfte zumindest auffallen, daß gerade diese Bedingungen von neuzeitlicher Wirklichkeit immer wieder radikal in Frage gestellt wurden und werden. Wird hier allzu idealistisch als Begründung angeführt, was eigentlich utopische Zielvorstellung ist? Aber was hätte es für Konsequenzen, gäbe man diese Begriffe einfach auf?

Lit.: O. HÖFFE: Immanuel Kant, 1983.
W. OELMÜLLER (Hg.): Transzendentalphilosophische Normenbegründungen, 1978.

1.8.3.2 Existentialistischer Ansatz und Dezisionismus

Existenzphilosophie

Während bei KANT und dem transzendentalphilosophischen Ansatz Freiheit die Bedingung der Möglichkeit von Sittlichkeit als *Freiheit zur Selbstgesetzgebung* meint, so besitzen Existenzphilosophie und *Existentialismus* ein völlig anderes Freiheitsverständnis. Der Mensch in seiner Endlichkeit und Geschichtlichkeit erscheint verurteilt zur Freiheit (SARTRE). Weder die Fakten der Lebenswelt noch teleologische Gewißheiten können ethische Urteile ausrichten. Der existenzphilosophische Ansatz ist dementsprechend das radikal subjektivistische Gegenstück zu der abstrakten Bestimmung der Sittlichkeit durch die allgemeine Vernunft (vgl. KIERKEGAARDS Auseinandersetzung mit HEGEL).

Weil der Mensch in stetiger Auseinandersetzung mit seiner Möglichkeit befaßt und von seinem Sein zum Tode geprägt ist, wird er in dieser ursprünglichen Freiheit gezwungen, Entscheidungen zu treffen. Der menschliche '*Entwurf*' ist die einzige Möglichkeit, dem Dasein, das als

Geworfensein und vom Nichtsein bedroht erscheint, zu begegnen. Die bedrückende Analyse der Sinnlosigkeit und Absurdität der Welt kann dabei durchaus zu einem ethischen Humanismus führen, wenn gegen sie alles Engagement, alle Leidenschaft des Menschen aufgeboten werden muß (vgl. A. CAMUS, Die Pest, 1947).

⊙ Entscheidung

Das einer solchen Ethik zugrundeliegende Moment der *Entscheidung* als solches kann aber auch zu völlig anderen Ergebnissen führen: So kann eine Argumentation dieser Art in einer politischen Theorie zur Legitimation absoluter, souveräner Herrscher- oder Staatsgewalt führen. So nimmt z.B. der auf den deutschen Staatsrechtler C. SCHMITT zurückgehende *Dezisionismus* (lat. decisio = Entscheidung) die These von Th. HOBBES auf, daß der Staat eine unbedingte Autorität benötige (*auctoritas, non veritas facit legem*), somit nicht auf Normen zurückgehe, sondern sie allererst stifte. Schmitt griff in seiner 'Politischen Theologie' von 1922 die liberale Demokratie an und ebnete der nationalsozialistischen Machtergreifung den Boden: Erst im 'Ausnahmezustand' werde das souveräne Subjekt erkennbar, insbesondere daran, daß es über Freund und Feind entscheide.

⊙ Dezisionismus

Es ist verständlich, daß die Theorie des Dezisionismus heute vor allem kritisch behandelt wird. Wertentscheidungen aller allgemeinen Verbindlichkeit und rationalen Diskussion zu entziehen, scheint die kurzsichtige Konsequenz und Kehrseite eines positivistisch reduzierten Wissenschaftsverständnisses zu sein (vgl. J. HABERMAS: Dogmatismus, Vernunft und Entscheidung, in: ders., Theorie und Praxis, 1969, S. 231-257).

⊙ Theologische Rezeption

Theologisch rezipiert wurde der Gedanke der grundlosen Entscheidung vor allem von F. GOGARTEN, der in seiner anfänglichen dialektischen Theologie die Geschichtstheologie ablehnte und sich für eine Grundeinstellung der 'Hörigkeit' gegenüber der Autorität des Wortes Gottes aussprach - ein verhängnisvolles Schlagwort, wenn es als Kritik aufklärerischer Emanzipationsbemühungen 1932 ergeht!

Doch trotz der geschichtlich offensichtlichen Gefahren kann auch der existentialistische Ansatz nicht mit ihnen gleichgesetzt werden. An und für sich liegt ein Moment von Dezisionismus jedem situationsethischen Denken zugrunde. So ist nach BULTMANNs dialektischer Existenztheologie der Glaube selbst als Entscheidung zu verstehen. Unter der

Anrede des Kerygmas von Jesus Christus ist kein objektivierendes Erkennen mehr möglich, nur noch das Jetzt der Entscheidung vor Gott. Daß hier von einer theologisch zu beschreibenden 'Situation', nicht einer 'realen' die Rede ist, macht das durchaus in diesem Sinne situationsethische Denken BARTHs deutlich: Das im Augenblick ergehende Wort Gottes läßt nur eine Entscheidung zu, dem *Gebot Gottes* zu folgen. Deshalb kann eine solche Existenz vor Gott einem existentialistischen Selbstentwurf völlig entgegenstehen.

⊙ Kritik und Würdigung

Insgesamt liegt der Ausgangspunkt der Kritik eines existentialistischen Ansatzes der Ethik wohl in seiner Anfälligkeit für einen Irrationalismus, der dem Pathos des Geworfenseins entspringt. Bemerkenswert bleiben jedoch die Skepsis gegenüber rein rationalen Lösungen existentieller Probleme und der Versuch, Ethik an die Verfaßtheit menschlicher Existenz, d.h. an ihre radikale Geschichtlichkeit und Endlichkeit zurückzubinden.

Lit.: R. BULTMANN: Jesus, 1926.
A. CAMUS: Der Mythos von Sisyphos, 1942, dt. 1950.
S. KIERKEGAARD: Entweder - Oder, 1843.
J. P. SARTRE: Das Sein und das Nichts, 1943, dt. 1952.

1.8.3.3 Kritische Theorie

⊙ Kritische Theorie

Die *Kritische Theorie* (sog. *Frankfurter Schule*), vor allem verbunden mit den Namen von M. HORKHEIMER, Th. W. ADORNO, H. MARCUSE, A. SCHMIDT, J. HABERMAS, meldet ebenfalls Zweifel an bestimmten Ansprüchen an, sittliche Prinzipien letztlich rational begründen zu können. Ebenso wie den die Vernunft mystifizierenden Wissenschaftsbegriff lehnt die Frankfurter Schule den positivistischen oder rationalistischen (K. POPPER) Wissenschaftsbegriff ab, weil er an der sinnlichen, empirischen Oberfläche der Gesellschaft stehenbleibt und von ihm aus Technik, Wissenschaft und Gesellschaft nicht kritisiert werden können. Wissenschaft hat nach dem Verständnis der Kritischen Theorie dagegen die Aufgabe, Widersprüche zwischen Erfahrungen und theoretischem Anspruch aufzudecken und dadurch vernünftige gesellschaftliche Verhältnisse voranzutreiben.

Diese dialektische Methode will im Rückgriff auf MARX die Menschengattung als bewußtes Subjekt der Geschichte (vs. HEGEL) wiedereinsetzen, die Entfremdung überwinden, Emanzipation fördern. Der mit dem Begriff 'Materialismus' bezeichnete Ansatz ist also nicht mit einer Orientierung an materiellen Gütern zu verwechseln: Er zielt vielmehr auf die Durchsetzung der Interessen derjenigen, die bislang benachteiligt und ausgeschlossen erscheinen. (Ähnlich spricht man in der Befreiungstheologie von den 'Armen' und ihrem Vorrang.) Zentrales Anliegen der Kritischen Theorie ist es dabei, Erkenntniskritik zu leisten, aufzudecken, wo ursprünglich emanzipatorische Absichten Entfremdung verstärken (M. HORKHEIMER / Th. W. ADORNO: Dialektik der Aufklärung, 1944), oder lebensweltliche Interessen vom Vernunftinteresse zu scheiden (HABERMAS).

Materialismus

Interessen

Schon hier werden einige Probleme des kritisch-dialektischen Ansatzes deutlich: Er muß seine Ziele als *utopisch-zukünftig* begreifen und Kriterien jenes anzustrebenden Humanismus entwickeln, der zunächst relativ dogmatisch behauptet wird. Deshalb kann man die Kritische Theorie eher als eine gemeinsame Absatzbewegung verstehen; die Begründung der Ethik anhand des Rückgriffs auf die Gesellschaft als dem natürlichen Subjekt der Geschichte muß genauer bestimmt werden, was z.B. in der Sprachpragmatik oder der Diskursethik versucht wurde (vgl. Kap. 1.8.3.4).

Lit.: M. HORKHEIMER / Th. W. ADORNO: Die Dialektik der Aufklärung. Philosophische Fragmente, Frankfurt/M. 1969 (1944).

1.8.3.4 Der kommunikationstheoretische Ansatz: transzendentale Sprachpragmatik und die Diskurstheorie

Die transzendentalphilosophische Frage nach den Bedingungen der Möglichkeit und Gültigkeit von Erkenntnis und Sittlichkeit mußte erneut auftauchen, als man im Gefolge der Negationen der Kritischen Theorie erneut 'positive' Ethik betreiben wollte. Was verbindet die einzelnen Subjekte, worauf können alle im Prozeß ethischer Urteilsbil-

Transzendentale Frage

© Kommunikation

dung zurückgreifen? Die *Kommunikation* gerät in den Blick des Interesses: Läßt sich am Grunde der Sprache bzw. am Grunde ihres Gebrauches (*Pragmatik*) ein Gemeinsames, Universales finden? Oder gibt es Formen der Kommunikation, die ihre Wahrheitsgemäßheit garantieren, wie z.B. Reziprozität oder Konsens (womit die Nähe zu Kant nicht offensichtlicher sein könnte!, vgl. Kap. 1.8.3.1)? Diesen Fragen setzten sich der Ansatz der *Universalpragmatik* von K.-O. APEL und die *Diskursethik* von J. HABERMAS aus; die letztere verkettet den sprachpragmatischen Ansatz mit einem gerechtigkeitstheoretischen (vgl. Kap. 1.8.3.5).

⊙ Apel: Apriori

APEL erkennt die Sozialität - entgegen den transzendentalphilosophischen oder subjektivistischen Ansätzen (vgl. Kap. 1.8.3.1; 2, evtl. auch 3) als Apriori des Menschen. Sie tritt besonders im menschlichen Eingebundensein in den Raum der Sprache hervor. Deshalb ist jede menschliche, auch sittliche Erkenntnis an diesen gemeinsamen Raum, den man auch als *Leibapriori* bezeichnen könnte, gebunden. (Die Idee einer transzendentalen Sprachpragmatik rezipiert nun die pragmatische Dreiheit von Zeichen, Erkenntnis-Subjekt und bezeichneter Realität von PEIRCE und MORRIS, die man weder idealistisch um das Subjekt noch positivistisch um das Zeichen reduzieren darf.) Unter Voraussetzung des transzendentalen Sprachspiels ist die Gemeinschaft von Forschern als unbegrenzte Kommunikationsgemeinschaft fähig, die den einzelnen Sprachspielen zugrundeliegende allgemeine Wahrheit im Laufe des Wissenschaftsprozesses zu erkennen.

⊙ Habermas: Kommunikationsgemeinschaft

Der Annahme, daß es intersubjektiv zu ermittelnde pragmatische Universalien gibt, hängt auch J. HABERMAS in seiner Theorie der kommunikativen Kompetenz an. Zur Begründung spitzt er die Analyse der Sprechakte (vgl. Kap. 1.2.3 bzw. 1.8.2.2) so zu, daß sie bestimmte universelle Beziehungen und Geltungsansprüche erkennen lassen. Im Unterschied zu Apel ist die Annahme universaler pragmatischer Regeln nicht direkt auf Ermöglichung von Erkenntnis, sondern zunächst auf Ermöglichung von intersubjektiver Verständigung ausgerichtet, die als Möglichkeit wiederum einer Konsensustheorie von Wahrheit zugrundeliegt. Im Diskurs kann anhand des reflexiven Sprachgebrauchs kompetenter Sprecher, der den Sinn und die Geltungsansprüche von Äußerungen klärt, herrschaftsfrei über ethische Fragen verhandelt wer-

Herrschaftsfreier Diskurs

den. Er stellt die ideale Sprechsituation dar, in der Chancen symmetrisch verteilt, Sprechaktrollen allen gleichermaßen zur Verfügung stehen.

Kritik

Insbesondere das Postulat der idealen Sprechsituation wird der Diskursethik immer wieder zum Vorwurf gemacht, da es in der Realität nicht verwirklichbar scheint. Kann man eine Ethik wirklich auf einem so unrealistischen Begründungszusammenhang aufruhen lassen? Habermas bemerkt hierzu: "Das normative Fundament sprachlicher Verständigung ist mithin beides: antizipiert, aber als antizipierte Grundlage auch wirksam" (ders.: Vorbereitende Bemerkungen zu einer Theorie der kommunikativen Kompetenz, 1971, S. 139). Anfragen ergehen jedoch nicht nur an das bürgerliche Ideal des sprechenden Subjekts, sondern sogar noch eine Begründungsebene tiefer: Sind in der Sprache wirklich die Strukturen einer kommunikativen Rationalität eingelassen? Wie sehr sind das lebensweltlich 'Gute' und das formale 'Gerechte' im sprachlichen Ausdruck ineinander verwoben?

Lit.: H. GRIPP: Jürgen Habermas. Und es gibt sie doch - Zur kommunikationstheoretischen Begründung von Vernunft bei Jürgen Habermas, 1984.

1.8.3.5 Vertragstheoretischer Ansatz

⊙ Vertragstheorie

Wurde in der Diskurstheorie bereits das formale Gerechtigkeitsprinzip dem Gedanken sprachlich-kommunikativer Rationalität beigegeben, so beruft sich ein Ansatz wie der von J. RAWLS (Theory of Justice, vgl. Kap. 1.7.8) allein auf das abstrakte Gerechtigkeitsprinzip (vgl. zu den zwei Grundregeln ebenfalls Kap. 1.7.8). Dabei werden ältere politische Theorien (von Th. HOBBES, J. LOCKE, J. J. ROUSSEAU, I. KANT usw.) aufgenommen, die im *Gedanken des Gesellschaftsvertrages*, in dem Menschen einen Teil ihrer Rechte dem Staat überantworten, zusammengefaßt sind. Der Gedanke des Vertrages dient in dieser Theorie nun nicht als politisches Ziel, sondern wird retrospektiv-fiktiv als Probe verwandt: Als Kriterium kompetenten Urteilens gilt die Fähigkeit, sich vorzustellen, Menschen in einer '*original position*' - d.h. vor Eintritt in die Gesellschaft - müßten über die Ordnung derselben entscheiden. Von der fiktiven Vertragssituation, die die Einsicht in verschiedenste Positionen und Interessen ermöglicht, läßt sich die gerechteste aller Ordnungen ermitteln. Zu diskutieren ist sicherlich das in den zwei Regeln wechselseitig bestimmte Verhältnis von Freiheit und Gleichheit, in bezug auf die Frage nach Normenbegründungsversuchen fällt allerdings noch mehr auf, daß hier - weder vernünftig noch utilitaristisch argumentierend - die Motivation und Bedingung zu einem fairen Gesellschaftsvertrag ungeklärt scheinen. Wie Fairneß gedacht werden kann wird deutlich, dagegen nicht, wie die Bereitschaft zu dieser Fairneß erreicht und wie ihre Notwendigkeit begründet werden kann (vgl. Kap. 1.7.8.2).

1.8.3.6 Utilitaristischer Ansatz

⊙ Utilitarismus

Der *utilitaristische Ansatz* in der Ethik (abgeleitet von lat. utilis = nützlich, vgl. Kap. 1.7.4) steht in direktem Gegensatz zu deontologischen und gesinnungsethischen Ansätzen. Utilitaristisch wird die Sittlichkeit des menschlichen Verhaltens danach beurteilt, ob es für die Beförderung der Glückseligkeit und Wohlfahrt aller Menschen (universaler Utilitarismus) oder auch einer bestimmten Gruppe von Menschen (partikularer Utilitarismus) objektiv nützlich ist.

"Greatest-happiness-principle"

Nach Vorläufern wie HUTCHESON, HOBBES, HUME, HELVETIUS, PRIESTLEY und d'HOLBACH ist der englische Philosoph J. BENTHAM als grundlegender Theoretiker des Utilitarismus hervorgetreten. Das sogenannte *Benthamsche Prinzip* gilt als der Fundamentalsatz des Utilitarismus: Genau diejenige unter mehreren möglichen Handlungen ist die sittlich beste, aus der das "größte Glück der größten Zahl" (the greatest happiness for the greatest number) resultiert.

Dieses Grundprinzip läßt mehrere charakteristische Bestimmungen, Unterprinzipien erkennen (vgl. O. HÖFFE [Hg.]: Einführung in die utilitaristische Ethik, ²1992, S. 10f.):

Konsequenzen-Prinzip oder teleologisches Prinzip:	Handlungen werden von ihren Folgen her beurteilt.
Utilitätsprinzip:	Die Folgen werden nach ihrem Nutzen, nicht im Hinblick auf Werte oder Ziele beurteilt.
hedonistisches Prinzip (vgl. Kap. 1.7.2 u. 3):	Der Nutzen wird nach der Erfüllung der menschlichen Bedürfnisse und Interessen bestimmt.
Sozialprinzip:	Das anzustrebende Glück ist nicht nur das Glück einzelner, sondern das aller von der Handlung Betroffenen, das allgemeine Wohlergehen.

J. St. MILL und H. SIDGWICK, die die utilitaristische Ethik fortführen, betonen vor allem das Sozialprinzip und lehnen die ursprünglich hedonistische Begründung immer mehr ab. Anfang unseres Jahrhunderts stark umstritten (aufgrund des Zweifels an der Möglichkeit einer Summierung des Nutzens sowie aufgrund des Zweifels am Maximierungsprinzip) gewinnt der Utilitarismus, differenziert und vorangetrieben besonders in der angelsächsischen Philosophie (*Regelutilitarismus* [Kriterium der Utilität ist eine *Regel* für den größten Durchschnittsnutzen]: R. B. BRANDT; *Handlungsutilitarismus* [Jede *Handlung* wird auf ihre Utilität überprüft]: G. E. MOORE) wieder an Ansehen, weil er sich zu einem differenzierten Instrument der empirisch-rationalen Normenbegründung und Gesellschaftsreform entwickelt. Zudem stimmt er mit den lebensweltlich gegebenen sittlichen Überzeugungen weitgehend überein.

Regel-utilitarismus

Handlungs-utilitarismus

Kritik

Zu kritisieren sind nicht nur die verheerenden Folgen partikularistisch-utilitaristischer Ansätze (*Klassen-Utilitarismus* im Kommunismus; *nationaler Utilitarismus* im Faschismus), sondern auch die nicht angemessene Lösung der Gerechtigkeitsfrage (Bewirkt ein Kollektiv-Egoismus gerechte Verhältnisse? Wird das allgemeine Nützlichkeitsprinzip den individuellen Verschiedenheiten gerecht? Ist der hedonistische Utilitarismus nicht anfällig für Vorstellungen von lebensunwertem, weil untüchtigem Leben?) und die nicht ausreichende Begründung des utilitaristischen Prinzips überhaupt und des Sozialprinzips insbesondere. An dieser Stelle stehen eine utilitaristische Ethik und eine Theorie der Gerechtigkeit (vgl. Kap. 1.7.8.2; 1.8.3.5) vor demselben Problem: Sie wollen die abgründige Möglichkeit des Spielers und des Bösen nicht kennen, die sich um das Risiko des Nichts alles beschaffen wollen. Die nötige altruistische Bereitschaft ist nicht unmittelbar einzusehen, sondern bedarf der Begründung.

Lit.: O. HÖFFE [Hg.]: Einführung in die utilitaristische Ethik, [2]1992.
J. C. C. SMART: Art. 'Utilitarianism', in: EncPh, Bd. 8 (1967), S. 206-212.

1.8.3.7 Kommunitarismus

⊙ Kommunitarismus

Die aktuell in den USA diskutierte *kommunitaristische Ethik* setzt gerade bei diesem Ethos der Kooperativität und sozialen Zuwendung an, das universalistisch so schwer zu begründen ist. Sie sieht es in den Traditionen, der Kultur überschaubarer Gemeinschaften (statt abstrakten Großgesellschaften) begründet. Es ist erkennbar, daß hier gerade *keine rationalistische Herleitung der Ethik* beabsichtigt ist, sondern an ihre Stelle der Rückgriff auf partikulare kulturelle Überlieferung tritt. Die Einschätzung M. WALZERs, Ch. TAYLORs oder A. MACINTYREs, daß ein großer Teil der ethischen Theorien die sozialen Kontexte und gesellschaftlich-geschichtlichen Hintergründe der Lebenswelt zu wenig beachte, ist nachvollziehbar. Die meisten normativen Fragen werden zunächst in einer partikularen Tradition bearbeitet und beantwortet (vgl. z.B. die Diskussion um die abendländische Herkunft der Menschenrechte, Kap. 1.7.10). Der Vorschlag, nach aristotelischem Muster auch das Telos des Lebens selbst über die Tugenden (vgl. Kap. 1.7.6) der vorgegebenen Tradition zu entdecken (vgl. MacIntyre: Der Verlust der Tugenden, 1987), scheint jedoch keine Lösung für aktuelle sittliche Krisen zu bieten. Im Gegenteil ist der Rekurs auf Partikularismen im Hinblick auf viele ethische Fragen besonders hinderlich, wenn sie Tugendideale doch kontrovers im Hinblick auf ihre Relevanz diskutieren müßten.

Lit.: W. REESE-SCHÄFER: Was ist Kommunitarismus?, 1994.
J. v. SOOSTEN: Gerechtigkeit ohne Solidarität?, in: ZEE 36 (1992), S. 61-74.

1.8.3.8 Feministische Ethik

Von dem Problem des Verhältnisses von Universalismus und Partikularismus wird selbstverständlich gerade der *Feminismus* bestimmt. Dabei gibt es allerdings auch innerhalb feministischer Ethik, wenn man von einer solchen überhaupt sprechen sollte, höchst verschiedene Ansätze.

⊙ Feminismus

(a) Angesichts der Erkenntnis, daß die Geschichte der Philosophie und Ethik von Männern geschrieben wurde, betreiben Frauen die Relektüre von Klassikern der Moralphilosophie (z.B. HUME, KANT, RAWLS, HABERMAS) unter der Fragestellung, inwieweit diese Texte das Problem der Ausgrenzung verursachen, es übergehen oder es behandeln. Hier kann dann die jeweilige geschichtliche Prägung der Texte durch maskuline Sichtweisen herausgestellt werden (daß z.B. Gleichheit sich auf männliches Besitzbürgertum bezieht), die beanspruchte Geschlechtsneutralität als falscher Schein entlarvt werden und mit einer *Hermeneutik des Verdachts* (SCHÜSSLER-FIORENZA macht diesen Topos von RICOEUR für die Theologie fruchtbar) nach von der Vernunft Ausgegrenztem gesucht werden.

⊙ Geschlechterverhältnis

(b) Daneben bemüht sich historisch-soziologische feministische Forschung vor allem um die Erhellung des Geschlechterverhältnisses. Auf der einen Seite verhilft der Verdacht, daß "HEGEL der Frauen Totengräber" (AISSEN-CREWETT) ist, zu einer fortdauernden Sensibilisierung für Machtverhältnisse in philosophischen Diskursen; auf der anderen Seite kann die Kompensationsaufgabe, die sich mit der modernen Auslagerung von Persönlichkeitselementen und der Engführung auf okzidentale Rationalität stellt, erkannt und in den gesamtgesellschaftlichen Diskurs zurückgeführt werden (KLINGER).

Fürsorge-Konzept

(c) Dabei kann dies dazu Anlaß geben, die 'männlichen' Perspektiven mit 'weiblichen' zu konfrontieren, wie dies vor allem C. GILLIGAN tut, indem sie das Gerechtigkeitskonzept mit einem Fürsorglichkeitskonzept ("caring") beantwortet. Andererseits werden die Vorstellung von einer spezifischen Weiblichkeit der Kontextsensitivität und des Mitgefühls bzw. der entstehende moralische Dualismus jedoch immer mehr in Frage gestellt.

(d) Die "andere Stimme" erhob sich allerdings nicht nur in bezug auf die inhaltliche Zielbestimmung einer Ethik, sondern vielmehr im Hinblick auf die Formalprinzipien, die Gerechtigkeit gewährleisten sollen. Gilligan setzt dem KOHLBERGschen Schema der Moralentwicklung (vgl. Kap. 1.2.6), das Universalität, Unparteilichkeit und kognitive Rationalität als Momente gesteigerter Moralität vertritt, Kontextualität bzw. Narrativität, Beziehungsorientierung und Empathie entgegen. So zieht sich ein Strang feministischer Ethik auf partikularistische Ansätze zurück, z.B. auch auf die Mütterlichkeit als Paradigma (NODDINGS), und sucht ausdrücklich die Nähe zum Kommunitarismus (vgl. Kap. 1.8.3.7; BAIER).

Kontextualität und Empathie

Gerade dies scheint jedoch einen sozialwissenschaftlichen Sexismus geradezu zu stützen, anstatt ihn abzubauen, wie D. NAILS Gilligan vorwirft.

Universalismus oder Partikularismus

(e) Jenseits der Geschlechtermoral - so der Mainstream der feministischen Ethik - müßte sich vielmehr ein unabänderliches Gefühl ethischer Zweideutigkeit Raum verschaffen. Die Suche nach einem komplexeren Denken, das Kontextsensitivität und moralischen Universalismus verbindet, kann dann möglicherweise besonders gut von Frauen geleistet werden, da sie immer bereits in diesem Konflikt leben. Feministische Ethik ist sich aber durchaus nicht einig, wie Universalität und Partikularität austariert werden können. Die einen eignen sich z.B. ethische Entwürfe wie das Gerechtigkeitskonzept von Rawls mit dem Verweis darauf an, daß das Moment der Einfühlung unabdingbar für die Idee der 'original position' (vgl. Kap. 1.7.8) sei (Nails); Die anderen stellen zwar einen formalen Universalismus und eine vereinheitlichte Öffentlichkeit in Frage, sehen aber dadurch nicht die Möglichkeit rationaler normativer Geltungsansprüche erschüttert. Im Rahmen allgemeinen Partizipationsstrebens erscheinen Gruppendifferenzen und -interessen positiv (YOUNG, WEISSHAUPT, BENHABIB).

Das Kernproblem feministischer Ethik liegt also in der schwierigen Frage, ob sie das Konzept der Alterität, also der Andersartigkeit ihrer Perspektive gegenüber männlichen Denkschematismen, fortschreiben oder universalistische Denkschemata übernehmen soll. Spiegeln sich hier nicht - am exemplarischen Beispiel der Frauen - die grundlegenden Probleme heutiger Ethik zwischen verantwortlichem Subjekt und Lebenswelt, Pluralismus und allgemeiner Normenbegründung?

Lit.: H. NAGL-DOCEKAL / H. PAUER-STUDER (Hgg.): Jenseits der Geschlechtermoral. Beiträge zur feministischen Ethik, 1993.

2 Wichtige Stationen der Entwicklung der Ethik

Die Geschichte der Ethik, d.h. der Reflexion über menschliches Verhalten und Ethos, ist das Thema dieses Kapitels. Es wird sie allerdings nur in ihren Grundzügen und einer groben Auswahl wiedergeben, um den Leserinnen und Lesern zu erlauben, ein bereits erarbeitetes historisches Orientierungsraster zu verstärken und dann die unter thematischen Gesichtspunkten breiter behandelten Problemfelder eintragen zu können. Ethisches Nachdenken wird sich meist an Begriffen und Themen ereignen; um fruchtbar zu sein, wird es sich allerdings jeweils an den entsprechenden Gedanken der Tradition abarbeiten; und um diese annähernd korrekt interpretieren zu können, wird es eines Verstehenszusammenhanges von der Geschichte der Ethik als Wissenschaft bedürfen (vgl. Kap. 1.1.3).

So würde man z.B. bei der Beschäftigung mit medizinethischen Fragen wie Abtreibung, Organtransplantation etc. auf den Begriff des Lebens verweisen, dessen Definitionen im Lauf der neuzeitlichen Geschichte nicht wenig differieren und eventuell Aufschluß über eine Entwicklung und Diskussion geben können, an deren Ende wir heute vermutlich stehen (vgl. Ch. FREY: Der Begriff des Lebens, in: ZEE 39 [1995], S. 8-25). Oder man würde in der Auseinandersetzung mit dem aufkommenden Kommunitarismus in den USA auf den Begriff der Tugend stoßen und mit ihm auf eine Geschichte, die bis zu ARISTOTELES zurückgeht und in der das Thema vielleicht sogar differenzierter aufzuscheinen vermag als in der vermeintlich brandneuen Diskussion unserer Tage (vgl. Kap. 1.7.5.). Um solchen Zusammenhängen auf die Spur zu kommen bzw. zu verstehen, warum und wie sich einiges im Lauf der Historie durchgesetzt oder verloren hat, ist es sinnvoll, einen groben Überblick zu haben über die *wichtigsten Stationen der Entwicklung der Ethik* im abendländischen Raum.

2.1 Anfänge der Ethik im altgriechischen Denken

Daß wir die wichtigsten Begriffe der Ethik von den griechischen Philosophen übernommen haben, zeigte sich schon bei den thematischen Zugängen. Bei den altgriechischen Denkern liegt aber zugleich auch der historische Anfang der Ethik selbst.

Man kann von Zügen ethischen Nachdenkens ungefähr ab dem 5. Jahrhundert v. Chr. sprechen, in welchem eine Krise sowohl der religiösen Überlieferung als auch des politischen Systems der Stadtstaaten die antike Welt ihrer zentralen Stützen beraubte. So begannen angesichts der Schwächen der politischen wie mythologischen Legitimationsversuche von Macht auf der einen Seite die *Sophisten* damit, sich auf die Physis gegen den Nomos zu berufen, d.h. sie wollten den gesellschaftlichen Verhaltenscodex an ihrer Sicht der 'Natur' überprüfen und ihn so in seiner Relativität (Gesetztheit, thesis) entlarven. (Dabei war strittig, ob das Recht des Stärkeren oder das gleiche Recht aller 'natürlich' sei. [vgl. Kap. 1.7.9]) Auf der anderen Seite gewann die Frage nach der Glückseligkeit (εὐδαιμονία), die wohl zum ersten Mal bei DEMOKRIT gestellt wurde, zunehmend an Bedeutung. Beide, das Ausgreifen auf die Ordnung der Natur und auf das Wissen des Allgemeinen hinter der empirischen Vielfältigkeit sowie die Diskussion des Wegs zum Glücklichsein, erscheinen als zentrale Eckpfeiler altgriechischen Denkens, das in dem Maße ethisch wird, wie es nach Beschreibungen und Begründungen politischen und individuellen Verhaltens sucht, die an die Stelle mythologischer Schau und politischen Ausführungsgehorsams treten können.

Sophisten

Eudämonie

SOKRATES hat - nach der Darstellung in den Dialogen PLATONs - vor allem auf das allen mögliche Wissen des Allgemeinen gesetzt, welches das rechte Tun ermöglichen könnte. Durch seine berühmte Fragemethode versuchte er, das schlafende Wissen seiner Gesprächspartner zu wecken, weshalb man sie auch mäeutische Methode (Hebammenkunst) nennt (vgl. besonders den Dialog 'Menon'). Ziel dessen war gemäß dem Orakel von Delphi die Selbsterkenntnis des einzelnen, welche Grundvoraussetzung einer tugendhaften Haltung in allen Alltagsangelegenheiten war. Sokrates hat "als erster die Philosophie vom Himmel herunter gerufen, sie in den Städten angesiedelt, sie sogar in die Häu-

Sokrates

ser hineingeführt und sie gezwungen, nach dem Leben, den Sitten und dem Guten und Schlechten zu forschen", schreibt CICERO (Tusc. V, 10). Gleichzeitig enthielt die von ihm gelebte Fragehaltung Kritik an der Überheblichkeit der Sophisten, ja eine generelle Hinterfragung des Selbstverständlichen. Nicht umsonst wurde Sokrates wegen Gotteslästerung zum Tode verurteilt (vgl. 'Apologie', 'Phaidon'). Sollte dies keine ethische Wendung der philosophischen Tätigkeit bedeuten?

⊙ Platon

PLATON, Schüler von SOKRATES, prägte die weitere Entwicklung der Ethik - bis weit in unsere Zeit - vor allem durch seine analogisierenden Vorstellungen von der Struktur der menschlichen Seele bzw. der Organisation der Gesellschaft (vgl. Kap. 1.7.5), die beide in die platonische Ideenlehre eingebettet sind. Die Wirklichkeit erscheint ihm in einer hierarchischen Ordnung, alles einzelne ist Abbild einer Idee, an der es partizipiert; die Ideen kulminieren in der Idee des Guten (ἐπέκεινα τής οὐσίας). Genauso streben alle einzelnen Tätigkeiten auf die höchste Form des guten Lebens zu, das Leben des Geistes. In dem anschaulichen Bild vom Lenker eines Wagens, den zwei unterschiedliche Pferde ziehen, verdeutlicht Platon seine Anthropologie und Gesellschaftstheorie: Hat im Menschen der denkende Teil stets die mittlere muthafte Seelenschicht sowie den unteren begehrenden Teil unter Kontrolle zu halten, so im Staat die Staatslenker (Philosophenkönige), die Staatswächter und die Schicht der Bauern und Handwerker (vgl. die 'Politeia'; vgl. Kap. 1.7.6).

Eine solche Staatsidee, die PLATON auch in Sizilien umsetzen wollte, kam einem totalitären Erziehungssystem nahe (daher resultiert auch die Kritik POPPERS, in: ders.: Die offene Gesellschaft und ihre Feinde, 1957 [engl. 1945]). Sein Menschenbild sollte die abendländische Minderbewertung des Leibes (als Körper) zur Folge haben. Auch wenn beides ethisch heute vielleicht nicht so vertreten werden kann (allerdings in manchen New-Age-Ideologien wiederkehrt, z.B. T. DETHLEFSON: Schicksal als Chance, 1979), sollte man doch sehen, daß die der platonischen Philosophie zugrundeliegende Frage nach dem höchsten Gut und seiner Einsicht fortan in der Ethik zentral bleiben wird.

Höchstes Gut

ARISTOTELES wendet sich im Gegenzug zur platonischen Ideenlehre den vorhandenen Lebensverhältnissen zu, um in ihnen dem Guten auf die Spur zu kommen. Der Begründer der ethischen Theorie (vgl. Kap. 1.1.3) versteht Ethik als Verständigung der im Guten erfahrenen freien Männer (!) über das Gute. In seiner 'Nikomachischen Ethik' beschreibt er entsprechend seine doppelte Absicht: Es gilt, über das vorhandene Ethos nachzudenken und den Menschen gut zu machen. Hier gerät wieder das Ziel des Glücks in den Blickmittelpunkt ethischen Nachdenkens, das menschliche Glücksstreben ist sein Ausgangspunkt.

⊙ **Aristoteles**

Nikomachische Ethik

Die Denkrichtung läuft also der des PLATON in gewisser Weise entgegen, wie man es an dem Begriff des Guten erkennen kann: Anstatt von einer höchsten, rein geistig einsehbaren Idee des Guten, von welcher alles andere abgeleitet erscheint, auszugehen, unterscheidet Aristoteles (a) das Gute in Beziehung auf etwas (z.B. der richtige Wind für den Fischer oder die Geschicklichkeit für den Handwerker), (b) das Gute in sich selbst (z.B. die Gesundheit, die um ihrer selbst willen gut ist), (c) das Gute und Schöne (vor allem die Tugenden, die nicht nur selbstzweckhaft sind, sondern auch gepriesen sein wollen) und (d) das Gute vor uns, d.h. das Glückselige, wohin alles strebt (vgl. die 'Eudemische Ethik'). Das menschliche Glück wird von Aristoteles dann zwar auch als gutes Leben (εὐ ζῆν), der Tugend gemäße Tätigkeit der Seele definiert, aber es bedarf neben der Tugend sowohl äußerer Güter als auch eines vollen Lebens und ebensolchen Todes. Daraus folgt auf der einen Seite, daß es Grade, Abstufungen des Glücks gibt, und auf der anderen Seite die soziale Richtungsangabe Gerechtigkeit - in bezug auf die Verteilung von Gütern, in bezug auf den Austausch und das Recht.

Das Gute

Glück

Tugend

Trotz dieses realistischen Vorbehaltes zielen auch die aristotelische Anthropologie und Ethik auf einen Menschen, der sowohl weise ist (intellektuelle Tugenden) als auch besonnen und damit Herr über seine Triebe (vgl. Kap. 1.7.6). Das Aristoteles folgende hierarchische Menschenbild besitzt strukturelle Ähnlichkeit zur platonischen Anthropologie, obwohl ethisches Handeln hier nicht in der Einsicht, sondern im Glücksstreben ihre Motivation findet. Zwar kennt Aristoteles noch nicht den inneren Menschen und einen kontinuierlichen Willen, aber der moralische Mensch erkennt nach ihm in seiner Wahlmöglichkeit bzw. seinem Vorsatz (προαίρεσις) bereits seine innere Freiheit, die im tugendhaften Streben nach Glück liegt.

Nachwirkung ARISTOTELES wurde ebenso wie PLATON Lehrer der Christenheit: Man ließ sich tendenziell zu sehr auf das Menschenbild in Schichten ein und entdeckte in seinem Gefolge den inneren Menschen; man stockte die Tugenden im Mittelalter durch spezielle theologische Tugenden auf, wogegen man noch in der Zeit der Alten Kirche eher die herausragend andere christliche Tugend der Demut ihnen entgegengehalten hatte; der Vorzug der Männer wurde tradiert und verkoppelte häufig Gerechtigkeit unbiblisch mit Würdigkeit.

Mit Platon und Aristoteles war aber in ihrer gemeinsamen Konzentration auf das Gute vor allem das zukünftige Thema der Ethik vorgegeben. Noch heute kehren ihre paradigmatischen Ansätze der Ethik oft wieder; so versuchen manche, an Aristoteles' Lebensweltethik dann anzuknüpfen, wenn die idealistisch-kritische Grundlegung der Ethik in die Krise gerät.

Nach der Blütezeit der athenischen Philosophie, in der Ethik immer noch größtenteils mit Politik zusammenfiel, emanzipiert bzw. reduziert diese sich immer mehr zu einer moralischen Weltanschauung: Die hellenistischen Schulen entstehen, deren Differenzen daran festzumachen sind, welche Lehre vom Glück sie vertreten. Von Bedeutung sind hier vor allem die *Stoa* (ZENO) und die Schule der *Epikureer*.

⊙ Stoa Für die *Stoa* gibt es nur ein Gutes und eine (unverlierbare) Tugend. Wer sie besitzt, ist glücklich und autark, keine negativen Lebensbedingungen können dieses Glück schmälern. (Es scheint nicht verwunderlich, daß dieser Lehre Menschen wie Epiktet anhingen, ein ehemaliger Sklave, der zudem seit dieser Zeit gelähmt, aber von großer Willensstärke war.) Äußere Güter sind *Adiaphora*, sie werden zwar genutzt, aber die eigentliche Mitte des Lebens ist der allumfassende Logos, der, stimmt man mit ihm überein, die ἀπάθεια freisetzt. Der Bezug der Stoa auf den Logos machte sie zu einer ersten *'internationalen' Ethik*.

Epikureer Die *Epikureer* lehnen die Tugend deshalb nicht ab, weil sie ein stets fröhliches Herz mit sich bringt; aber ihr Motiv und Ziel ist die Lust oder Freude (ἡδονή), sie ist Bedingung und Mittel zum Zweck der Glückseligkeit. Wenn hier von Unerschütterlichkeit (ἀταραξία) gesprochen wird, so ist damit die Seelenruhe, die Abwesenheit von körperlichem Schmerz gemeint. Wohl weil die Bedeutung der Götter hier reduziert ist und auch weil ein sensualistisches Mißverständnis möglich ist, wurde die Lehre EPIKURS in der Kirchengeschichte verketzert.

KANT beschreibt im Rückblick sehr zutreffend, wie sich die antike Philosophie und Ethik um das Problem der Glücksermöglichung dreht und entwickelt: Werden Seligkeit und Tugendhaftigkeit zunächst miteinander verbunden, woraus folgt, daß Unglück dem unvollkommenen Tugendstreben eines Menschen zugeschrieben wird, wird später immer deutlicher, daß Wohlverhalten und Wohlbefinden unverbunden scheinen. Bei PLATON ist die Einheit in der Idee gewährleistet, ARISTOTELES reagiert mit der Abstufung und Hierarchisierung von Glück, EPIKUR gibt den inneren Wert der Tugend für die Triebfeder Glück auf, ZENO die Triebfeder für den inneren Wert. Kants Urteil gleicht dem AUGUSTINS, der das Elend des Lebens und den Hochmut der Tugenden beklagt, beide binden - allerdings unterschiedlich - die Ethik deshalb zurück an die Religion (vgl. Kap. 1.7.2; Kap. 1.7.6).

Lit.: A. MACINTYRE: Geschichte der Ethik im Überblick, 1991, S. 9-106.

2.2 Ethische Anstöße der alttestamentlichen Tradition

⊙ Altes Testament

Im Unterschied zum ethischen Denken der Griechen, das immer um Systematisierung des allgemein Sittlichen bemüht war und nicht zuletzt deswegen von der Alten Kirche rezipiert wurde, kennt das *Alte Testament* kein einheitliches ethisches System oder durchgehendes Ethos. Versucht man dennoch eine allgemeine Charakterisierung der alttestamentlichen Ethik, so kommt man am ehesten zu dem Schluß: "Die Einheit der Ethik des AT ist ihre Geschichte" (E. OTTO: Theologische Ethik des Alten Testaments, 1994, S. 12). Die Pluralität des alttestamentlichen Ethos entfaltet sich in einer Geschichte, die als Geschichte Gottes mit seinem Volk verstanden wird und in der die identitätsstiftende Frage 'Wer sind wir, wer ist Israel vor Gott und vor den Menschen?' immer neu gestellt und beantwortet wird, nicht zuletzt indem in einem inneralttestamentlichen Rezeptions- und Lernprozeß alte Antworten kritisch revidiert werden. Dieser - zum Teil im Modus der Erzählung greifbar werdende - Reflexionsprozeß umfaßt die verschiedenen Überlieferungsstränge, ohne ihre Unterschiede einzuebnen.

Angesichts dieser Beobachtungen sind deshalb einseitige Interpretationen der Ethik des ATs, die meist auf einem Kontrastierungswillen beruhen, der an das Material willkürlich herangetragen wird, mit Vorsicht zu genießen. So geht das AT - wie schon die Reformatoren wußten - nicht in der Gesetzlichkeit auf, die dem neutestamentlichen Evangelium gegenübergestellt werden muß. (Ebensowenig kann man aber in Opposition zu dieser Auffassung das Gesetz als das Evangelium auch der Christen beschreiben, den Weg Gottes mit seinem Volk dem Weg der Herausbildung der Tora gleichsetzen [vgl. F. CRÜSEMANN: Die Tora, 1992.) Auch die Kontrastierung der alttestamentlichen Tradition mit der griechischen Polisethik, wie sie P. LEHMANN (Ethik als Antwort, dt. 1966, S. 66-93: "God's Political Activity in History") vornimmt, führt zu einer eindeutigen Reduktion des Ethos des ATs, nämlich auf das Befreiungshandeln Gottes; die Weisheit wird gegenüber der Prophetie so allzu sehr vernachlässigt.

⊙ Quellen der Ethik des ATs

Die den Pentateuch zu großen Teilen prägenden *Rechtssammlungen*, deren bekannteste das *Bundesbuch* (Ex 20,22-23,19), das *Deuteronomium* und das in das Priestergesetz eingebettete *Heiligkeitsgesetz* (Lev 17-26) sein dürften, spiegeln eine lange Geschichte sozialer Veränderungen, die Recht und Ethos sowie deren theologische Begründungen herausforderten.

Diese Geschichte verläuft über das anfängliche Halbnomadentum zur Seßhaftigkeit (1), über den Landbesitz, der bestimmte Ordnungen - in Sippenethos und apodiktischem Sakralrecht festgehalten - nötig macht (2), über die soziale Ausdifferenzierung, z.B. in Beamte, Heeresleute, Groß- und Kleinbauern, Leibeigene, in der Zeit der Zentralisierung und beginnenden Staatsbildung (3), über die Zentralisierung auch des Kults mit der josianischen Reform, die die Zurückstufung der Landpriester zur Folge hat (vgl. 2 Kön 2,22) (4), über die Situation des Exils mit den in Juda verbliebenen Kleinbauern und den vertriebenen Führungsschichten, in welcher auch das Heiligkeitsgesetz seinen Ort hat (5) bis zu dem Moment, da Israel als Spielball außerjüdischer Mächte erscheint (Esra, Nehemia) (6).

Die Regeln und Weisungen der (aufgrund vielfältiger Redaktionen nicht immer eindeutig einer bestimmten Epoche zuzuordnenden) Rechtssammlungen erscheinen dabei - besonders anfänglich - nicht immer auf den Gott Israels bezogen. Schon im Bundesbuch, in das zeitlich sehr frühe Regelkataloge eingegangen sind, findet sich neben sakralrechtlichen Normierungen Profanrecht, das als Konfliktregelungsrecht für die lokale Gerichtsbarkeit diente. Beide verketten sich im Laufe der Zeit im Dienste der tieferen Normenbegründung.

Die Formen des israelitischen Rechts sind dabei vielfältig: Todesrechtssätze (z.B. Ex 21,12.15-17), Fluchworte (z.B. Dtn 27,16- 25), Prohibitive ("Du wirst / sollst nicht" z.B. Ex 20) und das häufige kasuistisch formulierte Recht, das den Ältesten zur Rechtsprechung im Tor diente, stehen nebeneinander. Gerade die zweigliedrigen Rechtssätze, bestehend aus der mit 'wenn' eingeleiteten vom Konkreten abstrahierenden Fallschilderung (*Protasis*) und der Rechtsfolge (*Apodosis*), sollen Konflikte zwischen Familien mit Hilfe von Ersatzleistungsregelungen beilegen (vgl. z.B. Ex 21,22 u. ö.). An den Grenzen der örtlichen Gerichtsbarkeit und des kasuistischen Rechts dürfte dann das ältere *Talionsrecht* ('Auge um Auge...', Ex 21,24ff.) anzusiedeln sein. Man kann hier von einer durch die Einbettung in das kasuistische Recht erfolgenden Domestizierung des Blutrachegedankens ausgehen; die Talio dient in diesem Zusammenhang zum Schutz vor einem rechtsfreien überregionalen Raum jenseits der Ortsgerichtsbarkeit. Dabei wird sie in Zukunft reduziert ausgelegt werden, indem sie auf das Todesrecht, den Grundsatz 'Leben gegen Leben' zugespitzt wird, also nur in schwereren Fällen zur Anwendung gelangt. Explizit theologische Begründungen von Handlungsnormen gewinnen innerhalb des altisraelitischen Rechts vor allem dadurch an Bedeutung, daß man auf die Ausweitung des familiären Raums und den Verfall der Gesellschaft in ärmere und reichere Schichten reagieren muß. Hier tritt der *Gotteswille zu sozialer Verantwortung* - gegenüber Witwen und Waisen, Sklaven, Fremdlingen, Feinden und Prozeßgegnern (vgl. Ex 22,20ff.) - ins Mittel.

⊙ **Kasuistisches Recht**

⊙ **Talio**

Die *weisheitliche* Ethik trägt in einer anderen Weise zur Begründung von Handlungsnormen bei. Sie sieht die Welt von lebenstragenden Ordnungen durchwirkt, die in ihrer Zuverlässigkeit auf den Schöpfer verweisen. Entsprechend dienen die Regeln der Bekräftigung dieser nur indirekt theologischen Erfahrung, ethisches Verhalten ist primär ordnungsgemäßes Verhalten. Der Glaube an die Schöpfungsordnung, der später in der jungen Christenheit mit einer stoischen Logoslehre vermittelt werden sollte, macht das aus ihm erwachsende Ethos verallgemeinerungsfähig. Dieses zunächst progressive Moment der Verallgemeinerung wird in der späteren Weisheit insbesondere in der Be-

⊙ **Weisheit**

zweiflung des Tun-Ergehens-Zusammenhanges (vgl. Hiob, Kohelet) mit seinen Aporien konfrontiert.

⊙ Prophetie

Geradezu entgegengesetzt verwendet die *Prophetie* den Topos des Tun-Ergehens-Zusammenhangs, indem sie in ihm dem je gegenwärtigen Israel seine Zukunft vor Augen hält. Gott erscheint hier einmal als der restlos richtende, aber auch als der den Gewaltzusammenhang durch seine Barmherzigkeit durchbrechende Gott. Das Ethos des prophetischen Wortes ist ein ausgeprägt (offenbarungs-)geschichtliches und damit nicht ein für alle mal theologisch begründetes.

⊙ Deuteronomium

Im *Deuteronomium*, dem Torabuch, das König Josia und seiner Kultreform 622 zugeordnet wird, wird Recht und Ethos ähnlich aus der Offenbarung Gottes in der Geschichte mit seinem Volk begründet; es stellt gewissermaßen die Antwort der Priester auf die reformprophetische Herausforderung dar (K. KOCH). Familiäre Solidarität wird zu einem das Volk umspannenden Bruderethos entgrenzt. Dies geschieht in der Form einer altorientalischen Bündnisverpflichtung. Dieser Bund Gottes mit seinem Volk und die antwortende Liebe zu diesem einen Gott (vgl. Dtn 4,4f.) ist der Ausgangspunkt des deuteronomischen Ethos, ihm entspricht die Forderung des Heiligkeitsgesetzes: 'Ihr sollt heilig sein, denn ich bin heilig, der HERR, euer Gott' (Lev 19,2). Im *Dekalog* (Dtn 5, Ex 20) wird die Summe des Gotteswillens zusammengefaßt, in ihm wird die infolge langen ethischen und theologischen Nachdenkens entstandene enge Verbindung von Glauben und Ethos besonders deutlich. Die Selbstbezeichnung Gottes als Befreier eröffnet den Blick auf gelingendes Leben innerhalb eines die Freiheit bewahrenden Zauns von Geboten.

⊙ Dekalog

⊙ Identitätsethos

Es wird deutlich, daß die ethischen Gesichtspunkte, die das AT aufzeigt, nur am Rande gestreift werden konnten. Die Geschichte alttestamentlicher Ethik bietet vielerlei Normensysteme, verschiedenartige theologische Begründungsversuche und immer neue Verarbeitung der Kluft zwischen Ethos und gelingendem Leben. Der Reflexions- und Lernprozeß ist dabei besonders geprägt von der Ausweitung der zentrischen Sicht, die von dem Verhältnis Gottes zu seinem Volk ausgeht und in der Tora betont wird, auf den Volksgenossen, den Fremden und die übrige Welt der Nichtisraeliten. Diese Aufgabe der Universalisierung des Ethos ergibt sich nicht zuletzt aus dem Glauben an den einen Gott. Die Verbindung von Glaube und Ethik erscheint im AT insbesondere als *Identitätsethos*, d.h. der Frage Israels, wer es vor Gott und gegenüber den anderen Völkern sei. Damit hebt es sich ab von griechischer Philosophie, die nach dem Sein des Guten fragt, und sieht sich vor der Aufgabe, seinen Glauben und seine Ethik angesichts des Anderen (in Gott und den Menschen) zu bewähren.

Lit.: E. OTTO: Theologische Ethik des Alten Testaments, 1994.
W. H. SCHMIDT u.a.: Die Zehn Gebote, Darmstadt 1993.
R. SMEND: Art. 'Ethik III', in: TRE 10 (1982), S. 423-435.

2.3 Ethische Gesichtspunkte im NT und seinem Umkreis

⊙ Neues Testament

Auch aus dem Neuen Testament läßt sich kein geschlossenes ethisches System herauskristallisieren, da in ihm sehr verschiedene Stimmen laut werden. Vor diesem Hintergrund wird man die ethische Orientierung des NTs gerade nicht in den ausführlichen Anweisungskatalogen der Haustafeln zu suchen haben, sondern vielmehr in seiner *Tendenz zur Konzentration* auf die Grundlagen neutestamentlicher Verkündigung. Diese Konzentration tritt besonders in der Gestalt des *Liebesgebotes* als höchsten Gebotes und in der durch die Reich-Gottes-Erwartung, das Wissen um die Nähe und das Kommen Gottes, eintretenden *Perspektivierung* des Lebens der Handelnden hervor. So verbindet sich neutestamentlich eine besondere *Konsequenzethik*, für die der Blick auf den Nächsten zentral ist, mit einer *Identitätsethik* (vgl. Kap. 2.2; Kap. 1.6), die sich angesichts der Zuwendung und Nähe Gottes auf eröffnende Perspektiven beruft.

⊙ Liebesgebot

Reich Gottes

⊙ Jesus von Nazareth

Besonders im Wirken JESU von NAZARETH erscheinen statt einer reflektierten systematischen Ethik Impulse und Perspektiven, die revolutionär wie seine Botschaft von Gott und wirklichkeitsverändernd sind.

⊙ Reich Gottes

- Seine Ver- und Ankündigung des Reiches Gottes vermag die vorhandene *Wirklichkeitswahrnehmung* zu *durchbrechen*, die Wirklichkeit der Handelnden und Leidenden auf die Zukunft hin zu öffnen. (Als Beispiel sei hier das Gebot der Feindesliebe genannt, das die alltägliche Selbstverständlichkeit von Feindschaft verneint und ihr die Position entgegensetzt, grundsätzlich keine Feinde zu haben und die Feindschaftsdefinitionen der anderen nicht anzunehmen.)

⊙ Doppelgebot der Liebe

- Der radikalen Wendung der Wirklichkeit in der Gottesherrschaft entspricht die Zuspitzung des gottgewollten Handelns im *Doppelgebot der Liebe* (Lk 10,27, zusammengesetzt aus Dtn 6,5 und Lev 19,18b). Ob es auf Jesus von Nazareth selbst zurückgeht, ist umstritten, aber Nachfolge und Umkehr konkretisieren sich am Tun gegenüber dem Nächsten.

⊙ Freiheit im Umgang mit dem Gesetz

- Am Beispiel des Liebesgebots wird auch deutlich, welche (!) Freiheit Jesus im Umgang mit dem *Gesetz* an den Tag legte: Gott steht für ihn aufgrund seiner Größe, Freiheit und Liebe vor und über dem Gesetz, deshalb ist es in seinem Sinne zu *beachten* und neu *auszulegen.*

⊙ Paulus

⊙ Gerechtigkeit Gottes

Betont die jesuanische Verkündigung, daß der Anbruch einer neuen Zeit unmittelbar bevorsteht, so steht die ethische Orientierung des PAULUS im Zeichen der *Gerechtigkeit* Gottes (vgl. Kap. 1.7.7), die in Jesus Christus gekommen ist, und im Zeichen des durch sie befreiten *neuen Menschen* (vgl. Kap. 1.3.3). Die Gerechtigkeit Gottes wird sich in der Endzeit unausweichlich - in Gericht und Rettung - durchsetzen, sie ist aber auch schon durch Christus und im Geist der Getauften lebendig. Das Bild vom *Leib Christi* ist zentral für die paulinische Ethik, der neue Mensch ist von ihm her aufgerufen zur Erneuerung der Vernunft (Röm 12,1-2), zur geistbestimmten Gemeinschaft (Röm 12,3ff.) und zur Freiheit in Bindung (1 Kor 10,23).

⊙ Johannes

Frühkatholizismus

Mit Problemen behaftet erscheinen einige andere ethische Orientierungen, die im Neuen Testament bezeugt sind, wie z.B. im Schriftenkreis des Johannes oder bei nachpaulinischen Autoren. JOHANNES faßt die *Liebe als Bruderliebe* und beschränkt sie damit in einem Jesus wenig entsprechenden Antagonismus auf den Binnenzirkel der verfolgten Gemeinde. Bei den *Deuteropaulinen* beginnt aufgrund der Betonung des bereits errungenen Sieges Christi über den Tod und der an der Auferstehung teilhaftig machenden Taufe die Einübung eines Ethos des christlichen Standes. Hiervon zeugen auch die Haustafeln, z.B. Eph 5,22-6,9 oder Kol 3,18-4,1. Allerdings werden die Ziele der Entsprechung und Erneuerung erst im *'Frühkatholizismus'* der *Pastoralbriefe* allmählich von konservativen und patriarchalischen Ordnungsvorstellungen überlagert.

Die ethische Ausrichtung des Neuen Testaments ließe sich also grob zusammenfassend unter den Stichworten von 'Evangelium und Gesetz' (vgl. Mt 5,17 und Röm 7!) 'Nachfolge', 'Leben im Geist', 'Liebe' (vgl. Röm 13,8ff) und 'Paränese als Paraklese' (vgl. Röm 12,1-2) beschreiben.

Lit.: E. LOHSE: Theologische Ethik des Neuen Testaments, 1988.
W. MEEKS: The Moral World of the First Christians, 1986.
W. REBELL: Neutestamentliche Ethik - Anmerkungen zum gegenwärtigen Diskussionsstand, in: ZEE 32 (1988), S. 143-151.
W. SCHRAGE: Art. 'Ethik IV', in: TRE, Bd. 10 (1982), S. 435-462.

2.4 Christliche Ethik in der Alten Kirche und im Mittelalter

Naturrecht

Zur Zeit der *Alten Kirche* gewann popularphilosophisches Denken - vor allem das der Stoa - Einfluß auf christliche Theologie. So wurde der sich herausbildende *Naturrechtsgedanke* dankbar aufgegriffen und auf die natürliche sittliche Erkenntnis Jesu und somit der Christen übertragen.

Alexandrien

Die großen alexandrinischen Theologen wandten sich in Abkehr von der Bevorzugung der Intellektuellen der Lehre vom Menschen zu. So betont CLEMENS von ALEXANDRIEN den auch bei einfachen Menschen entwickelten *Willen* anstelle des Verstandes; und ORIGENES erkennt Geist, Willen und Begehren als in der Instanz des *Gewissens* geordnet. Entsprechend dieser Tendenz erscheint die *Demut* in der Alten Kirche lange Zeit als Kerntugend und spezifisch christlich. Radikale ethische Strömungen wie z.B. im Mönchtum begreifen dabei die Tugenden enteschatologisiert als harte Gegenwartsnormen, andere wiederum suchen im Gefolge der Stoa weltzugewandter nach einer natürlichen Ethik, deren letztes Ziel in Gott liegt.

⊙ Pelagianischer Streit

Über der Zuwendung zum Menschen entbrennt der Streit über den Anteil des menschlichen Wollens am Heil, den AUGUSTIN gegen PELAGIUS führt: Das 'frui' wird dem 'uti' gegenübergestellt (vgl. Kap. 1.7.1 u. 1.7.2); Erkenntnis und Wille des Menschen bedürfen der Gnade, des Lichtes und der Anziehung durch Gott. Das Streben des Menschen kann von der Gottesliebe bestimmt sein und sich somit der 'civitas Dei' zuwenden, oder es ist von der Begehrlichkeit, der 'concupiscentia', bestimmt und auf die 'civitas diaboli' ausgerichtet. Durch Askese und caritative Liebe sollen sich die Christen dem zeitlosen Sein Gottes zuwenden, in dem letztlich die Geschichte aufgehoben sein wird (vgl. Augustins 'De Civitate Dei', 413-427).

Heilsgeschichte und Ordo

Die schon bei AUGUSTIN erkennbaren Themen prägen auch die Ethik des *Mittelalters*: Der Ansatz bei der *Heilsgeschichte* steht in Spannung und Verbindung mit dem Ansatz der *Ordo- Theologie*. Zeitlose Seinsordnung oder einbrechendes Eschaton, Vernunft oder Offenbarung - die Denker des Mittelalters von ABÄLARD über DUNS SCOTUS zu THOMAS von AQUIN bemühen sich um eine Synthese im philosophischen Gedanken von metaphysischen Seinsstufen, die letztlich in Gott gründen.

In der *Tugendlehre* insbesondere von THOMAS wird die aristotelische Ethik wiederentdeckt (vgl. Kap. 1.7.6). Gott hat seine vernünftige Ordnung in alles Sein gelegt, so daß es kraft inneren Strebens das ihm gemäße Gute sucht. Dennoch müssen die Tugenden und Kardinaltugenden aufgrund der Erlösungsbedürftigkeit des Menschen durch die theologischen Tugenden - Glaube, Hoffnung, Liebe -, die von Gott gnädig offenbart werden, vollendet werden, und das Naturrecht muß durch die übernatürliche Offenbarung der Verdunkelung entrissen werden.

Lit.: Art. 'Ethik' V-VI, in: TRE, Bd. 10 (1982), S. 463-480.

A. MACINTYRE: Geschichte der Ethik im Überblick, 1991, S. 107-117.

2.5 Die Ethik der Reformatoren

2.5.1 Auf welche Grundlegung bezieht sich eine lutherische Ethik?

⊙ Luther

Aus heutiger Sicht gibt es zwei Ansatzpunkte, die Ethik LUTHERs zu begreifen und zu beschreiben, die erneut auf die bereits verhandelten Spannungen zurückzuführen sind. Man kann bei der Anthropologie des *'simul iustus et peccator'* oder bei der *Gerechtigkeit Gottes* ansetzen; die *Zwei-Reiche-Aussagen* werden entsprechend andere ethische Implikationen freisetzen.

Anthropologische Konzentration:	*theozentrische Begründung:*	
Der Mensch unter Gesetz und Evangelium; alter und neuer Mensch (eine Haupttendenz neuerer Lutherforschung: G. EBELING; ethische Folgerungen bei M. HONECKER).	Gott beansprucht das gesamte Leben der Menschen in der Durchsetzung seiner Gerechtigkeit: im Guten in seinem zugleich verheißenden und fordernden Gebot, im Zorn gegenüber dem Sünder.	**Anthropologie oder Theozentrik**
⇒ Ethik betrifft dann den alten Menschen, das Evangelium befreit zur Vernunft im alten Äon: Das *Gesetz* dient im *usus civilis* zur Erhaltung in der Unordnung der Welt, im *usus elenchticus* oder theologicus zur Überführung der Sünde (geistlich-strafendes Handeln Gottes); seine Bedeutung für die *Wiedergeborenen* bleibt unklar: Gibt es überhaupt eine christl. Ethik der Welt und Lebensgestaltung des neuen Menschen (vgl. Kap. 3.2.2)?	⇒ Ethik wird gegenüber der Zwei-Stufen-Ethik des MAs (Dekalog für Laien, zusätzliche Gebote für Ordenspersonen) radikalisiert: Die *Bergpredigt* gilt ganz und gar, sie will in der Welt paradox verwirklicht werden: Der Staat braucht um des Nächsten willen eine Rechtsordnung mit Strafen usw.; die Christen jedoch leben in Freiheit und Gleichheit und Gehorsam gegen Gott. Dem Dienst an der Welt, dem weltlichen Gottesdienst sind von daher Grenzen gesetzt.	**Ethik**
⇒ Die-Zwei-Reiche-Lehre wird als Lehre von zwei *Existenzsphären* des Menschen interpretiert (Spannung zwischen dem äußeren und inneren Menschen; vgl. Kap. 3.2.5.3).	⇒ Die Lehre von den zwei Regimenten (Reichen) beschreibt das unterschiedliche Handeln *Gottes* zur Berufung der Seinen und zur Erhaltung der Welt (eschatologische Spannung: lumen naturae, lumen gratiae, lumen gloriae).	**Zwei Reiche**

Lit.: M. LUTHER: Von den guten Werken (1520), in: WA 6, S. 196-276.

Ders.: Von weltlicher Obrigkeit, wie weit man ihr Gehorsam schuldig sei (1523), in: WA 11, S. 245-281.

2.5.2 Reformatoren neben bzw. nach Luther

⊙ Melanchthon

MELANCHTHON führt ARISTOTELES wieder in den (nichttheologischen) Ethikunterricht ein. Seine theologische Ethik will eine Ethik des Dekalogs sowie naturrechtlich fundiert sein (vgl. Kap. 1.7.6.; 1.7.9).

⊙ Zwingli

ZWINGLI sieht im Evangelium ein 'nova lex', ein neues Gesetz als Ausdruck göttlicher Gerechtigkeit und drängt deshalb besonders auf die Gestaltung politischer Verhältnisse.

⊙ Calvin

CALVIN kennt zwar ebenfalls eine deutliche Unterscheidung der zwei Reiche, aber er betont vor allem wie Melanchthon auch den 'tertius usus', den 'usus in renatis', den dritten Gebrauch des Gesetzes innerhalb der Gemeinschaft der Christen. Er entwirft eine Ethik des neuen Bundesvolkes im Anschluß an den Dekalog und andere alttestamentliche Gesetze, die der Verbesserung des Vernünftigen dienen soll. Der Sinn des Gesetzes liegt in der Aufforderung des Menschen zur Verleugnung seiner Selbstliebe und zur *Heiligung* seines Lebens. Dies ist der Grund, warum dem Calvinismus mitunter eine stärkere Neigung zur Gestaltung und Demokratisierung öffentlichen Lebens anhaftet; dennoch darf die von ihm betonte Heiligung nicht mit Werkgerechtigkeit gleichgesetzt werden.

Lit.: J. CALVIN: Institutio Christianae Religionis (1559), ^{5}1988.

⊙ Linker Flügel der Reformation

Daneben ist die Ethik des sogenannten *linken Flügels der Reformation* beachtenswert: Hier gilt das schlichte biblisch bezeugte Gebot Gottes, das von Christus verkündet wurde (nova lex Christi). Inmitten der Welt und doch meist gegen sie soll das Reich Gottes sichtbar werden. Im Anschluß an die Bergpredigt und durch Nachfolge im Leiden wird oftmals der Eid und Wehrdienst im Sinne einer strikten *Friedensethik* verweigert, was ständiger Anlaß zu politischen Schwierigkeiten ist.

2.5.3 Zusammenfassung: Ethische Anstöße der Reformation

- Die Reformation erneuert zunächst einmal des Verständnis der *Kirche*: Sie befreit die Christen vom Anspruch einer anstaltlichen Gnadenvermittlung durch geweihte Personen und Sakramente und verortet ihre Aufgabe statt dessen unter dem Dienst des Wortes, sie stellt sich selbst in seinen Dienst. Kirche versteht sich nun eher von ihrer *Sendung in den Alltag* her. **Beruf im Alltag**
- Das Verhältnis von *Rechtfertigung* und *Heiligung* erfährt eine bleibende reformatorische Ausprägung: Die Heiligung des Lebens von seiten der Menschen ist eindeutig der Rechtfertigung durch Gott nachgeordnet bzw. stellt ihre 'Fortsetzung' oder andere Seite dar. **Rechtfertigung und Heiligung**
- In vorgreifender Analogie zum aufklärerischen Siegeszug des gesunden Menschenverstandes betont die Reformation die *Mündigkeit* jeder bzw. jedes einzelnen Gläubigen. Der Katechismus ist konkreter Ausdruck dieser ethisch bedeutsamen Entwicklung. **Mündigkeit**
- Die Wahrnehmung der eigenen *Verantwortung* führt häufig zur Herausbildung neuer *Gemeinwesen*. Die Erklärung des Kapitalismus aus der reformatorischen Haltung von innerweltlicher Askese und nichtintendiertem Erfolg - wie Max WEBER sie geprägt hat - greift da sicher als theologische Begründung ein Stück zu kurz, sieht sich der Protestantismus doch zunächst wie alle nichtkonformistischen Gruppen in der Auseinandersetzung mit und Bewährung gegenüber etablierten Institutionen (u.a. Kirchen).
- Ohne Zweifel ist die Reformationszeit gezeichnet von der Notwendigkeit neuer verändernder Verhaltensweisen, deshalb gerät auch die Ethik als Reflexion über das sittliche Verhalten in Bewegung. Erst im neueren Luthertum ab dem 19. Jahrhundert wird sich eine einseitige Tendenz zu einer Ethik der Bewahrung und Erhaltung etablieren.

Lit.: Ch. FREY: Die Ethik des Protestantismus von der Reformation bis zur Gegenwart, ²1994, S. 22-75.

2.6 Wichtige Themen der Ethik in der Neuzeit

Mit Beginn der Neuzeit wird es schwierig, den Gang durch die Geschichte abendländischer Ethik auf einer Linie fortzuschreiben, da insbesondere durch die zunehmende Säkularisierung und damit auch beginnende Trennung philosophischen und theologischen Denkens keine vereinheitlichende Kategorisierung mehr möglich ist. Deshalb wird dieses Kapitel sich auf die protestantische Ethik beschränken, die allerdings gerade durch ihre Auseinandersetzung mit dem Phänomen der Säkularisierung, das in seinen Auswirkungen auf das Feld der Ethik beschrieben werden muß, ihr jeweiliges Profil gewinnt. Um die Bedeutung der folgenden stichwortartig skizzierten Tendenzen inner- und außertheologischer Ethik, Strömungen protestantischer Theologie und Ethik im 19. und 20. Jahrhundert und Herausforderungen durch modernes philosophisches Denken erfassen und angemessen einordnen zu können, seien die groben alternativen Möglichkeiten vorangestellt, sich - von heute aus - theologisch zur säkularen Moderne zu verhalten.

2.6.1 Drei mögliche Verhältnisbestimmungen der Ethik in der Theologie zur Moderne

Typen protestantischer Ethik in der Moderne

Antimodernismus	*liberal-konservatives Gegenprogramm*	*kritisches Programm*
wird z.B. vertreten von den Ordnungsethiken, die sich nicht auf den modernen Staat beziehen,	versteht das Christentum in seiner Gestaltung der Freiheit als in die moderne demokratische Gesellschaft eingegangen,	deckt unbegründete Ansprüche der Vernunft auf, verlangt Klärung ihres Ursprungs, Sinns, Ziels und ihrer Grenze,
verdrängt Aufklärung und Säkularisierung,	unterstützt religiöse Sinnstiftung für die Individuen in säkular-demokratischen Gesellschaften (civil religion),	setzt sich kritisch auseinander, verortet den Platz der Christen mitten in der Welt, ohne sich mit ihr konform zu erklären,
versteht die neuzeitliche Geschichte als Abfall vom	versteht die neuzeitliche Geschichte als Vollendung	sieht die inneren Widersprüche der Geschichte,

Christentum,	bzw. vorläufigen Höhepunkt der Geschichte des Christentums (TROELTSCH),	
Vertreter: HARLESS, ELERT, ALTHAUS.	*Vertreter:* TRILLHAAS, RENDTORFF.	*Vertreter:* BARTH, BONHOEFFER, TÖDT.

2.6.2 Tendenzen der inner- und außertheologischen Ethik in der Neuzeit

(a) Schon bei CALIXT kann sich eine theologische Ethik mit Berufung auf das intellektuelle, analytische Wesen der Theologie im Gegensatz zum Lebensvollzug des Glaubens aus den dogmatischen Entwürfen herauslösen und sich dafür der aristotelischen Logik und dem philosophischen Nachdenken über den Menschen zuwenden. **Calixt**

(b) In dieselbe Richtung zielt die Emanzipation des *Vernunftrechts* aus dem theologisch begründeten Naturrecht, wie sie sich bei H. GROTIUS findet, der als niederländischer Remonstrant von orthodoxen Calvinisten verfolgt wurde. Seine Aufforderung zu vernünftigem Handeln ('etsi deus non daretur') wird später von BONHOEFFER aufgegriffen. **Vernunftrecht**

(c) So gelangt schließlich die Emanzipation der Ethik von der Religion und ihre Zuordnung zur Vernunft mit I. KANT zu ihrem vorläufigen Höhepunkt. Sein Gedanke der *Autonomie eines jeden sittlich Handelnden* hat die Annahme zur Grundlage, daß das Sittengesetz der reinen praktischen Vernunft einsehbar ist, daß ein reiner guter Wille das vernünftige Subjekt bestimmt. Gebietet das Subjekt sich - selbstgesetzgebend - entsprechend selbst, so ist es in Erfüllung seiner *Pflicht* autonom. Ob Gott hier gebietet, bleibt unklar, er steht eher für die Hoffnung, daß der Befolgung des vernünftigen Sittengesetzes auch eine zukünftige vernünftige Weltordnung folgt. Die Theologie folgt (!) hier also der Ethik (vgl. Kap. 1.1; 1.2.8; 1.3; 1.6.1; 3.1.1). **⊙ Kant: Autonomie**

(d) Ist die Ethik im Kantschen Pflichtgedanken und in der praktischen Vernunft noch voll präsent, wird sie durch den aufkommenden *Empi-* **Empirismus**

rismus wissenschaftlich an den Rand gedrängt. Er beschlagnahmt den Verstand und die Wirklichkeitswahrnehmng für die Welt der Tatsachen. Der Blick fällt auf die Emotionen, Motivationen im Hintergrund der Ethik, die *Psychologie* findet Eingang in ethische Überlegungen (vgl. D. HUME; vgl. Kap. 1.7.1.1).

⊙ Güterethiken

Utilitarismus

Schleiermacher

(e) Ebenfalls in Abwendung von einer Pflichtethik und in Zuwendung zu menschlichen und empirischen Gegebenheiten entsteht eine Ethik der *Güter*, die menschlichen Bedürfnissen dienen und im Glückskalkül geordnet werden (*Utilitarismus*, J. BENTHAM, J. S. MILL). Wenn eine übernatürliche Wahrheit ausfällt, bezieht die Ethik den Egoismus in die Überlebensfrage mit ein. Eine Güterethik kann aber auch die Kultivierung des gemeinsamen menschlichen Lebens meinen, wie es theologisch bei F. SCHLEIERMACHER geschieht in der Ausrichtung auf die Herrschaft des Geistes über die Natur und Gott als das höchste Gut.

Gegenaufklärung

(f) Bereits im 19. Jahrhundert schlägt der Idealismus und der Vernunftoptimismus der Aufklärer mancherorts um, und Präkognitives wird wiederentdeckt: So verweist A. SCHOPENHAUER auf den *Willen* als Urtatsache eines Lebens, das durch Leiden bestimmt ist, und F. NIETZSCHE auf den 'Willen zur Macht' im Spiel des Lebens und der Geschichte ohne Ziel (vgl. Kap. 1.2.8).

Fazit: Neuzeitliche Versuche, die Ethik zu begründen, sind nicht einheitlich: Sie protestieren gegen die Theonomie im Namen der Autonomie, gegen die Metaphysik im Namen der Empirie, zuletzt aber auch gegen die Vernunft im Namen des Willens zum Leben.

Lit.: A. MACINTYRE: Geschichte der Ethik im Überblick, 1991, S. 139-250.

2.6.3 Ethische Implikationen theologischer Strömungen des ausgehenden 19. und 20. Jahrhunderts

⊙ Liberale Theologie Ritschl

(a) Der *Neuprotestantismus* Ende des 19. Jahrhunderts gibt sich vor allem in Form der *liberalen Theologie* Gestalt. So meint A. RITSCHL in Übereinstimmung mit KANTs praktischer Philosophie Theologe bleiben

zu können: Die Ethik einer solchen Theologie richtet sich aus auf die Gestaltung der Kultur hin zum Endzweck des Reiches Gottes.
Sein Schüler W. HERRMANN konzentriert sich mehr auf das Individuum. Für dieses nimmt die Ethik als Selbstbestimmung mit anderen ihren Ausgang im Moment des Vertrauens, die Religion dagegen geht mit dem sittlichen Scheitern um und dient der inneren Vergewisserung.

Herrmann

(b) Die liberale Theologie, die optimistisch auf den geschichtlichen Fortschritt und die Aufklärung setzte, erfährt ihre Kritik und doch zugleich Fortsetzung im *religiösen Sozialismus*: Das Ziel eines sittlichen Reiches Gottes kann nur über die Veränderung der Gesellschaft erreicht werden (vgl. L. RAGAZ: 'von Gott her - zu Gott hin'). Zu dieser Strömung des frühen 20. Jahrhunderts gehören z.B. der frühe TILLICH, E. HEIMANN, der frühe BARTH. Anders als in Europa gestaltete sich der religiöse Sozialismus eines R. NIEBUHR in Nordamerika, der den Kampf an die Stelle des Gedankens vom sittlichen Reich Gottes stellte und später die Zweideutigkeit aller Geschichte betonte.

⊙ Sittliches Reich Gottes

⊙ Religiöser Sozialismus

(C) Die *Wort-Gottes-Theologie* kann als Verarbeitung der radikalen Krise verstanden werden, in die solche vorherrschend adaptive theologische Ethik mit der Erfahrung des 1. Weltkrieges geriet. Trotz der vielbehandelten Diastase zwischen Gott und Mensch, die die dialektische Theologie als kritisches Moment wieder aufrichten will, darf man hier nicht ein politisches Desinteresse oder die Verdrängung ethischer Fragen erwarten, war die Betonung des als Unruhe einbrechendes Wortes Gottes doch gerade von höchster ethisch-theologischer Brisanz.

⊙ Wort Gottes-Theologie

War für K. BARTH zuerst Kulturarbeit und Revolution zwar zweideutig, aber möglicherweise Arbeit am Reich Gottes, so legt sein berühmter Tambacher Vortrag 'Der Christ in der Gesellschaft' den Konflikt offen. Die Unmöglichkeit einer Verbindung des Absoluten mit dem Endlichen (vgl. HEGEL) in menschlichem Tun ist begründet in der grundsätzlichen Andersheit und Souveränität Gottes, dessen Reich antithetisch in die Welt hinein wirkt. Ein dementsprechendes menschliches Verhalten liegt jedoch nicht im Nichtstun, wie sich in Barths erneuter Zuwendung zum Thema der Kultur zeigt, sondern in ruhiger Sachlichkeit und *qualifizierter Weltlichkeit*. Eine solche Haltung beruft sich nicht auf eine von der Christologie isolierte Schöpfungstheologie, son-

⊙ Barth

dern auf das Wort Gottes, das in einer Person, in Jesus Christus, *begegnet*. Gottes Gebot ist dann Gottes aktuelles Gebieten, dessen Kriterium der in biblischen Weisungen offenbarte Wille Gottes ist (vgl. die). Von hier aus sollte Barth sich später auch Fragen von Recht, *Gerechtigkeit* und Gemeinwesen zuwenden.

⊙ Barmen 1934

Dieser theologisch-ethische Ansatz prägt auch die *Barmer Theologische Erklärung* von 1934, die Barth wesentlich mitgestaltet hat. Aus dem *Zuspruch und Anspruch* des *einen* Wortes Gottes, das in Christus seine endgültige Offenbarung findet, leiten sich ekklesiologische und ethische Folgerungen ab. In der Kirche selbst darf die Ordnung nicht von der Botschaft (Geschwisterschaft; *Dienst*amt) getrennt werden, und der Staat wird nicht als metaphysische Ordnung, sondern *funktional* als *An*ordnung begriffen und so in seiner Bedeutung ("für Recht und Frieden zu sorgen") begrenzt.

Gogarten

Das Gefühl des Abbruchs der bisher erfahrenen Zeit war auch der Ausgangspunkt der Theologie F. GOGARTENs. Ihm verdankte denn auch die programmatische Zeitschrift 'Zwischen den Zeiten' ihren Namen. Hier führte jedoch der Riß zwischen Vergangenem und Zukünftigen weit hinaus über den eschatologischen Vorbehalt zur Haltung des Dezisionismus (vgl. Kap. 1.8.3.2), zum Ruf zur Entscheidung und damit wurde leider wieder eine 'Hörigkeit' gegenüber dem Dritten Reich möglich. Nach 1945 lieferte Gogarten eine positive Interpretation der neuzeitlichen Säkularisierung und bereitete damit der neokonservativen Theologie den Boden (vgl. Kap. 2.7.1).

Lit.: J. MOLTMANN (Hg.): Anfänge der dialektischen Theologie, Bd. 1-2, 1966 ff.

Wandel der lutherischen Ethik

(d) In Abkehr von den in einer problematischen Zwei-Reiche Lehre (vgl. Kap. 3.2.5.2.) begründeten Verwirklichungs- oder Verjenseitigungsabsichten des Reiches Gottes läßt die *lutherische Ethik* allmählich von vorschnellen Identifizierungen von Schöpfungsordnungen (so noch bei ALTHAUS, ELERT und auch dem reformierten E. BRUNNER) ab und betont Gottes interimszeitliches Erhaltungshandeln und gewisse Spielräume der Freiheit (so H. THIELICKE). Auch BONHOEFFER geht radikal gegen die billige Gnade, ein Zwei-Räume-Denken durch die Betonung der Christologie vor (vgl. Kap. 3.1.2; 3.2.2; 3.2.5.2).

Lit.: D. BONHOEFFER: Nachfolge, 1937.
Ders.: Ethik, hg. 1992.
H. THIELICKE: Theologische Ethik, Bd. 1-3, 1958-1964.

Ökumenische Ethik

(e) Im 1948 aus verschiedenen Bewegungen gegründeten Ökumenischen Rat der Kirchen bestand von Anfang seiner Gründung an ein starkes sozialethisches und politisches Interesse. In der Aufnahme angelsächsischer Social-Gospel-Programmatik und naturrechtlicher Traditionen und unter dem Anspruch Christi bildete sich das vor allem von J. H. OLDHAM (vgl. Kap. 1.2.5) propagierte *Konzept der verantwortlichen Gesellschaft* heraus. Mit dem biblischen Motiv der Gerechtigkeit Gottes, die soziale und politische Konsequenzen nach sich ziehen muß, und unter Berücksichtigung der Einheit der Menschheit suchte man mit "mittleren Axiomen" nach pragmatischen Lösungsstrategien zur Linderung bzw. Beseitigung eklatanter Unrechtsverhältnisse. Seit den 70er Jahren wurde dieses Konzept von der sogenannten "Befreiungsökumene" mit ihren prophetischen Mahnrufen, ihrer emphatischen "Option für die Armen" und der Skepsis gegenüber europäischem Pragmatismus abgelöst. Unter der großen Überschrift "Gerechtigkeit, Frieden und Bewahrung der Schöpfung" setzt man sich nun seit den 80er Jahren in einer "Ökumene im Übergang" (K. RAISER) sozialethisch für die Unterstützung subsistenzwirtschaftlicher Praktiken ein (d.h. kleine Gruppen sollen in ihren je eigenen gesellschaftlichen Feldern unterstützt werden, ohne gleich von weltwirtschaftlichen Konsequenzen eingeholt zu werden). Ob jedoch dieses neue Paradigma die Lösung für die globalen ökonomisch-ökologischen Fragen darstellt, ist alles andere als erwiesen, was sich auch an der noch nicht behobenen Krise im ÖRK zeigt.

Fazit: Auch wenn die wenigen und unvollständigen Stichworte zu Fortentwicklungen, Themen und Problemen im Feld der Ethik sicherlich keine Ethikgeschichte andeuten können, so sollte doch abschließend noch einmal darauf hingewiesen werden, welche Fragen sich anbieten, um sie an protestantische Ethik in der Neuzeit zu ihrer Beurteilung heranzutragen:

- Versteht sich das Christentum auf der Suche nach Autonomie oder Heteronomie (vgl. Kap. 3.1.1)?
- Wie wird der Wert des Geschaffenen begründet (vgl. Kap. 3.2.1)?
- In welchem Verhältnis stehen Kirche und Gesetz zur Welt (vgl. Kap. 3.2.3)?
- Wird Gott als heteronomer Gebieter oder in Jesus Christus den Menschen zugewandt erkannt (vgl. Kap. 3.2.2)?

Lit.: Ch. FREY: Die Ethik des Protestantismus von der Reformation bis zur Gegenwart, ^{2}1994, S. 151-249 *(zum gesamten Kap. 2.6)*.

2.6.4 Anhang: Neue Herausforderungen durch die philosophische Ethik

In Ergänzung der Themen der Ethik in der Neuzeit seien zu guter Letzt noch einige neuere Fragen genannt, mit denen das philosophische Denken heute eine jede Ethik herausfordert. Sie können im Rahmen dieses Kapitels nicht bearbeitet werden. Da sie jedoch für eine aktuelle Auseinandersetzung nachdenkenswert sind, sei hier auf die entsprechenden Abschnitte des ersten Teils verwiesen:

- Welche Logik und Verbindlichkeit besitzt und beansprucht die ethische *Sprache* (vgl. die Fragen der analytischen Moralphilosophie; vgl. Kap. 1.8.2)?
- Ist heutzutage noch von *universalen* ethischen Gesichtspunkten auszugehen oder muß man in der *partikularen* Überlieferung ansetzen? Ist diese zu überschreiten auf Menschheitsfragen hin? Lohnt es, sich mit Verlust und Wiedergewinnung der *Tugenden* zu beschäftigen (vgl. Kommunitarismus; vgl. Kap. 1.2.4; 1.4.1. 1.7.5; 1.8.3.7)? Gibt es ein Verhältnis der Religionen zu einem die Menschheit umspannenden *Weltethos* (vgl. H. KÜNG; vgl. Kap. 1.2.4)?
- Welche Möglichkeiten hat die Ethik überhaupt neben den einzig als streng geschätzten empirischen Wissenschaften (*Nonkognitivismus*, Emotivismus; vgl. Kap. 1.8.2; 3.1.1.2)?
- Welche Bedeutung und Tragfähigkeit kann der *Vernunft* noch zugesprochen werden; können sittliche Fragen im kontrollierten Diskurs gerecht entschieden werden, wie äußert sich das kommunikative Apriori, wie prospektiv kann diese Vernunft sein (vgl. Diskursethik, Gerechtigkeitstheorie; vgl. Kap. 1.8.3.4 u. 5)?

3 Theologische Ethik

3.1 Theologische Ethik zwischen Allgemeiner Ethik und Dogmatik

Wenn Theologische Ethik als *in christlicher Perspektive* durchgeführte, methodisch-kritische Reflexion auf Fragen des menschlichen Verhaltens, sittlichen Urteilens und Entscheidens bestimmt werden kann, ist verständlich, warum sie zwischen allgemeiner Ethik und Dogmatik stehen muß.

Diskurs über die Kirche hinaus

- Als theologische *Ethik* muß sie sich um Kommunikabilität und Diskursivität auch außerhalb christlicher Kirchen mühen, will sie nicht zur Rechtfertigung einer Binnenmoral verkommen. Wie sie die Auseinandersetzung mit Vorwürfen suchen muß, soll sie auch selber kritisch die Vorgaben anderer (Vernunft-)Ethiken befragen (vgl. Kap. 3.1.1), um so im Verhältnis zu diesen ihre Position in *Entsprechung und Differenz* zu erarbeiten.

Ethik und christliche Dogmatik

- Als *theologische* Ethik ist sie gehalten, ihr Verhältnis zur Reflexion an der das Handeln prägenden christlichen Identität auszurichten. Da dies normalerweise in systematisch-reflexiver Form in der Dogmatik geschieht, muß sich theologische Ethik auch um ihre Relation zur Dogmatik kümmern (vgl. Kap. 3.1.2). Diese Notwendigkeit zeigt sich schon wissenschaftsgeschichtlich (und in Deutschland institutionell) an der gemeinsamen Zuordnung von Dogmatik und Ethik zur Systematischen Theologie.

3.1.1 Gesichtspunkte zur Verbindung und Unterscheidung von philosophischer und theologischer Ethik

Jede Ethik, die nicht zur Rechtfertigung der Binnenmoral einer partikularen Gruppe verkommen will, hat immer wieder Fragen der Verantwortung auf gesamtgesellschaftlicher Ebene vor dem geschichtlichen Hintergrund strittig gewordener moralischer Standards zu thematisieren und zu reflektieren; darum sollte sie sich bemühen, ihre Position möglichst kommunikabel und diskursfähig darzustellen. Christen leben in den gesellschaftlichen Handlungsfeldern und sind damit auf eine Lebenswelt zurückgeworfen, die nicht (mehr) als 'societas Christiana' beschrieben werden kann. Zum anderen stammen aber auch die geschichtlichen Vorgaben der allgemeinen Ethik zum Großteil aus einer vor- oder außerchristlichen Tradition, namentlich der der griechisch-römischen Antike.

Selbst wenn eine bestimmte ethische Position nicht von allen geteilt werden kann, sollte ihre Begründung über sie hinaus einsichtig gemacht werden können. Zudem sollte es gelingen zu erklären, warum Lebens-, Verhaltens- und Handlungsfragen *mit* einer bestimmten Sichtweise adäquater bearbeitet werden können als ohne sie.

An zahlreichen Fragestellungen wurde dieses Anliegen in Kap. 1 exemplarisch durchgeführt. Allgemeinethische Fragen - nach dem Guten, dem Glück, der Pflicht, den Menschenrechten - wurden auf ihre Verträglichkeit mit biblisch-christlichen Glaubens- und Lebensperspektiven befragt und (wo es aus dieser Perspektive als sinnvoll und geboten erschien) korrigiert. Deshalb will dieses Kapitel das in Kap. 1 vielfach geübte Verfahren als solches nochmals reflektieren. Dabei setzt es sich mit grundsätzlichen Herausforderungen und Anfragen allgemeiner Ethik an die theologische auseinander. Deshalb hat theologische Ethik (geschichtlich gewachsenen) Anfragen zu begegnen - so Fragen

- nach ihrer 'Vernünftigkeit' (vgl. Kap. 3.1.1.1)
- und nach ihrem wissenschaftstheoretischen Status (vgl. Kap. 3.1.1.2);
- auch wird sie gegenüber einer großen Anzahl von Vernunftethiken die Dimension der Geschichte und gesellschaftlichen Verfaßtheit von Moral und Sittlichkeit thematisieren (vgl. Kap. 3.1.1.3).

3.1.1.1 Theologische Ethik und allgemeine Vernunft

Kritik der Aufklärung

Im Namen autonomer Vernunft wird nicht erst, aber vehement seit der Aufklärung die Berechtigung theologischer Ethik entweder gänzlich bestritten oder wenigstens in Frage gestellt. Dies geschieht entweder mit dem Hinweis, die Ethik falle in den Aufgabenbereich der Praktischen Philosophie und Theologische Ethik verdopple nur deren

Erkenntnisse bzw. Richtungsvorgaben (1.1.). Oder die Theologische Ethik hat sich den Vorwurf der *Heteronomie* anzuhören (1.2.).

Theologiekritik (Euthyphron-Frage)

ad 1.1.) Der Vorwurf der Unsinnigkeit bzw. Verdopplungsrolle theologischer Ethik wird gern, aber fälschlicherweise im Rückgriff auf den von PLATON geschriebenen Dialog zwischen dem Philosophen Sokrates und dem Theologen Euthyphron zurückgeführt. Dieser kreist - ausgehend von einem konkreten Fall - um die Kardinalfrage: "Ist etwas fromm, weil es von den Göttern geliebt wird, oder wird etwas von den Göttern geliebt, weil es fromm ist?" (Euthyphron 10a). Wenn auch die sokratischen Fragen ursprünglich nicht auf die prinzipielle Negation einer an Religion orientierten Moral zielen, sondern ein vermeintliches Scheinwissen entlarven wollen, kann man die Frageintention aufgreifen und radikalisieren, so daß sie zur Fundamentalanfrage - auch an christliche Ethik - werden kann. Dann fragt sie nach der Notwendigkeit von sittlichen Begründungsstrategien aus religiöser Quelle überhaupt und setzt entweder das Konzept einer mythoskritischen Ontologie, in der Gott allein als fundierendes Prinzip fungiert (ARISTOTELES; *Stoa*), oder das einer autonomen (praktischen) Vernunft (KANT) dagegen.

⊙ Gott und das Gute

Gegen den Verdopplungs- und Unsinnigkeitsvorwurf lassen sich zwei Typen von Antworten bestimmen: Eine traditionelle Antwort metaphysischer Theologie wird lauten: Gott selbst ist der Inbegriff alles Guten, gerade auch des personalen Lebens; oder: Gott will das Gute, das ihm in außerordentlicher und umfassender Weise zukommt. Zwischen ontologischem, moralischem Gut-Sein und Gott ist kein Gegensatz anzusetzen, da Gut-Sein (und daran anschließend gut handeln) zu den Eigenschaften Gottes zählt (bonitas wird den attributa absoluta zugeordnet; vgl. Ch. FREY [Hg.]: Repetitorium der Dogmatik. Für Studierende der Theologie, ^{6}1998, S. 124f.). Die Unterscheidung zwischen Gott und dem Höchsten Gut ist allein *in ratione, non in re* begründet. – Eher biblisch statt metaphysisch wird ein zweiter Antworttyp, der Anliegen und Einsichten der Reformation aufgreift, reagieren:

⊙ Das Gute im Vorletztem

Wenn zu den anthropologischen Grundeinsichten der Reformation zählt, daß der Mensch keine letztgültige Einsicht in Gut und Böse hat, in ihm keine substantielle Imago Dei zu finden ist, ihn statt dessen ein vor Gott und gegenüber dem Bösen unfreier Wille determiniert, dann kann die kritische Frage nach dem Verständnis des Guten gerade von theologischer Ethik positiv aufgegriffen werden. Auch wird sie sich dann gegen diejenigen Denkversuche stellen, die den herrscherlichen Umgang mit dem Guten in absoluter Gewißheit der Unterscheidung vom Bösen meinen festlegen zu können. In biblischer Tradition wird sie solches Verhalten als trügerisches Angebot der urgeschichtlichen Schlange (Gen 3,5) reidentifizieren. Wie in den Kap. zur Freiheit (Kap. 1.4) und zum Guten (Kap. 1.7.1) bereits ausgeführt, kritisiert theologische Ethik einen aufklärerischen Vernunftoptimismus, hält einen eschatologischen Vorbehalt gegenüber eindeutigen Benennungen von Gut und Böse, relativiert sie (vgl. BONHOEFFERs für die theologische Ethik so eminent wichtige Unterscheidung von 'Letztem' und 'Vorletztem' [vgl. Kap. 1.7.1.2]) und rechnet so mit der Dialektik von Gut und Böse, die sich sogar darin zeigen kann, daß bisweilen gerade das im Namen des Guten Getane Böses vollbringt. Zudem glaubt theologische Ethik einen personalen Hoffnungsgrund benennen zu können, der das Böse und das böse Tun überwunden hat und so auch zum Quellgrund der Bewährung im "Vorletzten" werden kann: Jesus Christus.

Vernunftkritik Interessanterweise korrespondieren der vernunftkritischen Haltung theologischer Ethik zahlreiche philosophische Anstrengungen des 19. und 20. Jahrhunderts. Faßt man deren Ergebnisse - ausgehend von NIETZSCHEs moralischen und erkenntnistheoretischen Destruktionen, DARWINs Evolutionstheorie, der MARXschen Geschichtsphilosophie, FREUDs Psychoanalyse, in ihren auseinandergehenden Forschungsrichtungen unter dem Summar "Abschied vom Prinzipiellen" (O. MARQUARD) zusammen, zeigt sich ja auch hier oft eine tiefe Skepsis gegenüber totalisierenden Vernunftkonzeptionen und darin gründenden Bestimmungen des Guten. Wie kann überhaupt noch allgemein von *der* Vernunft gesprochen werden, mit der Erkenntnis- oder praktische Probleme gelöst werden sollen? Das Problematisierungsniveau (post-)moderner Philosophie hat sich inzwischen auf die Regionalisierung von Vernunftarten und -typen eingespielt, wobei dann die Frage bleibt, wie es gelingt, zwischen diesen hin- und herzuspringen (vgl. W. WELSCHs Konzept der *transversalen Vernunft*; vgl. ders.: Unsere postmoderne Moderne, ^{3}1991). Richtig und wichtig an diesen noch unabgeschlossenen Versuchen ist die Einsicht, daß es die *reine* Vernunft nicht mehr gibt, sondern in und an bestimmten Lebensstrukturen nach deren Plausibilität zu fragen ist - dies gilt dann auch für die Fragen der Praxis, die

vor dem Hintergrund eines *Ethos*, aber auch über dieses hinaus geprüft werden müssen (vgl. Kap. 1.1.2). Andererseits muß die Theologie eine menschenfreundliche Vernunft stark machen, damit der neue Individualismus nicht vor der technischen Entwicklung kapituliert.
So zeigt sich gerade in der Beurteilung der Vernunft vielfach der Grundsatz von "Entsprechung und Differenz" (HUBER / TÖDT) zwischen allgemeiner und theologischer Ethik - Entsprechung im Vorbehalt gegenüber einem Vernunftmonismus und -optimismus, Differenz jedoch in den unterschiedlichen Begründungen für einen ähnlichen Zweifel an innermenschlichen Vermögen (wobei sich dies schon in den unterschiedlichen Richtungen allgemeiner Ethik zeigt).

⊙ Modelle des Verhältnisses von Theologie und Vernunft

Die hier stark gemachte, weil in Kap. 1 bewährte Position von Entsprechung und Differenz ist natürlich nicht die einzige theologische Position im Umgang mit allgemein-ethischen Fragen. Man kann das Verhältnis von allgemeiner und theologischer Ethik auch deuten
- als *Antagonismus* (wenn man einen prinzipiellen oder polemischen Gegensatz sieht),
- als *Zwei-Stufen-Modell* (Natur-Gnade; Natürlich-Übernatürlich; so in der Scholastik und der Neoscholastik),
- als *Identität* (so in neueren Ansätzen katholischer Moraltheologie, der Autonomen Ethik von A. AUER oder der Fundamentalmoral von F. BÖCKLE; vgl. Kap. 3.2.3.1),
- als *Monismus* in die eine oder andere Richtung (entweder bestreitet man die Möglichkeit theologischer oder die Sinnhaftigkeit allgemeiner Ethik; letzteres in evangelikal-fundamentalistischen Kreisen). (Da das Verhältnis von allgemeiner und theologischer Ethik auch das Verhältnis von Ethik und Dogmatik bestimmt, lassen sich diese Grundtypen auch dort wiederfinden; vgl. Kap. 3.1.2.)

Entsprechung und Differenz

Auch beim Grundsatz *Entsprechung und Differenz* muß man sich Rechenschaft darüber ablegen, ob man ihn als unhinterfragbares Prinzip wertet (wobei sich dann erneut die Frage stellt, was Vorrang hat: Entsprechung oder Differenz) oder ob man hinter der Formel eine am schon stattfindenden Diskurs und gegebenen Ethos abgelesene, nachträgliche *pragmatische Hilfsregel* sieht. Die zweite Alternative hat den Vorteil, daß man nicht in ein fixiertes Prinzip verfällt, sondern im Stile *arbeitender Ethik* genau prüft, wo mit Entsprechung und Differenz zu rechnen sein kann.

⊙ Heteronomie der Gebote Gottes?

ad 1.2) Ein vielfach gehörter, von KANT über FREUD bis Hans ALBERT (vgl. zu letzterem Kap. 1.8.2.2) geäußerter Vorwurf gegen theologische Ethik ist der der *Heteronomie*. Gott sei eine autoritäre, oft allein die herrschenden Machtverhältnisse stabilisierende Moralinstanz, die sich nicht mit dem emanzipatorisch-autonomen Wesen der Aufklärung vertrage, und daher entweder abgeschafft gehöre oder zumindest für die Begründung moralischer und sittlicher Sätze nichts mehr zu sagen habe.

⊙ Überwindung der Heteronomie in biblischen Überlieferungen

- Daß Gott (in seiner Zuwendung und seinem Zuspruch) auch gebietet, kann man nur dann als Heteronomie deuten, wenn dabei die Verantwortung des menschlichen Subjektes ausgeschaltet und dieses zum passiven Befehlsempfänger degradiert wird. Ein Blick auf biblische Traditionen zeigt, daß Gottes Weisungen dort so nicht verstanden werden. Bereits in den Vätererzählungen vollzieht sich der Wechsel vom autoritären Numen, das nicht nach Menschlichkeit fragt, zum menschenzugewandten Gott (vgl. Gen 22). Nach Jer 31,33b wird das vollkommene Gesetz im Herzen der Glieder des Volkes Gottes, also verinnerlicht sein (was als Prototyp der Gewissensinstanz gelesen werden kann). Die deuteronomisch-deuteronomistische Schule betont unablässig, daß der Lohn des Hörens auf Gottes Wort im (durchaus auch materiell verstandenen) guten Leben liegt. Im Unterschied zu einer rein formal verstandenen Autonomie weiß theologische Ethik die vom einzelnen Menschen zu gestaltenden Weisungen eingebunden in die diese erst begründende Geschichte der Zuwendung Gottes zu Israel und den Menschen, angefangen von den Vätererzählungen, den Exodus- und Landnahmetraditionen, den Propheten, dem Wirken und der Botschaft Jesu Christi bis hin zur Entstehung der christlichen Kirchen. Vor diesem Hintergrund darf die Weisung Gottes nicht als autoritärer, entfremdender Befehl verstanden werden, sondern als im *Zu*spruch gründender *An*spruch, Gottes Weg der Menschenfreundlichkeit zu entsprechen und mitzugehen. Keineswegs kann man daher mit dem Hinweis auf die Autorität Gottes und der Bibel alles oder nichts legitimieren oder begründen.

Heteronomie Vorwurf der Psychoanalyse

- Auch dem Heteronomie-Vorwurf der Psychoanalyse FREUDs kann theologische Ethik nicht recht geben. Freud äußert den Verdacht, daß die scheinbar eigenste Stimme in uns, das Gewissen, nichts anderes sei als die verinnerlichte Autorität (des Aggressors, der Vater- / Mutterinstanz), die dann auf einen scheinbaren Gott projiziert werde (vgl. ders.: Das Unbehagen in der Kultur [1930], in: Studienausgabe, Bd. IX, S. 191-270; ders.: Der Mann Moses und die monotheistische Religion [1939], in: a.a.O., S. 455-581; vgl. Kap. 1.3.4). Das Ich, das sich eigentlich gegen das Über-Ich (und das Es der Triebe) wehren soll, muß dann als eine bedrohte Insel verstanden werden (ein Bild für die ihre eigenen Grenzen erkennende Einsicht).

Auch christlicher Glaube wird die Einsicht in die Begrenztheit und das ständige Werden menschlichen Seins und Tuns teilen. Obwohl auch er den Menschen niemals sich selbst ganz und gar gegeben sieht, deutet er Gottes Weisung nicht als entfremdendes Über-Ich, das es zu entlarven gilt. Er erkennt im Zuspruch und Anspruch zunächst das *Geschenk der Versöhnung*, das befreit und ermutigt, sich gegen falsche Zumutungen äußerlicher und auch innerlicher Autoritäten zu wehren, so daß Gottes Gebot als Ruf zu uns selbst bestimmt werden kann. So begriffene *Theonomie* stellt dann keine Heteronomie dar, sondern gibt die Perspektivierungen der Autonomie an.

⊙ Theonomie

Recht verstandene Theonomie deutet Autonomie als

- eine *radikale Autonomie*, weil sie um den Grund ihres Tuns und um das Getragensein im Zuspruch Gottes weiß,
- als eine *eschatologische Autonomie*, weil sie um die Begrenztheit ihrer eigenen Möglichkeiten des Handelns und der Reflexion weiß (also eine kritische Distanz vor sittlichen Totallösungen wahrt), zugleich aber auch die Hoffnung auf die Kraft des Letzten für das Vorletzte nicht aufgibt und
- als eine *responsible Autonomie* (vgl. zur Responsivität B. WALDENFELS: Antwort-Register, 1994), weil sie dem Zuspruch Gottes antwortet, indem sie sich dem Anspruch der Not der anderen nicht verweigert.

⊙ Barths Ethik

Gnadenwahl

Exemplarisch zeigt sich der Ansatz solch theonomer Ethik in Karl BARTHs Grundlegung der Ethik in der Gotteslehre (obwohl er den Begriff der Theonomie nicht gutheißt, weil er den christologischen Aspekt darin vernachlässigt sieht; vgl. KD II,2, S. 628). Diese ungewöhnliche Positionierung verweist nach Barth darauf, daß der Menschen Tun schon immer eingebunden ist in Gottes Gnadenwahl, die sich an Jesus Christus offenbart hat (vgl. a.a.O., S. 1-563). Auf diesem zugesprochenen Grund wird das Gesetz als Gestalt des Evangeliums, der Erwählung verstanden: Gottes Gebot gibt dann zunächst kund, *wer* Gott für uns ist, *und* spricht dann darüber, *wer* wir vor Gott sind. Ethik wird bei Barth somit in einen Kontext gestellt, der die Frage nach dem Wer und dem Sein des Handelnden thematisiert. Nachfolge heißt z.B. dann, bei Gottes Erwählung dabeizusein (a.a.O., S. 633), das Tun findet seinen Urgrund darin, sich das gnädige Tun Gottes recht sein zu lassen (radikaler und responsibler Aspekt).

⊙ Gebote und Freiheit

Keineswegs jedoch wird diese responsible Haltung als Heteronomie ausgelegt, denn die erfahrene Gnade hat sich in eigener *Verantwortung* zu bewähren (vgl. a.a.O., S. 707-718). Unter anderem besteht diese darin, aufgrund der Insuffizienz aller menschlichen Bemühungen ständig und unermüdlich neu die Frage nach dem: "Was sollen wir tun?" zu stellen (a.a.O., S. 718). Nicht nur in diesem selbstkritischen Vorbehalt wird der eschatologische Aspekt der Ethik deutlich, sondern auch in der Charakterisierung der allgemeinen Ethik als Sünde, wenn diese versucht, das Gute eigenmächtig und eindeutig zu definieren (vgl. a.a.O., S. 574). Die Gebote stecken somit einen *Bereich* der Freiheit ab (vgl. a.a.O., S. 718ff.). Mit diesen Überlegungen reflektiert Barth den hier schon vielfach geäußerten Umstand der sozialen Einbindung von Verhaltensgrundlagen, indem er sie auf Gott als kritisches Gegenüber bezieht (vgl. a.a.O., S. 659f.).

Trotzdem sollte theologische Ethik den Heteronomie-Vorwurf als drohende Gefahr ernst nehmen, zeigt doch ein kurzer Blick in die Kirchengeschichte, wie oft das Gebot Gottes zur Stabilisierung von Machtverhältnissen gedient hat.

Lit.: K. DEMMER: Vernunftbegründung und biblische Begründung in der Ethik, in: ZEE 37 (1993), S. 10-21.

Ch. FREY: Vernunftbegründung in der Ethik. Eine protestantische Sicht, in: ZEE 37 (1993), S. 22-32.

3.1.1.2 Die Frage nach dem wissenschaftstheoretischen Status

Allgemeine und theologische Ethik haben vor dem empirischen und experimentellen Wissenschaftsideal einen schweren Stand. Nach diesem kann als eine wissenschaftliche Theorie nur gelten, deren Ergebnisse objektiv gegeben, empirisch aufweisbar, analysierbar, quantifizierbar und (seit POPPER) falsifizierbar sind.

Praktische Vernunft und empirischer Verstand

Neben dem bereits in Kap 1.1.3 gegebenen Hinweis auf das *Theorie-Praxis-Problem*, das u.E. nur im kritischen Reflex auf das Ethos einer Lebenswelt reflektiert werden kann, braucht sich die sogenannte Geisteswissenschaft (zur Problematik dieses Begriffes s.u.) nicht nur ängstlich und defensiv gegenüber den sogenannten exakten Wissenschaften verhalten, sondern darf umgekehrt auch diese kritisieren. Zahlreiche Entwicklungen in den Naturwissenschaften, den exakten Wissenschaften und deren Wissenschaftstheorien haben die Einsicht bestärkt, daß auch hier mit Voraussetzungen, mit Grenzen, mit Inkongruenzen zu rechnen ist. Beispielhaft sei erinnert an die Relativitätstheorie EINSTEINS, an die Grundlagenkrise in Logik und Mathematik, an die Grenzprobleme der kybernetischen Systemtheorie, an die Veränderungen im Begriff der Theorie empirischer Wissenschaften (vom Reduktionsmus des Physikalismus über Poppers Falsifikation hin zu wissenschaftsgeschichtlichen Forschungen Th. KUHNS), an die Methodenprobleme der Sozialwissenschaften und den Positivismusstreit (vgl. H. PEUKERT: Wissenschaftstheorie - Handlungstheorie - Fundamentale Theologie, 1978). Ein Hintergrundwissen um die wechselvolle Wissenschaftsgeschichte macht deutlich, daß auch scheinbar wertfreie empirisch-wissenschaftliche Forschung keineswegs neutral ist, sondern daß ein unaufhebbarer Zusammenhang zwischen Erkenntnis und Interesse (vgl. J. HABERMAS: Erkenntnis und Interesse, in: Technik und Wissenschaft als Ideologie, 1968, S. 146-168) besteht. Damit stellt sich nicht nur die Aufgabe der ethischen Reflexion auf wissenschaftliche Praxis, sondern wird auf dem Umweg der Krise empirischer Wissenschaften auch eine "Rehabilitierung der praktischen Vernunft" vorangetrieben. Doch unter welchen Wissenschaftsbegriff kann die Ethik - allgemeine und theologische - subsumiert werden?

Erkenntnis und Interesse

Angesichts der Differenzierungen, der Spezialisierungen, aber auch der generellen Grundlagenkrisen wirkt die aus dem 19. Jahrhundert, von DILTHEY wesentlich geprägte Unterscheidung von Geistes- und Naturwissenschaft, von Verstehen und Erklären als deren jeweiligen Erkenntnisweisen unzureichend: 'Geist' ist längst zur problematischen Kategorie geworden, in ihrem Ansatz sogenannte Geisteswissenschaften bedienen sich empirischer Methoden (Psychologie; Sozialwissenschaften) und Naturwissenschaften werden sich ihrer Erklärungsvoraussetzungen bewußt.

Habermas: Typen der Wissenschaften

Aufschlußreicher ist da schon die von J. HABERMAS eingeführte Wissenschaftstypisierung, da sie sich nicht am Objekt der Wissenschaft, sondern an deren Funktion und dem jeweiligen Erkenntnisinteresse ausrichtet (vgl. ders.: Erkenntnis und Interesse, in: Technik und Wissenschaft als Ideologie, 1968, S. 146-168). So unterscheidet er:

- empirisch-analytisch

a) *empirisch-analytische Wissenschaften*, die auf *technische* Verwertung zielen, für empirische Überprüfung offen und auf Prognose ausgerichtet sind;

- historisch-hermeneutisch

b) *historisch-hermeneutische Wissenschaften*, denen ein *praktisches* Erkenntnisinteresse inhäriert, da sie auf die kritische Rekonstruktion von prägenden Traditionen zielen wie auf die Bemühung, Verständigungsfähigkeit zu erweitern und gemeinsame Handlungsziele anzuvisieren.

- systematisch-handlungsbezogen

c) *systematische Handlungswissenschaften*, die ein *emanzipatives* Erkenntnisinteresse verfolgen. In ihrer (nach Habermas sind es Ökonomie, Soziologie und Politik) ideologiekritischen Haltung sollen sie gesellschaftliche Entwicklungsgesetze hinterfragen und so dem einzelnen zu kritischer Selbstreflexion verhelfen.

Theologische Ethik als Wissenschaft

Folgt man dieser Kategorisierung, wird man sowohl allgemeine als auch theologische Ethik im Schnittfeld von b) und c) situieren: Einerseits tragen beide zur Rekonstruktion historischer, normativ gewordener Traditionen bei (dazu bedarf theologische Ethik konstitutiv der Dogmatik; vgl. Kap. 3.1.2), indem sie sie auf ihre Plausibilität befragen, andererseits wollen sie in bestimmten gesellschaftlichen Problemfeldern auch Perspektiven gelingenden Verhaltens und Handelns aufzeigen.

Theologische Fragen an das Emanzipationsverständnis

Theologische Ethik wird jedoch den von Habermas verwendeten Leitbegriff 'Emanzipation' hinterfragen (vgl. Ch. FREY: Dogmatik, ^{3}1993, S. 35f.; J. B. METZ: Glaube in Geschichte und Gesellschaft, ^{4}1988, S. 104-119): Meint er die Emanzipation des isolierten Individuums oder die in Kommunikation bzw. Kooperation sich ereignende (so HABERMAS)? Selbst gegenüber dem zweiten Gebrauch wird theologische Ethik auf die Problematik des impliziten Fortschrittsglaubens, auf die beständige Ambivalenz menschlicher Sinnentwürfe und auf die oft vergessenen Lebensdimensionen von Leiden und Schuld hinweisen. Nimmt christlich-theologische Ethik ihre Ausrichtung von der *theologia crucis*, so wird sie diese Schattenseiten nicht verdrängen dürfen, weil nur so Emanzipation nicht zur Ideologie der Machthabenden verkommt.

Berücksichtigt man diese theologischen Korrekturen, wird man bemerkenswerterweise festhalten können, daß Theologische Ethik sehr wohl einem heute weit geteilten Wissenschaftsbegriff entsprechen kann, ja in ihrer konkreten Perspektive produktiv zu gestalten vermag. Alles in allem wird so die Polemik im Streit um Wissenschaftlichkeit der Theologie und der Ethik zurückgeschraubt und zugunsten einer nüchternen und selbstkritischen interdisziplinären Arbeit an gesellschaftlich relevanten Problemfeldern ersetzt.
Zur kritischen und konstruktiven Selbsteinschätzung einer so konzipierten *arbeitenden Ethik* trägt auch im Blick auf die Relativierung von Vernunftanspruch und -optimismus die Reflexion auf *Geschichte* bei.

Lit.: H. PEUKERT: Wissenschaftstheorie - Handlungstheorie - Fundamentale Theologie, 1978.

3.1.1.3 Geschichte und Geschichtlichkeit

Das Problem der Geschichte

Gerade rationalistische Ethikbegründungen sehen nämlich oft vom Problem der *Geschichte* (auch der Historizität der eigenen Position) ab. Beispielhaft seien erwähnt:

- statische Auffassungen vom Naturrecht (vgl. Kap. 1.7.9),
- deontologische Ansätze (vgl. Kap.1.6.1),
- diskurstheoretische Ethik, wenn sie nicht angeben können, wie sich die Vernunft in der Geschichte durchsetzen soll (vgl. Kap. 1.8.3.4).

Vernunft und Geschichte

Aufklärerischen und idealistischen Konzeptionen ist das Problem, Vernunft und Geschichte (als Inbegriff von Endlichkeit und Zufälligkeit) zu vermitteln, zwar nicht unbekannt, jedoch kommen sie oft nicht über den Versuch hinaus, der Geschichte einen möglichst geringen Status für die Konstitution von Vernunft zuzugestehen. Wie ist die Vollendung der Geschichte vernünftig zu denken? Die Aporie zeigt sich paradigmatisch u.a. bei

Lessing

- G. E. LESSING (vgl. ders.: Die Erziehung des Menschengeschlechts, 1780): Obwohl Lessing die Diskrepanz zwischen seinem Programm eines geschichtlich-sittlich-vernünftigen Vervollkommnungsprozesses des Menschengeschlechts durch "Erziehung" und der Kontingenz eines individuellen Lebens sieht, kann er sie weder ertragen noch selbstkritisch bearbeiten. Er flüchtet sich in das von PLATON bekannte Modell der Seelenwanderung, um so dem einzelnen die Möglichkeit nicht zu verschließen, die sittliche Reifung zu erlangen.

Kant: List der Vernunft

- I. KANT: Die Vernunft setzt sich hinter dem Rücken der unvernünftigen Menschen und ihrer Geschichte durch (vgl. ders.: Zum ewigen Frieden, 1795).

Hegel: Weltgeschichte als Theodizee

- G. F. W. HEGEL: Der (unter dem Gesichtspunkt der sich mehr und mehr realisierenden Freiheit als vernunftbeherrschter und daher vernünftig zu begreifender) Prozeß der Weltgeschichte selbst ist die Theodizee (Gottes als des Weltgeistes), in der das Negative (*in* der Geschichte - also auch in deren Irrungen und Wirrungen) als notwendiges und keineswegs zufälliges Element in der Entäußerung der absoluten Idee erfaßt werden muß (vgl. ders.: Philosophie der Geschichte, 1837). Obwohl Hegel noch - idealtypisch betrachtet - dem Konzept 'Vernunftprimat' zuzuordnen ist, markiert er den Übergang hin zur kritischen Einstellung gegenüber einer reinen Vernunft, da er zumindest bemüht ist, die Materialität der Geschichte für den sich begreifenden Geist fruchtbar zu machen.

Hegelsche "Rechte"

Im 19. Jahrhundert kommt es unter dem Eindruck der Unhaltbarkeit des spekulativen Denkens zur Auflösung der Lehre von der vernünftig-freiheitlichen Selbstverwirklichung des absoluten Geistes in der Geschichte - und forschungsgeschichtlich zum folgenreichen Auseinanderbrechen der Hegelschule: Zum einen entstand die (seit D. F. STRAUSS) sogenannte Hegelsche Rechte; sie leistete zwar auf dem Gebiet der theologischen, der profanen und der juristischen Geschichtswissenschaft enorme Forschungs- und Quellenarbeit, mißachtete dabei jedoch die - von Hegel als notwendiges Moment der Geschichtsbetrachtung angesehenen -praktischen und gesellschaftsrelevanten Aspekte von Geschichte und fragte lediglich, "wie es eigentlich gewesen sei" (L. v. RANKE, SW XXXIII, S. VII; weitere Vertreter: Th. MOMMSEN, A. v. HARNACK).

Im Unterschied dazu - und mit weltgeschichtlichen Folgen - wird in der Hegelschen Linken Geschichte unter praktischem und politischem Blickwinkel gedeutet; dabei lehnen zunächst FEUERBACH (mit seiner Konzentration auf den Menschen und seiner geschichtstheoretischen Konzeption, Geschichte als *Anthropodizee* zu verstehen) und dann MARX und ENGELS mit ihren Reflexionen zur Geschichte als *Historischem Materialismus* zwar ebenfalls das spekulative Element der Hegelschen Geschichtsphilosophie ab, ersetzen diesen Ansatz aber durch einen nicht minder doktrinär-ideologischen (nämlich Geschichte zu verstehen als dialektischen Prozeß, geprägt von Revolutionen, die durch Ungleichheiten zwischen sozioökonomischer Basis und ideologischem Überbau entstehen und am Ende der Geschichtsteleologie zur "klassenlosen" Gesellschaft führen). **⊙ Hegelsche "Linke"**

In Fortschreibung dieser Positionen mag man zum einen an DILTHEYS Versuche erinnern, den Aporien des Historismus zu begegnen und ihm ein philosophisches Fundament zu schaffen (vgl. ders.: Der Aufbau der geschichtlichen Welt in den Geisteswissenschaften, 1910). **Historismus** In der Aufnahme der linkshegelianischen, also marxistischen Tradition entsteht zum anderen die Konzeption der *Frankfurter Schule*, Geschichte als kritische Gesellschaftstheorie zu begreifen und auf diese Weise zwar vernünftig, aber parteilich im Aufzeigen emanzipatorischer Tendenzen zum Protest gegen gesellschaftliche Unterdrückungsstrategien beizutragen, ohne jedoch noch recht eine Hoffnung faßbar machen zu können (vgl. M. HORKHEIMER / Th. W. ADORNO: Dialektik der Aufklärung, 1944; J. HABERMAS: Legitimationsprobleme im Spätkapitalismus, 1973; vgl. Kap. 1.8.3.3). **Kritische Gesellschaftstheorie** Das Erbe HEGELS zum einen in der hermeneutischen Philosophie und zum anderen in der kritischen Theorie macht allzumal deutlich, daß sich weder theoretische noch praktische Vernunft, also auch die Reflexion auf die Moral und das Ethos in der Ethik nicht mehr ohne ihre Einbindung in gesellschaftliche und geschichtliche Kontexte denken läßt.

Auch in der Theologie wird seit dem 19. Jahrhundert zunehmend die Notwendigkeit erkannt, Vernunft *und* Geschichte aufeinander zu beziehen. Indirekt wird dieses Thema u.a. bei SCHLEIERMACHER bedacht, **⊙ Schleiermacher: Herrschaft des Geistes** wenn er die Geschichte als fortschreitende Herrschaft des Geistes über die Natur begreift (vgl. ders.: Die christliche Sitte, hg. v. L Jonas, 1843). Unter das Paradigma 'Geschichte als Fortschritt' läßt sich auch A. RITSCHL subsumieren, da dieser das Reich Gottes in der Kultur (der bürgerlichen Gesellschaft) und der Teilnahme der einzelnen daran in ihrem als Berufung verstandenen Beruf wachsen sieht (vgl. ders.: Unterricht in der christlichen Religion, 1875, §§26-33).

- Obwohl heute Zweifel an der Kombination von Kulturarbeit, Fortschrittspathos und der eschatologischen Kategorie des Reiches Gottes angebracht sein dürfte, läßt sich ein ethisches Anliegen mit der Reflexion auf Geschichte und praktische Vernunft in den Positionen Ritschls und auch seines Vorläufers Schleiermacher nicht leugnen.

⊙ Troeltschs Europäismus

Zum explizit theologischen Problem erhebt Ernst TROELTSCH den Fragenkomplex 'Geschichte, Vernunft und Historismus'. Obwohl er als ein Hauptvertreter des Historismus einen absoluten Zielpunkt in der Geschichte und somit eine Geschichtsmetaphysik ablehnt, kann er doch dem Christentum die Stellung einer relativen Höchstform in der Religionsgeschichte zusprechen. Doch findet er diese nicht in der sozial verfaßten oder dogmatisch geprägten Kirche, sondern in der Charakterisierung des Christentums als personalistischer Erlösungsreligion, der es gelingt, durch eine einmalige Kombination von Weltab- und zugewandtheit das fromme Individuum sowohl religiös als auch moralisch-ethisch anzusprechen.

Gogarten: Dezisionismus

Der sich bei Troeltsch durch den historistischen Vergleich andeutende Verlust des teleologischen Denkens wird bei dessen Schüler Friedrich GOGARTEN auf die Spitze getrieben. Unter dem Eindruck des Ersten Weltkrieges leugnet er jeden Geschichtssinn und findet das Absolute nur in der (dezisionistischen) Entscheidung (vgl. Kap. 1.8.3.2). Durch diese einseitige Akzentuierung wird jedoch sowohl die geschichtliche als auch die soziale (und sozialethische) Dimension des Christentums unterbestimmt.

⊙ Theorie des neuzeitlichen Christentums

Troeltschs Anliegen, das europäische Christentum als Freiheits- und Kulturförderungsinstitut zu legitimieren, wird in heutiger Theologie durch Wolfgang TRILLHAAS, Trutz RENDTORFF und ihre jeweiligen Schüler (dazu zählen u.a. Friedrich-Wilhelm GRAF, Klaus TANNER) fortgesetzt: Das Christentum ist aus der dogmatisch verfaßten Kirche herausgetreten und in das Ethos der westlich-europäischen, liberal-aufgeklärten, demokratischen Gesellschaft eingegangen. Somit wird eine optimistische Deutung der Geschichte auch aus theologischer Perspektive an den (angeblichen) Fortschritt des europäischen Freiheitsgedankens (wobei die anderen Elemente der Menschenrechtstrias ausgeklammert werden; vgl. Kap. 1.7.10) gebunden. Die katastrophalen geschichtlichen Untaten, die zuerst im Namen der abendländischen Vernunft- und Freiheitsgeschichte, dann in diesem Jahrhundert im Namen von Ideologien einer geschichtlichen Sendung begangen wurden, werden von Rendtorff nicht als Anfrage an sein Konzept mitreflektiert.

⊙ Wort-Gottes-Theologie

Die in den verschiedensten philosophischen und theologischen Ansätzen erkennbare Schwierigkeit, Kontingenz und fragwürdige Prozessualität der Geschichte, Vernünftigkeit und Unvernünftigkeit in ihr zusammenzudenken, wird wohl am ehesten in der Tradition der *Wort-Gottes-Theologie* problematisiert. Angesichts der geschichtlich beobachtbaren und sich durchhaltenden Ambivalenzen verfällt sie (so Karl BARTH als auch Dietrich BONHOEFFER) weder in Geschichtsmetaphysik oder in moralisch-ethische Euphorie, noch gibt sie sich irrationalistischer Vernunftkritik im Sinne NIETZSCHEs oder KLAGES' oder ethischer Resignation hin. Im realistischen Aufweis des Selbstwiderspruchs des Menschen gegen sich, in seinen Beziehungen und seinen Institutionen findet sie die Grundlage, daß sich die Menschen in den jeweiligen geschichtlich-gesellschaftlich geprägten Situationen zum vernünftigen Handeln und Denken *befreien* lassen sollen.

⊙ Christologie

Nicht ein aus der Geschichte herauskristallisierbarer Logos wird dabei angenommen, sondern Jesus Christus wird sowohl von Barth als auch von Bonhoeffer als der *in* die Geschichte eingehende Logos gedeutet und geglaubt, der diese ihrer Selbstwidersprüchlichkeit überführt, aber sie auch durch seine stellvertretende Existenz (Bonhoeffer) bzw. seine Versöhnung (Barth) überwindet.

⊙ Eschatologie und Ethik

Nicht nur durch die christologische Perspektivierung (vgl. auch Kap. 3.2.2), sondern auch durch die Thematisierung *eschatologischer* Vorstellungen trägt die sogenannte dialektische Theologie zur Aufarbeitung (nicht zur Lösung) der Aporien von Vernunft und Geschichte bei (vgl. Ch. FREY [Hg.]: Repetitorium der Dogmatik. Für Studierende der Theologie, ^{6}1998, Kap. XI). Indem die Frage des "Wohin?" der Geschichte nicht in der Geschichte beantwortet, sondern - begründet durch Tod und Auferstehung Jesu Christi und getragen durch die Hoffnung auf den endgültigen Selbsterweis Gottes (als Abbruch der Geschichte) - offengehalten wird (vgl. K. BARTH: Römerbrief^2, 1922; J. MOLTMANN: Theologie der Hoffnung, 1964), können neuartige Dimensionen *für* die Deutung der Geschichte erschlossen werden: Um der in der Geschichte immer bedrohten und in ihr auch je neu zu erschließenden Vernunft muß vom Gott Jesu Christi geredet werden, weil sich an seiner (im Glauben wahrgenommenen) Wirklichkeit der Versöhnung die Gestaltung der Wirklichkeit im Vorletzten messen lassen kann (und für die Gläubigen: messen lassen sollte).

Fazit: Da sich weder der Vorwurf der Heteronomie noch der der Unwissenschaftlichkeit gegenüber der Theologischen Ethik bestätigen konnte, auf der anderen Seite gerade die Theologie einen wertvollen Beitrag zum Problemkomplex "Vernunft und Geschichte" - auch und gerade unter ethischer Perspektive - leisten kann, spricht nichts dagegen, in einen allgemein-ethischen Diskurs partikulare - hier: christliche - Traditionen einzubringen. Wissenschaftliche Redlichkeit mag dann gerade darin bestehen, diese als solche kenntlich zu machen, und sich darum zu bemühen, das damit jeweils einhergehende Verhältnis von Erkenntnis und Interesse kritisch zu durchleuchten. Die dann eingebrachten partikularen Traditionen werden nicht nur zu jeweiligen pragmatischen oder moralischen Problemlösungsstrategien (mit der Frage: "Was soll ich tun?") herangezogen, sondern prägen jeweils schon wesentlich die Frage nach der Bestimmung des Subjektes des Handelns (im Sinne der Frage: "*Wer* bin *ich,* der da handelt oder von einer Handlung betroffen wird?"). Da die Frage nach der *Identität* - in diesem Fall: der des handelnden Christen und der handelnden Christin auf die Dogmatik verweist, muß theologische Ethik auch ihr Verhältnis zur Dogmatik bedenken.

Lit.: Art. 'Geschichte/Geschichtsschreibung/Geschichtsphilosophie', in: TRE, Bd. 12 (1984), S. 565-697.

3.1.2 Ethische Urteilsbildung und dogmatischer Hintergrund - wichtige Orientierungsversuche

⊙ **Dogmatik und Ethik**

Obwohl der letzte Abschnitt auf die Legitimität theologischer Traditionen für die Bearbeitung moralischer und ethischer Fragen hinweisen konnte, ist in der Theologischen Ethik jedoch die genaue Bestimmung des Verhältnisses zwischen Ethik und Dogmatik nicht unumstritten. Typologisch lassen sich drei Arten der Verhältnisbestimmung charakterisieren (zum theologiegeschichtlichen Hintergrund dieser Typen vgl. H.-J. BIRKNER: Das Verhältnis von Dogmatik und Ethik, in: HCE[2], Bd. 1, 1978, S. 281-296):

a *Trennung von Dogmatik und Ethik*	*b* *reziproke Implikation*	*c* *Herleitung der Ethik aus der Dogmatik*
Vertreter in der Gegenwart: Trutz RENDTORFF (Vorläufer: R. ROTHE, E. TROELTSCH, P. TILLICH, W. TRILLHAAS)	Vertreter: Heinz-Eduard TÖDT (beeinflußt von K. BARTH, D. BONHOEFFER, die jedoch die Dogmatik noch stärker vorordnen)	Vertreter: 1) Gerhard EBELING
In der Neuzeit ist die Ethik in ihr ethisches Zeitalter eingetreten. Im neuzeitlichen Christentum beschäftigen die Gemeinschaft der autonomen Subjekte nicht dogmatische Fragen, sondern die Gestaltung einer verantwortlichen Lebensführung zur Verwirklichung von (möglichst großer) Freiheit. "'Ethische Theologie' ist ... die der ethischen Lebenswirklichkeit zugewandte Weise, die Grundfragen der Theologie [gemeint sind: das Gegebensein des Lebens, das Geben des Lebens, die Reflexivität des Lebens] selbständig zu entfalten" (ders.: Ethik, Bd. 1,[2]1990,	Es gibt keine Deduktion der einen Disziplin aus der anderen und umgekehrt, sondern wechselseitige Abhängigkeit bis in die Fundamente: Die Ethik bedarf der Dogmatik, da in letzterer die Begründung der Verantwortungsinstanzen thematisiert wird. Die Dogmatik bedarf der Ethik, da die Wirklichkeit nur im teilnehmenden (und handelndem) Zusammenspiel mit ihr erkannt wird. "Dogmatik und theologische Ethik entspringen also der gemeinsamen Wurzel der glaubenden Begegnung mit der noetisch und sittlich strittigen	Ethik ist als (allgemeinmenschliche) Frage evident. Ihre eigentliche Bestimmung findet jedoch nur in dogmatischer Perspektive statt, da Ethik hier von soteriologischer Überforderung befreit wird: "Das immer schon vorgegebene Phänomen des Ethischen begegnet deshalb um seiner Tiefendimension willen in der Dogmatik durchweg als allgemein zuzumutender Erfahrungshorizont dogmatischer Aussagen, was der reformatorischen Lehre vom usus theologicus legis entspricht" (ders.: in: ZEE 26 [1982], S. 16).

S. 44).	Weltwirklichkeit. Darum ist für sie das Verhältnis reziproker Implikation sachgemäß" (ders.: in: ZEE 26 [1982], S. 38f.).	
2) "*Autonome Moral*" (neuere Richtung kath. Moraltheologie): "Der Christ ist Mensch wie jeder andere auch, es gibt für ihn kein anderes ethisches Alphabet. Das Menschliche ist menschlich für Heiden wie für Christen. Aber der Christ steht aufgrund seines Glaubens in einem neuen Sinnhorizont" (A. AUER, in: ders.: Moralerziehung im Religionsunterricht, 1975, S. 42).		2) Wolfhart PANNENBERG Die Evidenz des Ethischen wird abgelehnt, statt dessen wird es im geschichtlichen Wandel, der im Ganzen eines theologischen Geschichtsentwurfes reflektiert wird, bearbeitet.

Aufgrund seiner eigenwilligen Auslegung der Zwei-Reiche-Lehre ist M. HONECKER sowohl a und c zuzuordnen. Seine Interpretation der Regimenten-Lehre Luthers (vgl. Kap. 3.2.5.2 bzw. Ch. FREY [Hg.]: Repetitorium der Dogmatik. Für Studierende der Theologie, [6]1998, Kap. XIII) führt ihn zu einer deutlichen Unterscheidung zwischen Glauben als bloßer Motivation (zum Tun des Vernünftigen) und der Vernunft, die sich an den weltlichen Sachentscheidungen zu orientieren habe. So stößt der Glaube zwar die ethische Frage an (vgl. c), überläßt ihn dann aber dem Feld der allgemeinen Vernunft (vgl. a).

Theologische Anthropologie als "Drehscheibe"

Alle hier genannten Autoren teilen jedoch die Auffassung, daß die - wenn auch unterschiedlich eingeschätzte - Verhältnisbestimmung zwischen Ethik und Dogmatik in der *theologischen Anthropologie* geleistet werden muß. Denn dort müssen sowohl Fragen der Identität (vgl. Dogmatik) als auch Probleme der Handlung und des Verhaltens (vgl. Ethik) in ihrer wechselseitigen Beziehung aufeinander bezogen werden.

Da sich der Mensch schon immer in einer Handlungs- und Interpretationsgemeinschaft und -situation vorfindet, in der Fragen nach dem Tun und Lassen und nach der Identität gleichzeitig und sich überlappend gestellt werden, und daher jede Trennung von Handlungs- und Identitätstheorie nur einen nachträglichen Charakter besitzen kann - ganz zu schweigen von der Auflösung der einen in die andere - hebt dieses Repetitorium den unter b) skizzierten Ansatz hervor. Es scheint u. E. der Situation der keineswegs eindeutigen, sondern der gerade angesichts der Auflösungstendenzen neuzeitlicher Rationalität strittigen Wirklichkeitserfahrung und -interpretation eher zu entsprechen als der Versuch, von einer "Evidenz des Ethischen" zu reden. Aber auch durch die Auflösung der dogmatischen Fragen zugunsten reiner Grundannahmen für eine "ethische Theologie" scheint die Korrekturfunktion, die die Dogmatik für die Bestimmung der Identitätsproblematik der Handlungssubjekte wahrnimmt, unterbestimmt zu sein.

Da die von TÖDT begründete reziproke Implikation sich nicht von selbst versteht und auch nicht (wie bei EBELING oder HONECKER) von "der" ethischen Frage oder Situation ausgegangen werden kann, besteht die Notwendigkeit, ethische und dogmatische Fragestellungen nicht abstrakt, sondern angesichts jeweils strittiger sittlicher Situationen konkret so aufeinander zu beziehen, daß es *in diesen jeweiligen Situationen und ihnen angemessen* zu einer fundierten (sittlichen) Urteilsbildung kommt, aus der dann eine begründete und verantwortbare Entscheidung erwachsen kann. Dies verweist uns auf die Frage nach einem Modell sittlicher und ethischer Urteilsbildung.

Lit.: G. EBELING: Zum Verhältnis von Dogmatik und Ethik, in: ZEE 26 (1982), S. 10-18.

T. RENDTORFF: Zum ethischen Sinn evangelischer Theologie, in: ZEE 26 (1982), S. 19-28.

H.-E. TÖDT: Zum Verhältnis von Dogmatik und theologischer Ethik, in: ZEE 26 (1982), S. 29-39.

3.1.3 Sittliche Urteilsschemata

Vor dem Hintergrund seiner Theorie "*reziproker Implikation*" von ethischen und dogmatischen Fragestellungen hat H.-E. TÖDT ein viel beachtetes Schema sittlicher Urteilsfindung entwickelt (vgl. ders.: Versuch einer Theorie sittlicher Urteilsfindung, in: ders.: Perspektiven theologischer Ethik, 1988, S. 21-48; ders.: Die Zeitmodi in ihrer Bedeutung für die sittliche Urteilsbildung, in: a.a.O., S. 49-84). Es enthält sechs Schritte (besser vielleicht Momente, da die Urteilsarbeit nicht einem genauen psychologischen *Abfolgeschema* gleicht, sondern sich an den Schritten als *Problemaspekten* abzuarbeiten hat):

⊙ Momente eines ethischen bzw. sittlichen Urteils

Problemwahrnehmung	- Wahrnehmung, ob ein Problem ein primär sittliches ist oder ob es religiös, ästhetisch etc. sein könnte - Aufdeckung, wie die Beteiligten vom Problem betroffen sind und daß es nur durch Selbsteinsatz bewältigt werden kann
Situationsanalyse	-Untersuchung der Situation in ihren vielfältigen Aspekten und ihren relevanten Faktoren - Notwendigkeit, bestimmte Perspektiven der Informationsauswahl und -gewichtung wahrzunehmen
Verhaltensoptionen	- Prüfung der Verhaltensalternativen, wobei Tödt mitbedenkt, daß dies bereits *in der jeweiligen Situation* geschieht, denn die Situationen sind bereits von normativen Perspektiven durchzogen. - Berücksichtigung der Identität und Integrität der Subjekte, da auch diese Reflexion die Verhaltensoptionen prägt.
Normenprüfung	- Der entscheidende Schritt: Die impliziten Normen werden expliziert und einem Urteil unterzogen. - Auf diese Weise werden Situationsschema und Verhaltensschema verknüpft.
Urteilsentscheid	- Berücksichtigung der "Ergebnisse" des gewählten Verfahrens - Bereitschaft des Verantwortungssubjektes, Stellung zu beziehen, den Urteilsentscheid mitzutragen und sich (bis zur Schuldübernahme [vgl. BONHOEFFER; vgl. Kap 1.6.2]) selbst einzusetzen.
Adäquanzprüfung	- Rückblickende Prüfung der sittlich-kommunikativen Verbindlichkeit der in Aussicht genommenen Verhaltensoptionen
	Als Kriterien der Selbstprüfung im Entscheidungsverfahren nennt Ch. FREY: Theologische Ethik, 1990, S 237f.: - Berücksichtigung des *Folgeprinzips* im Sinne einer Verantwortungsethik - Frage nach der *Kohärenz* von Entscheidungen und Normen - Frage nach der *Realisation* - Frage nach selbstverständlich-unhinterfragten *Leitvorstellungen* im Lebensalltag (in der Alltagssoziologie als 'taken-for-granted-assumptions' bezeichnet) im Entscheidungsprozeß - Frage nach *umfassenden Perspektiven* wie Optimismus, Pessimismus, Zielhaftigkeit der Welt etc.

Glaube und Dogmatik sind bei diesem sachlogischen Schema an verschiedenen Aspekten beteiligt (vgl. Ch. Frey, Dogmatik, [3]1993, S. 40-45):

⊙ **Dogmatischer Beitrag**

- Bei der Problemwahrnehmung, der Situationsanalyse und den Verhaltensoptionen kann die Dogmatik, insbesondere die theologische Anthropologie, einen Beitrag zur Aufhellung der jeweiligen *Wirklichkeitswahrnehmung* leisten.
- Beim Normenprüfungsschritt kann eine dogmatische Präzisierung der sittlichen Grundnormen durchgeführt werden.
- Beim Übergang vom Urteilsentscheid zur Adäquanzprüfung sollte vor dem Hintergrund theologischer Anthropologie nach der Identität und Integrität des verantwortlichen Subjektes gefragt werden.

Kritik

Ob es sich bei diesem Modell um eine "ethische Theorie sittlicher Urteilsfindung" handelt, wie Tödt selbst betont, mag vom jeweiligen Verständnis des Theorie-Begriffs abhängen (meint er ein umfassendes System, dann kann das Schema gar keine Theorie sein, da es von den Kontingenzen der jeweiligen Situation und ihren normativen Prägungen abhängig bleibt; versteht man unter Theorie jedoch eine methodisch geleitete, vernünftige Reflexion auf ein Problem, kann man es als Theorie bezeichnen). Von einem ausschließlich pragmatischen oder politischen Modell unterscheidet sich Tödts Versuch (anders als dies von O. HÖFFE: Ethik und Politik, 1979, S. 400 und M. HONECKER: Theologische Ethik, 1990, S. 208 kritisiert wird) dadurch, daß es den normativen Aspekt eines Problems, der alternativen Verhaltensoptionen und der Entscheidung hervorhebt.

Als Alternative zu Tödts Modell schlägt O. Höffe (in: ders.: Ethik und Politik, S. 394-403) folgende Momente (nicht Schritte !) eines als *eines* Gesamtprozesses vorgestellten Urteilsschemas vor:

1. Problemanalyse bzw. - diagnose	a) Kategorien / Begriffsbildung b) Situationsanalyse / Mängeldiagnose	↕ **4. Adäquanzkontrolle**
2. Kriterienbestimmung	a) Prinzipien- oder Kriterienbestimmung b) Begründung von leitenden Lebensformen	
3. kreativer Aspekt bzw. konstruktiver Entwurf	= Hinweis darauf, daß allein aus 1. und 2. kein sittliches Urteil deduzierbar ist, sondern immer ein nichtverrechenbares kreatives Moment zum Urteil gehört.	

3.2 Zentrale Aspekte des Zusammenhangs von Dogmatik und Ethik

Wurde in diesem Kapitel zur theologischen Ethik bislang zunächst das Verhältnis philosophischer und theologischer Ethik beschrieben, sodann das innerhalb theologischer Ethik zu diskutierende Verhältnis von Dogmatik und Ethik, so will das nun folgende Teilkapitel ausführen, wie sich das von den Verfassern angenommene dialektische Zusammenspiel ethischer und dogmatischer Fragen inhaltlich niederschlägt. Anders formuliert meint dies die Fragen: Wie könnte sich das *Bekenntnis christlichen Glaubens* auf ethisches Denken und Handeln auswirken? Welche Orientierungsansätze für ein Verhalten in der Welt liegen in den Glaubensaussagen über den Schöpfergott, das Christusgeschehen und den Heiligen Geist? Können sie helfen in der Auseinandersetzung mit vorhandenen und angebotenen Normierungen bzw. liegen ihrem Bekenntnis nicht sogar bereits ethische Orientierungen voraus?

Glaubensbekenntnis und ethische Orientierung

Die im folgenden versuchsweise trinitarisch bzw. nach dem Aufriß des Glaubensbekenntnisses strukturierten Zuordnungen von ethischen zu dogmatischen Fragen erheben nicht den Anspruch auf Vollständigkeit. Das Feld ist durchaus weiter, komplexer und vernetzter, was ja auch im Wesen der Trinität angelegt ist. Zudem wird für jeden Handelnden der Weg auch immer wieder umgekehrt zu beschreiten sein, und von den konkreten ethischen Problemen her wird die Dogmatik kritisch befragt werden. Es folgen zusammenfassende Gesichtspunkte, wie Schöpfungstheologie, Christologie, Pneumatologie und Eschatologie möglicherweise eine theologische Ethik prägen können. Um nochmals die theologische-ethische Konsequenz des Ineinanders von Dogmatik und Ethik zu unterstreichen, schließt sich eine kurze Nachbetrachtung an, die den *theologisch-ethischen Umgang mit biblischen Traditionen* reflektiert (vgl. Kap. 3.2.6).

3.2.1 Der erste Artikel des christlichen Glaubensbekenntnisses und die theologische Ethik

Wir bekennen Gott als "Schöpfer des Himmels und der Erde". Meint dieses Bekenntnis die Ablehnung anderer, z.B. naturwissenschaftlicher Erklärungsversuche der Entstehung der Welt oder einen dramaturgisch zu erzählenden Urmythos? Der zeitlich erste, jahwistische Schöpfungsbericht (Gen 2,4b-25) spricht von der Erschaffung des Menschen zur Bebauung und Bewahrung des Garten Eden, aus dem die Menschen in der nachfolgenden Erzählung vom Sündenfall (Gen 3) vertrieben werden; der zweite, priesterschriftliche Schöpfungsbericht (Gen 1,1 - 2,4a) redet von sechs Tagen, in denen Gott die Welt durch sein Wort erschuf und für gut befand, um am siebenten Tag sein Werk zu feiern. Der gebietende Schöpfergott, die Güte des Geschaffenen, die Gottebenbildlichkeit des Menschen - was bedeutet diese Perspektive der Schöpfung auf die Welt und das Handeln in ihr?

Schöpfungsperspektive

Aktuelle Fragestellungen

Was bedeutet sie vor allem angesichts einer Welt, in der der Mensch immer größeren Einblick in den Plan der Natur gewinnt und sich zu immer neuen "Schöpfungstaten" aufschwingt (man denke an die Genforschung und -manipulation), in der man Leben immer besser zu erhalten versteht (man denke an die Organtransplantation)? Was bedeutet sie angesichts einer Welt, die sich seit der industriellen Revolution in einer immer größer werdenden Umweltkrise befindet (man denke an den Abbau natürlicher Rohstoffe, Schadstoffbelastungen, Störungen des ökologischen Gleichgewichts aller Art)? Welche Perspektive bietet hier die Rede vom Schöpfer, der Welt als Schöpfung, dem Menschen als Geschöpf?

Lit.: Ch. FREY (Hg.): Repetitorium der Dogmatik. Für Studierende der Theologie, [6]1998, S. 136-159 *(zu den dogmatischen Begrifflichkeiten und Fragen).*

Ch. LINK: Schöpfung, Bd. 1 u. 2, 1991.

J. MOLTMANN: Gott in der Schöpfung. Ökologische Schöpfungslehre, 1985.

3.2.1.1 Der Schöpfer und die Frage nach den Schöpfungsordnungen

⊙ Biblische Weisheit

Von den ältesten biblischen Aussagen zur Schöpfung zieht sich eine breite christliche Tradition bis heute durch: Die *Weisheitsliteratur*, insbesondere die Psalmen, sehen in den wunderbaren *Ordnungen* der Schöpfung einen Rückverweis auf Gott als ihren Schöpfer, auf Gottes grenzenlose Weisheit (vgl. Ps 8, 19, 29, 104, 148; Spr 1-9). Der Mensch ist danach als Geschöpf Gottes prinzipiell in der Lage, diese Ordnungen und damit den Willen Gottes wahrzunehmen und zu leben. Dieses alttestamentliche Gedankengut wird im Laufe der abendländischen Geschichte vor allem dort rezipiert, wo der Naturrechtsgedanke (vgl. Kap. 1.7.9) Gestalt gewinnt, im Gedanken einer natürlichen Einsicht in die Sittlichkeit.

⊙ Schöpfungsordnungen

Im Mittelalter wird dieser Gedanke unter Zuhilfenahme von platonischen und aristotelischen Kategorien zu einer komplizierten *Sozialmetaphysik* ausgebaut. Die jeweiligen 'ordines' sind von Gott in hierarchischer Rangfolge gesetzt (vgl. Kap. 1.7.9) und bedeuten so zugleich eine *Statusanweisung* für einzelne gesellschaftlich-kirchliche Gruppen:

> Klerus geht vor Laienstand,
> Ordenschristen haben höheres Ansehen als Alltagschristen (allerdings nicht als Geschöpfe, sondern kraft besonderer Beru fung),

LUTHER dagegen stellt die Ordnungen ("heiligen Orden und rechte Stifte") unter die "Ordnung der Liebe" ("gemeiner Orden der christlichen Liebe"; vgl. ders.: Bekenntnis vom Abendmahl Christi [1528], WA 26, S. 504f).

CA XVI insistiert gegen schwärmerische Auflehnung und mönchische Weltflucht darauf, "quod legitimae ordinationes civiles sint bona opera Dei" (BSLK, S. 70). Im Anschluß an antike Vorbilder von der gesellschaftlichen Dreigliederung faßt man diese als gute Ordnungen Gottes:

Nährstand	*Lehrstand*	*Wehrstand*
ordo oeconomicus	*ordo ecclesiasticus*	*ordo politicus.*

⊙ Schöpfungsordnungen im 19. und 20. Jahrhundert

Luther hat die Funktion gegenseitigen Beistands dieser Ordnungen hervorgehoben. Teile des Luthertums im 19. und 20. Jahrhundert begreifen Familie, Staat, Kirche etc. als gottgegebene *Schöpfungsordnungen* bzw. als - auf die Situation nach dem Sündenfall bezogen - *Erhal-*

tungsordnungen (vgl. zur Zwei-Reiche-Lehre, Kap. 2.6 u. 3.2.4.2). Da diese Position bekanntlich eine antidemokratische Tendenz hatte und zur Legitimation des Nationalsozialismus als Gottesordnung (vgl. den *Ansbacher Ratschlag*, u. a. von W. ELERT, P. ALTHAUS) führen konnte, muß heute der Begriff der Schöpfungsordnung mit großer Vorsicht verwandt werden; theologische Kritik muß bestimmen, was die biblische und biblisch inspirierte Rede vom gebietenden Schöpfer meinen könnte.

Schöpfung, nicht Natur

Psalmen, die Weisheit in der Schöpfung feiern, preisen erstens vorhandene Phänomene, das ihnen vor Augen liegende Sein, nicht ein "Sollgefüge" (Elert), und meinen zweitens nicht die Natur, den Plan der Evolution oder die Geschichte, sondern die Schöpfung (zur Unterscheidung der Begriffe von Natur und Schöpfung vgl. Kap. 3.2.1.2). Die Welt wird in ihnen zum Hinweis auf Gott; sie kann etwas von Gottes Werk erkennen lassen, sofern sie in der Perspektive des Glaubens an den Schöpfer, der sie aus dem Nichts durch sein Wort zum Gutsein erschuf, wahrgenommen wird. Die Erkenntnis ist eine Erinnerung, aber zielt nicht auf Gott vorausliegende Gesetze, gemäß denen er gebietet, sondern lebt aus der *Begegnung mit Gottes gebietendem und schaffenden Wort* (vgl. K. BARTH, KD III,4, S. 31).

Diese Ablehnung einer unkritischen Legitimation sozialer Strukturen und Hierarchien (durch den Verweis auf den Schöpfergott) ist nicht einfach mit "Institutionenblindheit" gleichzusetzen (M. HONECKER: Einführung in die Theologische Ethik, S. 300); Kritikern scheint auch die christologische Begründung des Mandatsbegriffes bei BONHOEFFER (der irdische Herrschaftsverhältnisse unter die Herrschaft Gottes stellen will; vgl. Kap. 1.6.2), nicht genug anzuerkennen, daß der menschliche Lebenszusammenhang von überindividuellen Vorgaben geprägt sein muß. Auf der anderen Seite wäre zu fragen, ob gar nicht eindeutiger aus theologischer Perspektive über menschliche Ordnungen gesprochen werden soll, wenn der Begriff der Schöpfungsordnung obsolet geworden ist. Die Rede vom *Schöpfer* stellt einer an metaphysische Gedanken anknüpfenden Ordnungsethik entgegen, daß die Welt nicht aus sich selbst heraus ist, daß ihr Grund, ihre Möglichkeit zu sein, in einem anderen liegt. Dies bezeugt der Jahwist mit der Betonung des Wunders des Zum-Leben-Kommens (durch Gottes נפשׁ), die Priesterschrift mit der Betonung der schöpferischen Macht des Wortes Gottes, Deuterojesaja mit der Hervorhebung der herausragenden

Größe des Schöpfergottes, mit dessen Tat das geschichtliche Handeln an Israel begann. Auf diesen Schöpfer, der ein *Gegenüber* ist, wartet die Schöpfung ihrerseits, wenn sie auf den Frieden wartet (Jes 11).

⊙ Gebot des Schöpfers

Das Gebot des Schöpfers ist somit nicht bezogen auf eine kosmische gute Weltordnung, wie sie auch die Verteidiger der Theodizee (u.a. LEIBNIZ; vgl. Ch. FREY [Hg.]: Repetitorium der Dogmatik. Für Studierende der Theologie, [6]1998, S. 145; 157-159, vgl. Kap. 1.7.1.2) in der Welt erkennen wollen, sondern es erweist sich als mächtig, wirklichkeitsverändernd im Erhaltungs- und Heilshandeln Gottes.

Die Unterscheidung von Schöpfer und Geschaffenem und die 'creatio ex nihilo' müssen auch gegen die Emanationslehre verteidigt werden, nach der Gott sich selbst in Ewigkeit schafft, und die dem Pantheismus allzu nahe steht.

⊙ Schöpfung und Bund

Stellt der Glaube an Gott als den Schöpfer auf der einen Seite die Souveränität und Größe dieses Gottes und die Abhängigkeit der Schöpfung von seinem Ja zu ihr heraus, so sagt die Selbstbestimmung Gottes zum Schöpfer der Welt auf der anderen Seite, daß er diese *will,* sie aus *Freiheit* und *Liebe* zum Dasein ruft, und sein Werk mit Wohlgefallen sieht und feiert (vgl. zum entsprechenden Verhältnis von Geschöpflichkeit und Gottebenbildlichkeit Kap. 3.2.1.3) Der *Bundes*gedanke ist also mit dem Schöpfungsgedanken aufs engste verflochten. Wenn Gott sich an das Geschaffene bindet, dann kann Schöpfung zugleich wieder zum Ziel der Hoffnung werden, wie es auch das Neue Testament in der Erwartung der Neuschöpfung als Teil der Erfüllung des Bundes durch Gott tut.

Schöpfung und Ethik

Von *ethischer Bedeutung* in einer Rede von Gott als dem Schöpfer erscheinen also vor allem die Rückkopplung und Unterordnung geschichtlicher menschlicher Gegebenheiten an und unter ihren Möglichkeitsgrund, das Vertrauen auf die Wirkmächtigkeit und liebende Zuwendung des Gottes, der sich zum Gegenüber bestimmt. Von seiten der Kreatur ist also ein Harren auf diesen Schöpfer angesagt (vgl. Röm 8,19ff; zur Bedeutung der eschatologischen Dimension vgl. Kap. 3.2.4), nicht eine Rechtfertigung des Bestehenden, ja gar des Bösen aus dem angeblich zutage liegenden Schöpfungsplan oder eine Haltung, die die Welt ohne Grund und Verheißung auf sich selbst zurückführt und sie ihrer Kontingenz preisgibt.

3.2.1.2 Die Schöpfung und die Frage nach einer ökologischen Ethik

Vor dem Hintergrund des Vorangehenden wird deutlich, daß *'Schöpfung'* niemals vorschnell mit *'Natur'*, gar einem bestimmten Naturbild gleichgesetzt werden darf. (So kann das 'es war sehr gut' auch einen Protest gegen die oft augenscheinliche Desolatheit der natürlichen Verhältnisse meinen.)

⊙ Identifikation der Schöpfung

Obwohl der Glaube an den Schöpfer gerade eine gewisse Vorsicht gegenüber Definitionen und Identifikationen seines Schöpfungsplanes gebietet, so bedeutet dies ja keinesfalls, daß die Wahrnehmung der Welt unter der Perspektive 'Schöpfung' gar nicht mehr möglich wäre und aus ihr kein positiver Umgang mit ihr gewonnen werden könnte. Die Ablehnung einer reinen natürlichen Theologie sowie einer in der Geschichte sich verwirklichenden Theodizee (vgl. Kap. 3.1.1.3) darf nicht dazu führen, daß Natur und Geschichte, die zwei zentralen Momente innerhalb der Schöpfung, den Naturwissenschaftlern und Evolutionstheoretikern überlassen werden. Statt dessen gilt es, den Dialog neu zu beleben: "Nachdem die Naturwissenschaften gezeigt haben, wie Schöpfung als Natur zu verstehen ist, muß die Theologie zeigen, wie Natur als Schöpfung Gottes zu verstehen sei" (J. MOLTMANN: Gott in der Schöpfung, 1985, S. 52). Daß sich die Arbeit der Theologie damit nicht erübrigt, zeigt sich, wenn man in den Dialog tritt: Die Abkehr von dem deterministischen Weltbild, von der cartesianischen Trennung von Subjekt und Objekt, der Einbruch von Unschärfe und die Erkenntnis von Korrelationen, die Theorie der offenen Systeme auf der Seite der *Naturbeobachtung* werden ergänzt durch die Erfahrung von Kontingenz in der Geschichte, die teleologische Konzepte mehr und mehr in Frage stellt (vgl. Ch. FREY: Theologische Ethik, S. 64; Ch. LINK: Schöpfung, Bd. 2, S. 344). Verschärft wird diese Öffnung und Dynamisierung von Naturtheorien durch die Entdeckung der Geschichtlichkeit der Natur.

Es ist also nicht schon alles gesagt, sondern die Theologie ist gefordert, sich sowohl ihrer Verhaftung in überkommene Natur- und Verhaltensvorstellungen (z. B. eines biblisch legitimierten Herrschaftsanspruches des Menschen über die restliche Schöpfung) bewußt zu werden, als auch sich einzutragen in die offenkundigen *Spielräume,* die in der Erforschung der Umwelt und der Teilnahme an ihr bereitstehen.

Dabei gilt es, Schöpfung zu *entdecken* und Verantwortung wahrzunehmen.

Die verschiedenen Ansätze im Schöpfungsverständnis müssen also daraufhin befragt werden, wie sie die Erkenntnis von Schöpfung begreifen, wie sie die ökologische Bedrohung einschätzen, welche Verantwortung sie den Menschen zuweisen und welche Rolle der Schöpfer jetzt und in Zukunft für seine Schöpfung spielt.

Creatio continua und Prozeßtheologie

- So sprechen angloamerikanische Ansätze im Anschluß an A. N. WHITEHEAD, C. HARTSHORNE und J. B. COBB jr. (aber auch P. TILLICH) in Anlehnung an die Evolutionstheorie von der fortgehenden Schöpfung Gottes, die als unvollkommene des Menschen als Mitschöpfers bedarf. Dieser erkennbar panentheistische Ansatz muß sich die Frage gefallen lassen, wie realistisch diese Einschätzung des Menschen als Mitschöpfers angesichts der von ihm ausgehenden Bedrohung und Unvollkommenheit ist.

Polemik gegen Anthropozentrik

- Im Gegenzug hierzu führen andere Ansätze die äußerste Bedrohung der Schöpfung gerade auf das nicht koordinierte Verhalten der Menschen zurück. Einige sprechen von der verhängnisvollen Anthropozentrik (L. WHITE jr. oder G. ALTNER), davon, daß im Leben selbst das Telos liege (H. JONAS), und begreifen den Menschen als Leben, inmitten von Leben, das leben will (im Anschluß an A. SCHWEITZER). Trotz berechtigter Kritik dürfte diesen Konzeptionen allerdings entgegenzuhalten sein, daß die Appelle zu Verantwortung und Rettung der Schöpfung den Menschen als Subjekt benötigen.

⊙ Bonhoeffer: Natur ist nicht Schöpfung

⊙ Vorletztes

- Die spezifisch theologische Dimension wird in den vorangehenden Auffassungen nahezu ausgespart. D. BONHOEFFER akzentuiert demgegenüber den Unterschied zwischen Natur und Schöpfung. Er kann in dem natürlichen Leben nicht ohne weiteres das 'es war sehr gut' oder ein ihr inhärentes Ziel entdecken. Einzig im Glauben an Gott, dessen Wille in Jesus Christus deutlich wird, läßt sich im Vorletzten natürliches und gutes Leben finden, da es vom Letzten, der im Glauben erhofften Neuschöpfung, bestimmt wird. Dieses Leben hat - ohne eigene Leistung - zuerst Rechte, dann Pflichten. Bonhoeffer mißt hier wie K. BARTH (Schöpfung als Rechtfertigung, vgl. KD III,1 § 42,3) der *Christologie* eine entscheidende Rolle zu für die Erkenntnis dessen, was Schöpfung bedeutet. Diese berechtigte theologische Zuspitzung läßt allerdings noch breiten Raum für die materiale und wissenschaftliche Auseinandersetzung mit dem objektiven Werden der Welt.

Schöpfung und Geist

- Bei J. MOLTMANN (Gott in der Schöpfung, 1985) wird die Schöpfung eher *pneumatologisch* gedeutet: Der vom Schöpfer seiner ganzen Schöpfung beigelegte Geist weist sie als solche aus, auch wenn gleichzeitig ihre Bedrohung anerkannt werden muß. Dieser vermittelnde Einsatz der Pneumatologie bietet der Erkenntnis der Schöpfung im Gegensatz zum christologischen Ansatz, der die Gotteserkenntnis kritisch thematisiert, breiteren Raum, muß sich jedoch vor einer Überhöhung holistischer (d.h. die Ganzheit der Welt als gottgegeben hinstellender) Entwürfe hüten. Dabei könnte die Wahrnehmung der 'Schöpfung als Gleichnis' (LINK) eine Hilfe sein.

Bewahrung der "Schöpfung"

Die Sorge um die Bewahrung der Schöpfung, besser: 'integrity of creation', die seit dem ersten Bericht des Club of Rome 1972 und nachfolgenden Bemühungen vor allem der Ökumene im Kampf gegen den ökologischen Countdown stetig wächst, ruft Christen und Christinnen zu Umkehr und Verantwortung. Die im Glauben ermöglichte Wahrnehmung dieser vom Untergang bedrohten Welt als Gottes Schöpfung kann da und dort den Blick schärfen oder umlenken; sie radikalisiert die Sorge und die Hoffnung und ermöglicht Verantwortung ohne Hybris oder Resignation.

Sabbat

Für eine theologische ökologische Ethik sind zudem einige Themen der Bibel und der Tradition nachdenkenswert, wie z. B. der *Sabbat*, auf den die Schöpfung hinzielt, die nicht in sechs Tagen vollzogen ist. Der Sabbatfrieden der Schöpfung weist über die ewige Produktion der Natur, das Sabbatjahr über die Arbeitszeit hinaus, ja, der Sabbat kann als Vorwegnahme der Erlösung der Welt, als ihre Hinordnung auf das Reich Gottes verstanden werden. Hier klingt an, wie wichtig die eschatologische Dimension (vgl. Kap. 3.2.4) auch für das Thema der Schöpfung ist. Auch die jüdische Vorstellung von der *Schechina,* der Einwohnung Gottes in seiner Gemeinde, oder von der Beziehungsstruktur der *Trinität* im Christentum besitzen Anstöße zu menschlichem Nachdenken über die Schöpfung.

Jenseits von einer Legitimation des status quo, Überforderung des Menschen oder Ausklammerung der Bedrohung muß sich eine theologische Schöpfungsethik bewähren, indem sie immer wieder neu Verantwortung für das freilich endliche und begrenzte Leben wahrnimmt.

Lit.: HCE², Bd. 2, 1978, S. 17-72.
M. HONECKER: Grundriß der Sozialethik, 1995, S. 231-296.

3.2.1.3 Die Gottebenbildlichkeit und Geschöpflichkeit und die Frage nach dem Menschenbild

"Macht euch die Erde untertan"?

Das hier zu bearbeitende Problem klang bereits an: Ist das Christentum maßgeblich beteiligt an der Ausbeutung und zunehmenden Zerstörung ökologischer Zusammenhänge, weil es durch seine Lehre von der *Gottebenbildlichkeit* des Menschen die Anthropozentrik und mit dem Auftrag von Gen 1,28 ("Macht euch die Erde untertan.") ungute Herrschaftsverhältnisse legitimierte? (C. AMERY sprach entsprechend von den "gnadenlosen Folgen des Christentums"; vgl. ders.: Das Ende der Vorsehung, 1974.) Oder ist dieselbe christliche Lehre Bezugspunkt für die so notwendige Verantwortung gegenüber der Schöpfung in Entsprechung zum Schöpfer?

⊙ Dominium terrae

'Dominium terrae' und 'imago Dei' sind wohl beides nicht primär Bestimmungen des Menschen, ihm anhaftende Eigenschaften - obwohl die Tradition immer wieder die gottebenbildlichen Eigenschaften zu bestimmen sucht: die Vernunft (AUGUSTIN), die Verantwortungsfähigkeit (E. BRUNNER), die Offenheit zur Transzendenz (K. RAHNER) -, sondern vielmehr Bestimmungen der Aufgabe, *Funktion des Menschen* vom Ganzen der Schöpfung her (Man beachte den Kontext Gen 1!). Um der Schöpfung und ihrer Erhaltung willen ist der Mensch zum Statthalter Gottes auf Erden bestimmt. Die Unterwerfung der Erde meint in der Sprache der Landnahmetradition zunächst einmal die zivilisatorische, kulturelle Arbeit des Bebauens und Bewahrens, die Herrschaft über die Tiere meint die königliche Wahrung des Lebensrechtes für die gesamte Schöpfung.

Bebauen und Bewahren

⊙ Mitgeschöpflichkeit

Diesem Auftrag setzt ein christliches Menschenbild aber auch seine Grenzen, sofern es die *Geschöpflichkeit,* d. h. das "Sichgründen der Existenz außerhalb ihrer selbst" (G. EBELING), und mit ihr die Mitmenschlichkeit und Mitgeschöpflichkeit herausstellt. Die ontologische Differenz von Schöpfer und Geschöpf gebietet jeder Despotie Einhalt. "Im Menschen wird das Geschöpf vor Gott für die geschöpfliche Welt verantwortlich, ohne aufzuhören, Geschöpf zu sein." (A. RICH: Wirtschaftsethik, Bd. 1, 1984, S. 175) In Entsprechung zu dem dialogischen Charakter, den Gott mit der Schöpfung an sich selbst bestätigt, befindet sich auch der gottebenbildliche Mensch im Dialog, einerseits mit seinem Nächsten (Gen 1,27), seinen Mitmenschen, und andererseits mit der ihn umgebenden Schöpfung, mit der er zusammen eine Schicksalsgemeinschaft bildet. Aus den Kriterien des Menschengerechten, die Rich (a.a.O., S. 172-217) anführt, lassen sich dann ohne weiteres die Kriterien für die Wahrnehmung des Herrschaftsauftrages erschließen, wie sie O. H. STECK formuliert: Wir dürfen unseren Zugriff auf die Lebenswelt soweit ausdehnen, daß er erstens nicht anderen, auch zukünftigen Menschen ähnliche Möglichkeiten nimmt, er zweitens allem anderen Lebendigen sein Recht auf Leben wahrt und wie er drittens die Tötung außermenschlichen Lebens auf das Lebensnotwendige beschränkt (vgl. ders.: Welt und Umwelt, 1978, S. 148).

Wenn LUTHER den ersten Artikel des Glaubensbekenntnisses erklärt, so spricht er von dem Schöpfer, der ihn, den Menschen, nicht nur geschaffen hat, sondern auch erhält, behütet und bewahrt (vgl. BSLK, S. 510f.). Spricht man dogmatisch von der 'creatio continua', der göttlichen *Providenz,* so ist dies ebenfalls von Bedeutung für die Bestimmung des Geschöpfes. Dies ist nicht nur unterschieden vom Schöpfer, dem es sich verdankt, und beauftragt zum Dienst an der Schöpfung, sondern auch gerüstet durch das Mitgehen Gottes in der Geschichte, das immer neu Zuspruch und Anspruch freisetzt. Providenz meint dann also nicht universalgeschichtliche Welterklärung (vgl. das Problem der Theodizee; vgl. Kap. 1.7.1.2), sondern die Selbstbindung Gottes an die Welt, sein Treuegelöbnis, das dem Menschen die Furcht zu nehmen vermag (vgl. Mt 10, 26-33).

3.2.2 Zwischen erstem und zweitem Artikel: Gesetz und Evangelium

Theologische Grundentscheidungen prägen über die Grenzen von Schöpfungslehre, Christologie, Pneumatologie und Eschatologie hinaus die theologisch-ethische Orientierung. So gewinnt etwa die Frage nach der Verbindung oder Trennung der Schöpfungslehre und der christologischen Perspektive auf die Ethik entscheidende Bedeutung. Dieses zu verdeutlichen bemüht sich das vorliegende Zwischenkapitel, indem es die Diskussion um das Thema "Gesetz und Evangelium" noch einmal gesondert aufführt. Den Lesern und Leserinnen sei damit ein Feld erschlossen, in das sie ihre eigenen Grundorientierungen eintragen können.

Bedeutung

'Gesetz und Evangelium' ist eine der, wenn nicht die prägende systematisch-theologische Grundunterscheidung reformatorischer, insbesondere neuerer lutherischer Theologie. Die Relevanz dieser Zuordnung und Unterscheidung (*discrimen legis et evangelii)* unterstreicht Martin LUTHER, wenn er sie als "die höchste Kunst in der Christenheit" (WA 36, S. 9) bezeichnet. Trotz ihrer konstitutiven Relevanz für die Reformationszeit verblaßte ihre Bedeutung in der Aufklärungszeit und im 19. Jahrhundert. Erst im 20. Jahrhundert entstand erneut eine gewichtige (und kirchenpolitisch brisante) neue Diskussion zu Gesetz und Evangelium.

Problem-orientierung

Bei dem Theologumenon 'Gesetz und Evangelium' geht es:
a) um das rechte Verständnis der Schrift (wobei sich Gesetz und Evangelium quer durch beide Testamente zeigen),
b) um die Klärung des Gottesverhältnisses (Gott begegnet dem Sünder und der Sünderin richtend und helfend),
c) um ein seit dem Ende des 19. Jahrhunderts aufgerichtetes Unterscheidungsmerkmal neulutherischer Theologie (mit Folgen für die Ordnungstheologie oder in der existentialen Interpretation).

In allen Diskussionsstadien ist nicht so sehr das Moment 'Evangelium' Anlaß des zum Teil heftigen Streites, sondern die Zuordnung des fordernden Wortes Gottes in Relation zum verheißenden:

- Kann man dem Gesetz unabhängig vom Evangelium zutrauen, daß es Gott in seinem eigentlichen Willen erkennen läßt oder Erlösung bringt?
- Ist das Gesetz Inbegriff der mit der Schöpfung gesetzten Ordnungen, oder ist es in einer besonderen Geschichte Gottes mit seinem Volk gesetzt worden (also göttliches offenbartes Recht)?
- Gilt das Gesetz auch noch für Christen?
- Ist das Gesetz hinreichend durch seine ordnungspolitische und seine anklagende Funktion definiert?

Betrachtet man die genannten Grundfragen, kann man unschwer erkennen, daß 'Gesetz und Evangelium' als systematisch-theologische Grundkategorie sowohl dogmatische als auch ethische Aspekte impliziert. Da die Unterscheidung das Verständnis des Wortes Gottes (und seiner Wirkungen) thematisiert, hat sie ihre Heimat in der Dogmatik (dort in den Prolegomena, in der Gotteslehre, in der Schöpfungslehre, der Anthropologie, aber auch in der Christologie und der Eschatologie und seit der Reformationszeit in der Lehre von den Gnadenmitteln). Wenn es jedoch darum geht, die Konsequenzen für die in der Dogmatik anvisierten Fragen nach der Identität des zum Handeln Geforderten (vgl. Kap. 3.1.1) auszuloten, wird auch die Notwendigkeit theologisch-ethischer Reflexionen zu Gesetz und Evangelium deutlich.

Lit.: Art. 'Gesetz' I-VI, in: TRE 13 (1984), S. 40-126.
Art. 'Gesetz und Evangelium' I-II, in: a.a.O., S. 126-147.
R. SMEND / U. LUZ: Gesetz, 1981.

Theologische Vororientierung

a) Gerade im Blick auf die exegetischen Rückfragen zu 'Gesetz und Evangelium' wird die oft prägende 'Vorurteils'struktur eines jeweiligen Theologen deutlich. Entsprechend dogmatischen Vorentscheidungen fand man auch die entsprechenden biblischen Belege. Zu Recht benennt daher G. BARTH "das Problem, inwiefern für die Erhellung des Verhältnisses von Gesetz und Evangelium exegetische Forschung überhaupt relevant zu sein vermag" (ders.: TRE 13 [1984], S. 137). Trotz dieses kritischen Vorbehaltes lassen sich doch einige für die Diskussion wichtige biblische Grundlinien für eine mögliche Differenzierung des Wortes Gottes nach Gesetz und Evangelium skizzieren. Dabei ist allerdings zunächst zu beachten, daß die Unterscheidung von

Gesetz und Evangelium eine den biblischen Texten nachgeordnete theologische Begriffsbildung ist, die versucht, das Reden und Wirken Gottes zu schematisieren.

Schuldogmatisch wird danach zugeordnet (vgl. die interessanten Skizzen in einem kath. [!] Lehrbuch, dem Lexikon der kath. Dogmatik, 1987, S. 186-191):

dem Gesetz	↔	**dem Evangelium**
Anspruch	↔	Zuspruch
fordernder Wille Gottes	↔	schenkender Wille Gottes
Weisung	↔	Verheißung
Anklage	↔	Freispruch
Gerichtsandrohung	↔	Begnadigung
Verurteilung	↔	Vergebung
Bedrängnis	↔	Trost

b) Diese jeweiligen Gesichtspunkte systematischer Reflexion lassen sich leicht in den verschiedensten biblischen Traditionen wiederfinden. Auf der Ebene gesamtbiblischer Theologie stellen sich aber gegenüber der *systematischen* Leitkategorie 'Gesetz' kritische Fragen: Da Gesetz eben nicht nur die systematische Kategorie im obigen Sinne meint, sondern einen Komplex biblischer Tradition (nämlich die Tora, d.h. die gesamte "Willensoffenbarung" Gottes [G. v. RAD: Theol. des AT, [4]I, S. 234f.]) und ein vielschichtiges biblisches Thema darstellt, besteht die Gefahr, Konnotationen der einen Bestimmung auf die andere zu übertragen und ihr Verständnis zu verzerren.

⊙ Verständnis des Gesetzes

⊙ Altes Testament

Somit ist offensichtlich, daß "Gesetz" einmal im AT als Tora, sodann in den systematisch-theologischen Überlegungen der Reformation und schließlich auch der neulutherischen Theologie seit dem Ende des 19. Jahrhunderts unterschiedlich ausgelegt und beurteilt wird. Sowohl in weiten Teilen der deuteronomisch-deuteronomistischen Tradition, in den exilischen und nachexilischen Priester- und Weisheitstexten als auch in zahlreichen Psalmen wird das Gesetz als *gute* Weisung Gottes verstanden, die in die Reihe der Verheißungsgeschichte JHWHs gehört. Paradigmatisch zeigt dies (unabhängig von der exegetischen Diskussion, welcher Zeit und welchen Umständen die genaue Entstehung zuzuordnen ist) ein Blick auf den Dekalog: In beiden Fassungen (Ex 20; Dtn 5) wird die Weisung eingeleitet (und damit auch konstituiert) durch eine die Verheißunsgeschichte in Erinnerung rufende Selbstvorstellung JHWHs: "Ich bin der Herr, dein Gott, der dich aus Ägyptenland geführt hat, aus der Knechtschaft."

- Zu den grundlegenden Vorstellungen zum Gesetz im AT und im Judentum zählt ferner der Gedanke, daß das Bundesverhältnis Gott-Volk in rechtlichen Kategorien (u.a. in Vertragsvorstellungen) ausgedrückt werden kann. Zudem:
- Gerechtigkeit umfaßt das ganze Leben (und nicht nur die Rechts- und Verteilungssphäre).
- Gerechtigkeit und Barmherzigkeit bilden keinen Widerspruch.
- Deshalb sind Rechts- und Ethosnormen Ausdruck des Gottesverhältnisses.
- Im Zuge des Exils kommt es zur verstärkten Herausbildung eines *Identitätsethos* einer religiösen Minderheit im Fremdland, die durch umfassende Kodifizierungen unabhängig vom verlorenen Kult nach gemeinschaftsstiftender Identität sucht.
- Im Gefolge dieser Entwicklung wird in der Esra- und Nehemiazeit das Gesetz zum Inbegriff der Gegenwart Gottes (und bekommt so eine Art Mittlerstellung, die Paulus als gescheitert ansieht).
- In der prophetischen Tradition kommt dem Gesetz zum Teil noch nicht die spätere konstitutive Relevanz zu; wo es kritisch betrachtet wird, wird es nicht abgeschafft, sondern es wird die mit dem Gesetz einhergehende Gottesbeziehung gegen veräußerlichten Umgang mit dem Gesetz eingeklagt (z.B. Hos 4; Jer 31).

Aus gesamtbiblisch-theologischer Sicht, aber auch unter Berücksichtigung des sensiblen jüdisch-christlichen Dialoges ist daher Vorsicht geboten, die oben genannten Merkmale des systematisch-theologischen Gesetzesverständnisses vorschnell mit einem biblischen Gesetzesverständnis zu identifizieren. Vor dem Hintergrund biblischer Bezeugungen der Offenbarung Gottes stellt sich für die Ethik dann die Frage, ob sie sich aus einer verheißungsvollen Bewährung der Gottesbeziehung oder aus einem verheißungslosen Handeln der Selbstrechtfertigung speist.

⊙ Gesetzesverständnis im Neuen Testament

c) Anders stellt sich die Situation im NT dar. Aber auch hier sollte die systematische Theologie erkennen, daß der besondere Akzent der Theologie des Paulus Ausdruck der Zuwendung Gottes zum Menschen sein will. Bevor daher die paulinischen Grundaussagen skizziert werden, sind einige kurze Hinweise zum divergierenden Gesetzesverständnis der frühchristlichen Zeit angebracht, um die neutestamentliche Vielfalt im Verständnis des Gesetzes nicht einfach abzublenden.

Frühjudentum

- Bei den zur Zeit Jesu relevanten gesellschaftlichen Gruppen im Judentum, den Sadduzäern, den Pharisäern, den Essenern und auch in Qumran herrscht trotz Differenzen in den Einzelfragen (über Umfang und Interpretation) ein grundsätzlicher Konsens, daß die Tora Gottes gutes Weisungswort ist (vgl. R. SMEND / U. LUZ: Gesetz, 1981, S. 45-57).
- Nach der Zerstörung Jerusalems und des Einheitssymbols des Tempels übernimmt das pharisäisch-rabbinische Judentum (in Gestalt der Chokamim) das Monopol der Identitätsbildung im Judentum. Dies geschieht u.a. durch die verbindliche Festlegung auf die 613 Weisungen der Tora. Vor allem in der halachischen Tradition von Mischna und Midrasch wird die Gesetzesauslegung zur Mitte der jüdischen Religion, der gegenüber die anderen Zeugnisse der Hebräischen Bibel in den Hintergrund treten.

⊙ Jesus und das Gesetz

Stark umstritten in der neutestamentlichen Forschung ist die Stellung Jesu zum Gesetz. Die althergebrachte These, daß JESUS das Gesetz abgetan habe (als locus classicus galten die Antithesen [vgl. Mt 5,21-48]), läßt sich nach dem neuesten Stand der Forschung nicht aufrechterhalten. Aber auch die umgekehrte - u.a. von jüdischer Seite (S. BEN CHORIN; P. LAPIDE) - vertretene These, Jesus stelle wie ein charismatischer Rabbi nur ein Gesetzesverständnis gegen andere Deutungen auf, greift aufgrund des jesuanischen Souveränitätsanspruches zu kurz. Kann man überhaupt Jesu Verhältnis zum Gesetz thematisieren (zu den Schwierigkeiten der Rückfrage vgl. G. KLEIN: in: TRE 13 [1984], S. 58-61), so sollte dies nicht primär über die Frage des Liebesgebotes, sondern im Blick auf Jesu Reich-Gottes-Botschaft geschehen. Obwohl Jesus als Jude dem Gesetz verbunden war, praktizierte er durch die eschatologische Verkündigung eine Gottunmittelbarkeit, die in ihrer Konsequenz die bis dahin unangefochtene Gesetzesautorität untergra-

⊙ Reich Gottes und Gesetz

ben konnte (vgl. R. SMEND / U. LUZ: Gesetz, 1981, S. 58-75). Dies zeigt sich u.a. am *souveränen Umgang* mit den Reinheitsgeboten und den Sabbatvorschriften. Nicht so sehr eine bewußte Gesetzeskritik oder gar -abrogation steht im Zentrum der jesuanischen Botschaft; sondern durch die eschatologische Botschaft kommt es zur Akzentverschiebung in der Beurteilung der Zugehörigkeit zur Gottesherrschaft, die sich nicht mehr eindeutig an das Gesetz koppelt. Auf diese Weise verliert das Gesetz indirekt an soteriologischer Bedeutung.

⊙ Matthäus und das Gesetz

Auch der Stellenwert, den der Evangelist MATTHÄUS dem Gesetz im Rahmen seiner Verkündigung (vgl. bes. Mt 5,17-20) vor dem wahrscheinlichen Hintergrund seiner Gemeinde (die mt. Gem. muß nach U. LUZ u.a. als judenchristliche Gemeinde angesehen werden, die sich im Loslösungsprozeß vom Synagogalverband befindet und mit diesem um die "Erbschaft" des Gesetzes und der Tradition streitet) beimißt, mahnt zur Vorsicht gegenüber der bekannten Stereotypie. Für Matthäus müssen Gesetz und Evangelium nicht gegeneinanderstehen, sondern das richtig verstandene Gesetz *ist* eine frohe Botschaft, und das Evangelium findet allein im Tun der Weisungen zur Vollkraft (Mt 7,15-23). Weil das Tun des Willens des Vaters (vgl. Mt 12,50) schon immer getragen und begleitet ist vom in Jesus erschienenen Immanuel, Gott-mit-uns (Mt 1,23) - und dies bis ans Ende der Welt (Mt 28,20) -, gilt von der mt. Theologie: "... sie versteht Gottes Forderung als Gnade. Sie unterscheidet nicht zwischen Gesetz und Evangelium, sondern für sie ist - obwohl diese Begrifflichkeit ihr nicht entspricht - das Gesetz, besser, die das Gesetz aufnehmende Verkündigung des Willens Gottes durch Jesus Evangelium. Sie ist eine Theologie des Gesetzes, aber nicht eine Theologie der Werkgerechtigkeit" (R. Smend / U. Luz: Gesetz, 1981, S. 85).

⊙ Paulus und das Gesetz

Der entscheidende Ansatz für die spätere Lehre von Gesetz und Evangelium findet sich ohne Zweifel in der Theologie des PAULUS. Doch auch bei deren Rezeption sollte der Charakter der pln. Briefe als "Gelegenheits-, ja oft genug Verlegenheitsschreiben" (G. BORNKAMM: Paulus, 1969, S. 20) nicht unbedacht bleiben.

Zunächst ist festzuhalten, daß sich Paulus im Galaterbrief und im Römerbrief entsprechend der verschiedenartigen Adressatensituationen unterschiedlich zum soteriologischen Verhältnis von Verheißung und

Weisung äußert - im streitbaren Galaterbrief polemisch und sterotypisierend, im werbenden Römerbrief differenzierend-dialektisch. Im Gal wird das Verhältnis als scharfer Gegensatz skizziert: Jesus Christus hat die Befreiung vom Gesetz gebracht, das nur als παιδαγογὸς εἰς Χριστόν fungierte (Gal 3,24). Demgegenüber zeigt der Römerbrief eine differenziertere Sicht: das Gesetz ist zwar an sich heilig und gut (Röm 7,12.16), verbunden mit dem Willen des gegen Gott aufbegehrenden Menschen, also unter der Macht der Sünde, treibt es zum Gegenteil und bewirkt keine erlösende Gerechtigkeit vor Gott (Röm 3,9-20). Unter der geglaubten Verheißung des Evangeliums Jesu Christi als dem Ende (wohl nicht des Vollenders?) des Gesetzes (Röm 10,4) kann Paulus dann auch zu einer positiven Würdigung des Gesetzesbegriffes kommen. Dieses wird dann aber streng als "Gesetz des Geistes des Lebens in Christus Jesus" (Röm 8,2) bezeichnet. Für Paulus unmöglich zu trennen sind Heilsindikativ und -imperativ (vgl. Gal 5,25), so daß sittliche Forderungen aus dem neuen Sein in Christus und dem Geist (was für Paulus identisch ist; vgl. Röm 8,9) wie von selbst entspringen. Diese Perspektivierung des Handelns und Verhaltens kann der Apostel als "Gesetz Christi" (Gal 6,2; 1 Kor 9,21) bezeichnen, wobei die Liebe als Erfüllung des Gesetzes gilt (vgl. Röm 13,8-10).

Bei der Rezeption der paulinischen Theologie für die Lehre von Gesetz und Evangelium sollte daher beachtet werden:
1) Paulus kennt nicht nur einen negativen Gebrauch des Terminus 'Gesetz', sondern in Verbindung mit Christus auch einen (sicher modifzierten, aber eben) positiven.
2) Das paulinische Evangelium der Verheißung in Jesus Christus wird nicht ausschließlich am Gegensatz zum Gesetz herausgestellt. Statt dessen finden sich auch andere Antitopoi des Evangeliums: das Leben κατὰ σάρκα und die Sünde. Dem Gesetz wiederum werden nicht allein das Evangelium, sondern Freiheit, Geist oder Christus gegenübergestellt (was auch gegen die einseitige terminologische Fixierung spricht).
Die Frage des Gesetzes muß eingebunden werden in prinzipielle Sicht des Paulus über das Verhältnis Gottes zu den Menschen, das sich wie folgt schematisch darstellen läßt:

Verhältnis Gott - Mensch

a: Vorgabe Gottes — b: Wirken des Menschen

	a1: Schöpfung	a2: Zurechtbringung des Menschen ("Rechtfertigung") in das rechte Gott-Mensch-Verhältnis	b1: zum eigenen Verderben	b2: im Leben des Guten
	Röm 1,20	Röm 1,16,17; 3,21-31	Röm 7,14-23	Röm 8; v.a. 8,2
Gesetz	*Juden:* von Mose, *Heiden:* im Herzen (Röm 2,14f.).	nicht aufgehoben, sondern aufgerichtet (Röm 3,31); Vorrang der Verheißung.	Gesetz im Zwiespalt, wenn in der falschen Stellung zwischen Gott und Mensch (Röm 7,14-23).	Gesetz im geistlichen Sinn: neue Grundrichtung des Lebens (Röm 8) - neuer Umgang mit Geboten (Röm 13,8 ff.).

"Gesetz" in der alten und mittelalterlichen Kirche

d) Für protestantische Ohren ungewöhnlich ist die zutreffende Feststellung von G. KOCH, daß "bis zur Reformation bei der Verhältnisbestimmung von Gesetz und Evangelium immer das Gesetz als universale Kategorie [herrscht], d.h., das Evangelium ist dem Gesetz untergeordnet oder zugeordnet" (ders.: in: Lexikon der kath. Dogmatik, S. 186). Für die Kirche bis zur Reformation nennt der Autor (vgl. a.a.O., S. 190) folgende Zuordnungen:

frühkirchliche Theologie ➔	evangelium sub lege
MARCION ➔	evangelium contra legem
griechische und lateinische Kirchenväter im 3.-4. Jhd. ➔	evangelium sub lege
AUGUSTINUS ➔	gratia in relatione ad legem
THOMAS von AQUIN ➔	lex ut forma gratiae, evangelium ut lex nova

Für das gesamte Mittelalter prägend wird das von AUGUSTIN stammende Stufenschema "Gesetz und Gnade": Das Gesetz ist gegeben, damit die Gnade erstrebt wird, die Gnade ist gegeben, damit das Gesetz erfüllt wird (De spirit. et lit., 34). Dem geistlichen Stufenschema korrespondiert das heilsgeschichtliche Schema: vor dem Gesetz, unter dem Gesetz (AT), unter der Gnade (Zeit der Kirche), im ewigen Frieden (Eschaton).

Die frühchristliche und mittelalterliche Einordnung des Evangeliums in das umfassende Gesetz wird durch die scholastische Sakramenten- und Kirchenlehre (Verbindung der Gnadenzuwendung mit der kirchlichen Sakraments- und Ablaßverwaltung) nochmals verschärft und schafft so die theologische Grundsituation für die reformatorische Kritik; denn es bestand die Gefahr, das Evangelium als nicht *bedingungslos* den Menschen zugesprochen zu verstehen.

⊙ Reformation

Genau dagegen wendet sich ja die reformatorische Theologie, insbesondere LUTHERs, der u.a. im Blick auf Röm 1,17 (vgl. das sog. "Turmerlebnis" und die kirchen- und theologiegeschichtlich weiterhin strittige Diskussion darüber) "erkannte", daß die Gerechtigkeit Gottes gnadenhaft, nicht aufgrund anrechenbarer Leistungen, sondern allein im Glauben an die Heilszuwendung Gottes in Jesus Christus und passiv "erworben" wird. Der Glaube ist kein Habitus, sondern ein durch das 'verbum Dei externum' begründetes, passives Geschehen. Vor dem Hintergrund dieser reformatorischen Entdeckungen (die ja kein individuelles religiöses Erlebnis Luthers sind und bleiben) gewinnt die Unterscheidung von Gesetz und Evangelium an Bedeutung; hier hat sie ihren Sitz im Leben, hier erhält das reformatorische Verständnis der usus legis seinen Sinn.

⊙ Gesetz und Evangelium und die Rechtfertigungslehre

Die Differenzierung von Gesetz und Evangelium besagt dann, daß das eine, den Menschen zugeeignete Wort Gottes den Menschen zwar zum Heile frei und ungeschuldet anspricht, darin aber auch einen anklagenden und fordernden Charakter nicht ausschließt. D.h., das discrimen legis et evangelii wendet sich vor dem Hintergrund der Rechtfertigungslehre

- *theologisch* gesprochen gegen Versuche, Gottes Wort auf ein seichtes Liebeswort oder auf ein zürnendes Despotenwort einzuengen und
- *anthropologisch* gesprochen gegen eine Selbstrechtfertigung des Menschen.

Insbesondere die geschichtliche wie theologische Entwicklung der Reformation (Problem des Schwärmertums) zeigte schnell, daß es einer entschiedenen Reflexion über das Gesetz bedurfte. So bildete sich die komplexe usus-legis-Lehre der verschiedenen Reformatoren aus, die jeweils vor ihrem geschichtlichen Hintergrund unterschiedliche Akzentsetzungen vornahmen:

⊙ Das Verständnis des Gesetzes bei den Reformatoren

LUTHER Die zweite Disputation gegen die Antinomer (WA 39,I, S. 418 ff.)	← duplex A.a.O., S. 441: <u>Grammatice / Civiliter:</u> * coercere delicta (den Vergehen wehren) = carnis paedagogica ([Erziehung des Fleisches] im Sinne weltlicher Gerechtigkeit, * Dekalog: von Anfang jedem Menschen "eingemeißelt".	usus → <u>Theologice / Spiritualiter:</u> * ostendere delicta (die Verstöße aufdecken) - im geistlichen Sinn (coram Deo), * verdammt die äußerliche Gerechtigkeit.	Der sogenannte _'tertius usus legis'_ in Luthers Schriften ist Fälschung. Der Sache nach sagt L. statt dessen: * Den Wiedergeborenen ist nicht die _lex implenda_, sondern die _lex impleta_ (= Christus) zu predigen. * Der gesamte Dekalog wird durch _Glauben_ (mit dem ersten Gebot) erfüllt.
MELANCHTHON Loci praecipui theologici, StA II,1, S. 321 ff.	<u>Primus usus:</u> Gott will alle Menschen durch die disciplina steuern: * wegen seines Gebotes, * zur Vermeidung von Strafe, * um des öffentl. Friedens willen, * hin zur 'paedagogia in Christum' →	<u>Praecipuus usus = secundus usus:</u> [M. findet ihn hauptsächlich bei Paulus] Er gilt, um * Irrtümer menschlicher Urteile zu beseitigen, * ostendere peccatum, accusare: Das Gesetz soll alle Menschen anklagen und ob der Verderbnis ihrer Natur erschrecken.	<u>Tertius usus legis:</u> Er soll * die vom Gesetz Befreiten auch vom _Fluch_ des Gesetzes befreien, * die Überreste der Sünde aufdecken, * bestimmte Werke empfehlen.
CALVIN Institutio (1559), II,7,1 ff. [Grundsätzlich: Das Gesetz wurde 430 Jahre nach der Abrahamsverheißung gegeben. Christus ist im ganzen levitischen Gesetz verborgen gegenwärtig. Uns gilt das _moralische_ Gesetz.]	vgl. ↗ ! <u>Primum officium (6-9):</u> * Die Gerechtigkeit Gottes aufweisen, anklagen, der Selbstliebe überführen, * einen Spiegel vorhalten, * die Gottlosen ins Verderben stürzen, die Kinder Gottes erziehen (erudire) bis zur Verzweiflung und zum Ruf nach Gnade.	↖ vgl. ! <u>Secundum officium (10 -11):</u> * Die Menschen im Zaum halten, * wie das primum officium: paedagogus ad Christum (Gal 3,24), a: Menschen, die auf eigene Gerechtigkeit vertrauen, zur Demut erziehen (s. primus officium) b: Menschen in den Lüsten ihres Fleisches einen Zaum anlegen (s.o.).	<u>Praecipuus usus = Tertius usus legis:</u> * Durch den Geist Gottes im Herzen Gehorsam lernen, stärken, den Willen des Herrn erkennen. * Das Gesetz als Lebensregel, denn mit Jesu Kommen ist - laut Mt 5,17 - der Beobachtung des Gesetzes nichts entzogen.

Trotz dieser differenzierten Verhältnisbestimmungen zielt die Unterscheidung von Gesetz und Evangelium generell darauf, sowohl Quietismus wie Nomismus auszuschließen. Insbesondere wahrt sie die Freiheit und Verbindlichkeit des einen Wortes Gottes, das im Heilszuspruch den Anspruch mitträgt bzw. daraus freisetzt.

◎ Noch einmal: Luther zum Gesetz

Blickt man dabei noch einmal gesondert auf die Position LUTHERS, so wird das Gesetz (als prinzipiell nicht erfüllbares) theologisch zum Inbegriff des Lebens der Selbstrechtfertigung und erweist sich so als anklagendes, der Sünde überführendes Wort Gottes (usus theologicus). Dennoch besitzt es für das politische Gemeinwesen einen grundlegenden, ordnenden Charakter (usus politicus legis; der 'Juden Sachsenspiegel'). Daher kommt ihm keine soteriologische, sondern eine sozialpolitische Funktion zu (vgl. ders.: Eine Unterrichtung, wie sich die Christen in Mose sollen schicken [1525], in: WA 16, S. 363-393). Allerdings enthält das AT (nach Luther mit "Mose" gleichzusetzen) neben den trefflichen äußeren Gesetzesanordnungen auch Verheißungen auf Christus hin und erhält so von diesem seine für das Christentum grundlegende Bedeutung.
Gegenüber dem Gesetz wird das Evangelium nie als Handlungsanweisung qualifiziert, sondern ist Inbegriff der im Glauben sich passiv ereignenden Neuausrichtung des Lebens (wobei Luther gern das Bild vom guten Baum, der gute Früchte bringt, benutzt, indem er das christologisch perspektivierte erste Gebot als Grundlage aller Handlungen einschärft; vgl. ders.: Sermon von den guten Werken [1520], in: WA 6, S. 196-276).

(Zu den anderen Reformatoren vgl. das Schema der usus legis.)

◎ 19. und 20. Jahrhundert: Verschiebung der Bedeutung

e) Im *Neuluthertum* des endenden 19. und der ersten Hälfte des 20. Jahrhunderts wird der reformatorische Hintergrund zum Verständnis des Theologumenons "Gesetz und Evangelium" vernachlässigt. Dabei gerät z.T. seine Funktion als differenzierende Ausgestaltung der Vorstellung vom Wort Gottes aus dem Blick, seine Rückbindung an die Rechtfertigungslehre und sein didaktischer Skopus der Mittelstellung zwischen Werkgerechtigkeit und Antinomismus. Statt dessen wird diese theologische Abbreviatur auf verschiedene Weise hochstilisiert:

- M. SCHNECKENBURGER erhebt die Differenzierung von Gesetz und Evangelium (als konfessionelles Schibboleth) zum Unterscheidungskriterium zwischen Lutheranern und Reformierten und wirft letzteren eine neue Form der Gesetzlichkeit vor.
- Th. HARNACK will darin das Fundament der Theologie Martin Luthers erkennen (und wird damit zum Vorläufer der fundamentaltheologischen Interpretation, so G. EBELING).
- W. ELERT deutet das Gesetz als Inbegriff von Seinsordnungen und Forderungen, die unter dem Zorn Gottes stehen. Auch die lebenserhaltenden Ordnungen des Gesetzes unterliegen diesem Zwangscharakter. Wegen seiner (nach Elert im NT deutlich werdenden) Unerfüllbarkeit wird es zum Ankläger, wobei auch die politischen Ordnungen nicht zum Segen gereichen, sondern zur Vergeltung (vgl. ders.: Das christliche Ethos, 1949). Die „hochnotpeinliche" Rechtfertigung ereignet sich als Urteilsvollzug über den Sünder und zugleich als Zuwendung der Gnade. Das Gesetz verkündigt genau diese Rechtfertigung. Elert hat somit die Unterscheidung von Gesetz und Evangelium quasi zur Trennung vorangetrieben, so daß er von zwei völlig unterschiedlichen Worten Gottes sprechen konnte, wobei das Gesetz als Wort des deus absconditus und das Evangelium als Wort des deus revelatus identifiziert wurde. ⊙ Elert
- P. ALTHAUS konnte Gesetz und Evangelium mit den Regimenten Gottes in Verbindung bringen. Diese eigenwillige Zuordnung der beiden Theologumena zueinander hatte zur Folge, daß der bis dahin unbestrittene Zusammenhang von 'usus theologicus' (göttliche Kritik) und 'usus politicus' (bedingte Legitimation der politischen Ordnung im Vorletzten) unter der einen Kategorie des Gesetzes verlorenging und so die politischen Ideologien keine theologische Kritik erfuhren. Daß mit dieser nur scheinbar unpolitischen Gesinnung sehr wohl Politik betrieben wurde, zeigte sich in den kirchlichen Irrungen zu Beginn des Nationalsozialismus'. Althaus

Die Folgen bewies der das Führerprinzip legitimierende und stabilisierende *Ansbacher Ratschlag*, die Reaktion von Elert und Althaus auf die Barmer Theologische Erklärung, seine politische Absicht: "Das Gesetz, 'nämlich der unwandelbare Wille Gottes' (FC. Ep. VI,6) begegnet uns in der Gesamtwirklichkeit unseres Lebens, wie sie durch die Offenbarung Gottes ins Licht gesetzt wird. Es bindet jeden an den Stand, in den er von Gott berufen ist, und verpflichtet uns auf die natürlichen

Ordnungen, denen wir unterworfen sind, wie Familie, Volk, Rasse (d.h. Blutzusammenhang) ... In dieser Erkenntnis danken wir als glaubende Christen Gott dem Herrn, daß er unserem Volk in seiner Not den Führer als 'frommen und getreuen Oberherren' geschenkt hat und in der nationalsozialistischen Staatsordnung 'gut Regiment', ein Regiment mit 'Zucht und Ehre' bestreiten will" (zit. nach K. D. SCHMIDT: Die Bekenntnisse und grundsätzlichen Äußerungen zur Kirchenfrage, Bd. 2: 1934, 1935, S. 103).

⊙ Barth: Evangelium und Gesetz

- Gegenüber den ordnungstheologischen (meist konfessionell lutherischen) Theologien und im Angesicht der (kirchen-)politischen Situation hat Karl BARTH seine Streitschrift „Evangelium und Gesetz“ (1935) verfaßt. Sie wendet sich gegen einen Dualismus von Gesetz und Evangelium, gegen das Hinausdrängen des Gesetzes aus dem guten Bundeswillen Gottes und gegen die Absonderung des Evangeliums von der Gestaltung des Zusammenlebens. Seine Kritik an diesen s.E. theologisch, kirchlich und politisch grundverkehrten Tendenzen fundiert Barth, indem er mit Gal 3,17 darauf verweist, daß Gottes Verheißung eher war als jenes Gesetz, das aus dem guten Gebot Gottes eine Drohung macht, weil es die Menschen zur Selbstrechtfertigung mißbrauchen. Um die von Gott nicht aufgekündigte gute Bedeutung des Gesetzes zu untermauern, spricht Barth vom Gesetz als der "notwendige[n] *Form des Evangeliums*, dessen Inhalt die Gnade ist" (a.a.O., S. 13). Um dem Mißverständnis zu entgehen, daß der Form-Begriff scholastisch als inneres Wesen gedeutet werden könnte, rückte Barth in KD II,2 von dieser Formulierung ab und nannte das Gesetz (das er um die Kategorie des Gebotes ergänzt, wobei das Gesetz sagt, wer Gott für uns ist und wer wir vor Gott sind, während als Gebot die daraus resultierende Erlaubnis zum Tun aufgefaßt wird; vgl. KD II,2 § 37f.) die nachgeordnete "Gestalt des Evangeliums" (a.a.O., S. 564): "Indem das eine Wort Gottes als Offenbarung und Werk seiner Gnade über den Menschen verfügt, wird es ihm auch zum Anstoß, durch den er in eine dieser Verfügung entsprechende Zukunft gewiesen wird“ (a.a.O., S. 567).

e) Unabhängig von diesen späteren Präzisierungen darf man Barths Streitschrift von 1935 nicht allein als dogmatisches Gefecht lesen, das um die Frage streitet, ob das Gesetz für Christen Gültigkeit besitze oder nicht. Vielmehr geht es ihm dabei um die Frage des mit dem

Theologumenon vorentschiedenen Wirklichkeitsverständnisses und damit auch um die Grundlegung einer *Ethik*: Ist es für Christinnen und Christen möglich, in den weltlichen Verhältnissen auch ohne den Anspruch des Evangeliums zu agieren oder nicht? Läßt sich ein politischer Gottesdienst für Christen leben? Ist politisches Engagement allein unter Gesichtspunkten von Erhaltung und Ordnung zu charakterisieren oder auch durch kreative Gestaltung?

⊙ Frage der Reihenfolge

Mit dem zwischen rechtsnationalen Lutheranern und (u.a.) Barth ausgetragenen Kampf um die rechte Verhältnisbestimmung von Gesetz und Evangelium sind wir bereits mitten in der ethischen Relevanz des Themas. Tatsächlich macht sich diese an der jeweiligen Vorordnung (Gesetz vor Evangelium oder umgekehrt) fest. M. HONECKER faßt die Grundentscheidung in der Frage zusammen: "Gibt es neben dogmatisch-theologischen Maßstäben anthropologische und ethische Kriterien der Anthropologie, oder läßt sich die ethische Forderung in dem einen Satz zusammenfassen, der Mensch habe in allem seinem Handeln Gottes Handeln zu entsprechen" (vgl. ders.: Einführung in die Theologische Ethik, 1988, S. 81)? Doch mit dieser Frage, die Honekker selbst im Sinne der ersten Alternative entscheidet, baut er eine Scheinalternative auf. Nicht, als ob es nicht andere philosophische oder humanwissenschaftliche Einsichten über den Menschen gäbe, ist das Problem, sondern welchen Stellenwert man diesen Erkenntnissen einräumt. Bei Honecker selbst wird die ethische Reflexion als rein vernunftgeleitet verstanden und theologisch-ethisch unter die Sphäre des Gesetzes als der Bewahrung und des Schutzes gegen die Macht des Bösen (vgl. ebd.) subsumiert.

Honecker

Auch bei G. EBELING verweist das Gesetz als Kontrastfolie zum Evangelium auf eine ethische Forderung, die als anthropologische Grundkonstante 'remoto Christo' immer als Situation des Scheiterns erfahren wird: Im Gesetz kommt dem Menschen das allen Menschen Einleuchtende zum Ausdruck, an dessen Anspruch der Mensch scheitert. In dieser Grundsituation, gedeutet als Suche nach dem Wort, ist das Evangelium genau dieses notwendende Wort, das nie in Gebotssätzen erscheint (vgl. ders.: Wort und Glaube, Bd. 2, 1969, S. 1-41).

Ebeling

Mit dieser Verhältnisbestimmung wird sowohl von Honecker als auch von Ebeling theologisch-ethisch nur das Gesetz fruchtbar gemacht. Das Evangelium spielt ethisch keine Rolle, präziser: darf keine Rolle spielen. Die Ethik droht untheologisch zu werden. Demgegenüber kann man mit Barth auf die theologisch-ethische Funktion beider Elemente hinweisen, wenn man die Doppelformel als eine jede Ethik bereits im Vorfeld konkreter Handlungsanweisungen prägende, grundlegende Wirklichkeitserschließung und -entdeckung versteht. Mag die konkrete Ausgestaltung der Kategorie des Gesetzes jeweils umkämpft sein, so protestiert die Vorordnung des Evangeliums vor das Gesetz dagegen, die Wirklichkeit, auf die man sich handelnd und reflektierend bezieht, theologisch und theologisch-ethisch allein vom Gesetz her zu bestimmen und sich so politisch vor allem erhaltungs- statt gestaltungsorientiert einzusetzen. Auch wehrt diese Zuordnung der latenten Gefahr, das Wort Gottes in unterschiedliche Worte auseinanderzureißen und so einen ethisch problematischen Freiraum von Eigengesetzlichkeit (vgl. Kap 1.5.3) zu eröffnen, der nicht mehr theologisch-ethischer Reflexion zugänglich sein darf. Ethisch relevant wird die Zuordnung von Gesetz und Evangelium darin, daß sie die Theologinnen und Theologen nach ihrem die Ethik prägenden Verständnis des Wortes Gottes befragt.

Faßt man die bisherigen Überlegungen zusammen, so sind (mit Ch. FREY: Theologische Ethik, 1990, S. 134f.) folgende Deutungen abzulehnen:

1) Gesetz und Evangelium als *Universalschlüssel zur Wirklichkeitsdeutung* zu gebrauchen,
2) das Gesetz als *Kategorie für das allen Menschen Einleuchtende* (EBELING) zu bezeichnen,
3) die Unterscheidung von Gesetz und Evangelium mit der von *Altem und Neuem Bund* zu identifizieren (BULTMANN),
4) eine direkte Entsprechung von Gesetz und Evangelium und den *zwei Reichen* bzw. Regimenten (ALTHAUS) zu konstruieren,
5) mit Gesetz, abgelöst vom Evangelium, eine Verurteilung Israels zu behaupten,
6) Gesetz und Evangelium als ein konfessionelles Schibboleth zu interpretieren (SCHNECKENBURGER).

Angesichts einer durch den jüdisch-christlichen Dialog gesteigerten Sensibilität für die Problematik des oftmals negativ-kontrastierenden Gebrauchs des Gesetzes durch die systematische Formel 'Gesetz und Evangelium' ist der Hinweis M. STÖHRS zu begrüßen, daß diese eben ein zeitbedingtes Theologumenon war, das andere Arten des Wort Gottes ("ins Leben rufen, locken, richten, heilen, ja auch: schweigen") nicht per se suffizient einschließt (vgl. ders.: Art. 'Gesetz und Evangelium', in: EKL^3, Bd. 2 [1989], Sp. 151) und auch theologisch-ethisch mißbraucht werden kann: "Es war Dietrich Bonhoeffer ..., der Karl Barths ... Kritik an der Reihenfolge und Trennung von G. u. E. entscheidend vertiefte, als er vor der 'billigen Gnade', der 'Gnade als Schleuderware' warnte. Eine ausgezeichnete Rechtfertigungslehre, die aber die Kosten der Nachfolge scheut und die Sünde, nicht aber den Sünder rechtfertigt (Nachfolge, 1937), wird mit derselben Leidenschaft kritisiert, mit der Paulus die mißbrauchte Tora und die sie instrumentalisierenden Frommen kritisiert. Ist das eine verwerflich, so auch das andere" (a.a.O., Sp. 151f.).

⊙ Aktualität

Auch aufgrund des *eschatologischen Vorbehaltes*, der das Leben der Kirche wie die darin geleistete theologische Arbeiten konstitutiv begrenzt und so auch gegenüber der Differenzierung von Gesetz und Evangelium gilt, sollte immer mit der kritischen Kraft des *einen* Wortes Gottes in seiner Verbindlichkeit und Freiheit und mit seinen integralen Momenten des Zuspruchs und Anspruchs gerechnet werden. All diese Überlegungen sollten bei der Anwendung der theologiegeschichtlich vorgegegebenen Formel auf theologisch-ethische Fragen berücksichtigt werden; sie darf nicht allzu direkt moralisch genutzt werden. Beachtet man diese "Differenzsensibilität" (M. WELKER), so läßt sich auch "Gesetz und Evangelium" - am besten in umgekehrter Folge - theologisch-ethisch anwenden. Angesichts konkreter, normativ beladener, ethisch problematischer Fragen unserer Lebenswelt kann die Doppelformel helfen, die Wirklichkeit und ihre normativen Gehalte zu perspektivieren. Dabei interpretiert sie (eben unter den Gesichtspunkten von Zuspruch und Anspruch) das *Ereigniswerden des Wortes Gottes* und schematisiert nicht die Wirklichkeit an sich. Durch die konstruktive Perspektivierung können eingespielte Lebenserfahrungen neu gedeutet werden: Wo läßt sich mit einer gewissen Verheißung im Vorletzten etwas tun?

Deshalb folgt den hier aufgeführten Problemaspekten der Unterscheidung 'Gesetz und Evangelium' keine ethische Fallanwendung. Sie griffe im eben bezeichneten Sinne zu kurz. Sinn dieser Überlegungen konnte nur sein, Theologinnen und Theologen auf die hier breit dargestellten Vorentscheidungen hinzuweisen, wenn sie in einer Predigt, einem Seelsorgegespräch oder einem Gemeindevortrag ihre Überlegungen mit dieser bei vielen so tief verwurzelten Formel arbeiten.

Lit.: Ch. FREY: Theologische Ethik, 1990, S. 133ff., 254f.
M. HONECKER: Einführung in die theologische Ethik, Berlin 1990, S. 60-82.

3.2.3 Der zweite Artikel des christlichen Glaubensbekenntnisses und die theologische Ethik

Christologie, direkt und indirekt ethisch wirksam

Beim Thema der Schöpfung wurde bereits deutlich, daß auf die verschiedenen Artikel des Glaubensbekenntnisses und theologischen Topoi einerseits zurückgegriffen werden kann, wenn sie einen Bezug zu materialen ethischen Problemfeldern aufweisen (Bsp. Ökologie, Menschenbild, vgl. Kap. 3.2.1.2 u. 3.2.1.3), daß sie andererseits aber auch den grundlegenden Ansatz einer Ethik bestimmen können (Schöpfungsordnung, vgl. Kap. 3.2.1.1). Wendet sich dieses Kapitel nun der möglichen Bedeutung der Christologie für eine Ethik zu, wird dieses Phänomen noch deutlicher: Auf der einen Seite kann man die biblische Rede von der Person Jesu Christi, von seinem Leben und seiner Bedeutung für die Gemeinde auf ethische Konsequenzen hin prüfen. Dies tun z.B. klassische und neuere Ansätze beim Thema der *Nachfolge oder des Gerichts* (vgl. Kap. 3.2.2.1). Auf der anderen Seite steht die in einigen Ansätzen des 20. Jahrhunderts zentrale *axiomatische* Bedeutung der Christologie - nicht nur für die Dogmatik, sondern auch für die theologische Ethik (Kap. 3.2.2.2). Um diese Unterscheidung hervortreten zu lassen, wird dieser Abschnitt eine andere Aufteilung erfahren als die übrigen, indem die Gliederung nur sekundär nach Themen verläuft. Welche Orientierung vermag die Christologie einer theologischen Ethik zu verleihen, in welcher Gestalt erscheinen von ihr her gesehen die Tiefendimensionen menschlichen Verhaltens? Läßt sich in dem Bekenntnis zum Gekreuzigten und Auferstandenen ein Schlüssel entdecken, um metaphysische Ganzheits- und Ordnungspostulate (wie die alleinige Gründung auf eine zweifelhaft gewordene aufklärerische Autonomie) im Hinblick auf eine theologische Ethik zu überwinden und ihre Geschichtlichkeit ernst zu nehmen? (Vgl. hierzu den Abschnitt zur christologischen Grundlegung der Ethik, in: Ch. FREY: Theologische Ethik, 1990, S. 104-116.)

3.2.3.1 Nachfolge

Der schon neutestamentlich zentrale Begriff der *Nachfolge* (vgl. Lk 6,32ff.) ist als erster unter den klassischen Ansätzen theologischer Ethik bei der Person Jesu Christi zu nennen. In der Kirchengeschichte gewinnt der Nachfolge-Topos vor allem in mystisch geprägten Zeiten und Kontexten zunehmende Bedeutung. Das Erbauungsbüchlein 'De imitatione Christi' von THOMAS von KEMPEN erlebte z. B. ungeheuer viele Auflagen und war entsprechend populär. Der mystische Gedanke der Vereinigung mit Christus, der Unio Mystica erlebt auch nach der Reformation eine Renaissance, so beispielsweise bei Johann ARNDT, und zielt auf eine Ergänzung des Rechtfertigungsgedankens durch ein tätiges nachfolgendes Christentum ('Vier Bücher vom Wahren Christentum' [1605ff.]). Das Wiedereintreten des Christen in die Ebenbildlichkeit über den "seligen Tausch" (LUTHER), die bräutliche Vereinigung mit Christus hat zur Folge, daß er sich mit Liebe, Demut, Gottesfurcht nach außen kehren wird. Arndt bewegte sich mit diesen Gedanken durchaus noch im Feld der lutherischen Orthodoxie; so erscheinen beispielsweise die 'Loci theologici' Johann GERHARDs (1610ff.) von ihm beeinflußt. **⊙ Nachfolge Christi**

Die Gefahr zunächst orthodoxer, dann pietistischer Frömmigkeit, Nachfolge in die Innerlichkeit zu verschließen, kann als die Gefahr des Luthertums bis heute erscheinen. Gegen sie macht BONHOEFFER den unbedingten Ruf in die Nachfolge stark. Sein entsprechend mit 'Nachfolge' betiteltes Buch von 1937 bezieht in Zeiten des Kirchenkampfes Position für eine Ethik, deren Subjekt die Gemeinde oder Kirche und deren Grundorientierung die Bibel, insbesondere die Bergpredigt, ist. Die Bindung an Jesus Christus allein, der einfältige und gehorsame Glauben bedeutet nicht die Nachahmung einer Idee, eines Programms, sondern belebt die kritische Potenz der Nachfolge in der je und je geschichtlichen Situation neu. Der Frage nach dem Tun des Gerechten, nach der Aufgabe des Christen und der Christin in der Welt darf nicht **⊙ Bonhoeffer, Nachfolge** ausgewichen werden: "Billige Gnade ist Gnade ohne Nachfolge" (S. 14); "Nur der Glaubende ist gehorsam, und nur der Gehorsame glaubt" (S. 35). Dieser scharfe Ton gegenüber der billigen Gnade, der Gedanke der Nachfolge und Bindung an Jesus Christus steht bei Bonhoeffer allerdings im Zusammenhang mit dem der Rechtfertigung und Freiheit des Christen (vgl. Kap. 3.2.2.2).

Theologische Beurteilung

Systematisch läßt sich die Rede von der Nachfolge Christi zum einen dahingehend entfalten, daß Christus als *Vorbild* verstanden wird, das nachgeahmt werden soll. Hier wird Jesus zum Ideal, beispielsweise des armen Lebens (vgl. Mt 19,27; Lk 9,58; man denke an die Franziskaner und andere Armutsbewegungen wie die Katharer und Waldenser), oder des allgemeinen sittlichen Lebens, das er lehrt (so LESSING, 'Erziehung des Menschengeschlechts' oder KANT). Das neutestamentliche ἀκολουθεῖν läßt sich wohl aber von Beginn an nicht auf den griechischen Gedanken der Nachahmung (Mimesis) und damit auf Verhaltensanweisungen reduzieren, wie es Bonhoeffer ja auch erklärt. Nachfolge hat ihr Ziel in einer Person, der Person Jesu Christi, der als Anfänger eines neuen Lebens erscheint, in das er die Nachfolgenden hineinzieht, das sie durch ihn ergreifen kann und will. Ein 'Hinterhergehen' hinter Jesus Christus meint deshalb vor allem das Mitgehen der Passion, des Sterbens und der Auferstehung, das *Hineingenommenwerden in das Christusgeschehen* im Glauben. Dann wird auch das Leiden zu einem Moment der Nachfolge (vgl. Phil 1,29f.; oder BONHOEFFER in: 'Widerstand und Ergebung', 1970, S. 246: "Christen stehen bei Gott in seinem Leiden"). Der soteriologische Aspekt muß also wohl als grundlegend erkannt werden für den Nachfolgegedanken, allerdings setzt gerade er auch ethisch-moralische Aspekte frei, die hier nicht ausgegrenzt werden können.

Neues Gesetz

Gesetz Christi

In der Nähe des Nachfolgetopos ist auch die insbesondere im linken Flügel der Reformation hörbar gewordene Rede von der *'nova lex' Christi* anzusiedeln. Jedoch wird damit von Täufern, Spiritualisten oder Antitrinitariern die lutherische Unterscheidung von Gesetz und Evangelium verneint und Christus eher als Gesetzgeber verstanden, wenn auch sicherlich eines gnädigen Gesetzes. Wie Bonhoeffer bezog sich z.B. die Friedenskirche der Täufer vor allem auf die Bergpredigt Jesu und hob - anders als Bonhoeffer - das jesuanische Verbot des

Schwörens im Namen Gottes (Mt 5,33-37) und die Verweigerung des Eides hervor.
Ein im gleichen Maße ethisch geprägtes Christusbild lassen auch mittelalterliche Kirchenportale erkennen, wenn sie gemäß Mt 25,31-46 Christus als den *Weltenrichter* zeigen.

3.2.3.2 Die axiomatische Bedeutung der Christologie in Ansätzen des 20. Jahrhunderts (Königsherrschaft Christi und Menschwerdung und die Frage nach dem Verhältnis von Theologie und Politik)

Stand im vorausgehenden Kapitel das *Tun* Jesu Christi im Vordergrund, so kann die Christologie jedoch auch auf einem anderen Weg, den man sowohl indirekt als auch im eigentlichen Sinne direkt nennen könnte, von Bedeutung für eine theologische Ethik sein. Die Frage nach der *Person* Jesu Christi und seiner Bedeutung für den Glauben, der aller Theologie und Ethik zugrundeliegt, wird hier zentral. Besonders deutlich wird der axiomatische Charakter der Christologie in den Ansätzen Karl BARTHs und Dietrich BONHOEFFERs, in denen Christologie und Theologie sowie Dogmatik und Ethik (vgl. Kap. 3.1.2) nicht mehr voneinander zu trennen sind.

a) Hatte sich BARTH zunächst im Sinne der liberalen und der religiösen Sozialisten am Reich-Gottes-Gedanken zur Begründung christlichen ethischen Handelns orientiert, so gelangte er - unter zunehmendem Druck nationalsozialistischer Ideologie - zu einer immer engeren Verknüpfung der ethischen Frage 'Was soll ich tun?' mit der Gottesfrage 'Wer bist du, Gott?'. Die Antwort seiner Wort-Gottes-Theologie lag in dem Bekenntnis zu Jesus Christus als dem "einen lebendigen Worte Gottes", wie es die erste Barmer These formuliert. Weil Gott sich in Jesus Christus selbst offenbart hat, ist die Christologie *der* Zugang zur Erkenntnis der Gottheit Gottes und damit zur Theologie überhaupt sowie zu einer dieser Erkenntnis gemäßen Ethik. Das Schöpfungs-, Versöhnungs- und Erlösungshandeln Gottes wird dem Menschen einzig im Blick auf den menschgewordenen Gott offenbar. (vgl. zur Entfaltung der Christologie K. Barths Ch. FREY [Hg.]: Repetitorium der Dog- ⊙ Barth matik. Für Studierende der Theologie, [6]1998, S. 217-219 sowie die dort angegebenen Stellen aus der KD) Die Kategorie des einen Wortes Gottes bedeutet eine Absage an dualistische Gottesbilder, die einen Gott des Gesetzes und einen des Evangeliums (vgl. Kap. 3.2.2), einen dunklen und einen gnädigen Gott gegenüberstellen.

Der Gedanke der Menschwerdung Gottes bis ans Kreuz sowie die trinitarisch begründete Dynamik und Geschichtlichkeit dieses Gottesverständnisses lassen auch für die ethische Frage nach Gut und Böse, Gottgefälligkeit und Sünde keine Beantwortung durch spekulatives Wissen ontologischer oder vernünftiger Art (z. B. über die Schöpfungsordnungen) mehr zu, wie sie alle Spielarten der natürlichen Theologie vermuten lassen. Statt dessen muß gegen jede Art der Ideologie und den in ihrem Sinne verstandenen Religionsbegriff vorgegangen werden. 'Das erste Gebot als theologisches Axiom', so Barths erster Vortrag im Dritten Reich (1933), verlangt, Gott Gott sein zu lassen, mit dem Bilderverbot Israels ernst zu machen und gegen falsche Götter zu Felde zu ziehen. Das Unruhemoment, das einer solchen Dogmatik zentral ist, besitzt hohe ethische und politische Brisanz.

Gegen Ideologien christologische Konzentration

Der Ruf zu Theologie im Angesicht der Ideologie, zu Offenbarungstheologie im Angesicht der Religion darf hier nämlich nicht als Aufruf zu ethischer und politischer Abstinenz mißdeutet werden. Die drei aufeinander bezogenen Schriften 'Evangelium und Gesetz' (1935), 'Rechtfertigung und Recht' (1938) und 'Christengemeinde und Bürgergemeinde' (1946) verdeutlichen dies. Das Gesetz, das in traditioneller kirchlicher Lehre aus menschlicher Wirklichkeitserfahrung hergeleitet werden kann und den Menschen seiner Sünde und Gnadenbedürftigkeit überführt, wird bei Barth in umgekehrter Reihenfolge erst durch das Evangelium, das Christusgeschehen, erkennbar. So wird gleichzeitig der theologischen Verbrämung menschlichen Rechts Einhalt geboten und eine qualifizierte Weltlichkeit, die eschatologischen Vorbehalt (vgl. Kap. 3.2.4) und Heiligung (vgl. Kap. 3.2.3; 2.5) zusammendenken kann, ermöglicht. Die hier erkennbare Einheit von Evangelium und

Bundestheologie

Gesetz im Bundesgedanken, die auf die Einheit des Wortes Gottes in Christus zurückgeht, läßt Barth in 'Rechtfertigung und Recht' das Anliegen der Reformatoren weiterverfolgen und mit dem Dualismus zweier Reiche brechen, dem sich manchmal das Luthertum annäherte (vgl. Kap. 3.2.5.2). Der vom christlichen Standpunkt notwendig herzustellende Bezug von weltlichem Recht und göttlicher Rechtfertigung erscheint ebenso als notwendige Konsequenz wie die Situierung der Christengemeinde, deren unverfügbare Mitte Christus darstellt, als konzentrischer Kreis im Innern der (äußeren) Sphäre der Bürgergemeinde. Der gläubige Mensch als Christ und Bürger zugleich erfährt die Kontinuität seines (auch politischen) Verhaltens in der Welt von jener Mitte her; der Geist Christi wirkt nicht wie bei SCHLEIERMACHER nur in der inneren Sphäre von Familie, Hausgemeinde und sittlicher Bildung.

Für Barth ist Dogmatik also immer auch Ethik, der Mensch als Hörer des Wortes Gottes immer auch Täter (KD I,2, S. 886). Aus dem Erlebnis und der Zusage der Versöhnung ergeht das Gebot Gottes des Versöhners zu Heiligung und Gerechtigkeit (KD IV,2, S. 3ff.), die *christologische Erkenntnis* ist und bleibt aber ihre Voraussetzung.

Lit.: Ch. FREY: Die Ethik des Protestantismus von der Reformation bis zur Gegenwart, [2]1994, S. 174-192.

H. LINDENLAUF: Karl Barth und die Lehre von der "Königsherrschaft Christi", 1988.

Bonhoeffer: Bedeutung der Christologie für die Ethik

b) Auf lutherischer Seite entwickelte sich bei D. BONHOEFFER zeitlich in etwa parallel eine ähnliche christologische Begründung der Ethik wie BARTH. Stellt Bonhoeffer zunächst vor allem den Nachfolgegedanken in die Mitte seines ethischen Nachdenkens (vgl. Kap. 3.2.2.1), so sollte sich in mehreren weiteren Ansätzen das christologische Thema weiter entfalten.

Die Rede von der alleinigen Bindung des gläubigen Menschen an Jesus Christus stellt nach Bonhoeffer vor allem folgendes heraus:

- Das autonome Subjekt tritt hinter die Gemeinde zurück. Christus gewinnt Gestalt in seiner *Kirche,* die in der Gleichgestaltung mit ihm zur Gestaltung der Welt befreit wird.
- In Christus fallen die Bereiche des Letzten oder der Rechtfertigung und Gnade Gottes und des Vorletzten, d. h. des gegenwärtigen Lebens, zusammen. Seine Teilnahme an der Welt bedeutet "Wegbereitung". Das Natürliche und die Vernunft können so in seinem Herrschaftsbereich ihr Recht bekommen, ohne verabsolutiert zu werden.
- Die Menschwerdung Gottes in Jesus Christus, seine Entäußerung hinein in die von Sünde gezeichneten Verhältnisse der

Menschen bedeutet dann vollends die Aufhebung des Dualismus zweier Räume: "Die Wirklichkeit Gottes erschließt sich nicht anders als indem sie mich ganz in die Weltwirklichkeit hineinstellt, die Weltwirklichkeit aber finde ich immer schon getragen, angenommen, versöhnt in der Wirklichkeit Gottes vor" (Ethik, hg. 1992, S. 40). Auch hier wird die Christologie also als grundlegendes Erkenntnismittel erkannt wie bei Barth, darüber hinaus werden Stellvertretung und Schuldübernahme zu Grundfesten einer unausweichlich diesseitigen christlichen Verantwortungsethik (vgl. Kap. 1.6.2).

Verantwortung

Eine solche Interpretation der Christologie für die Ethik konturiert einen Begriff von Verantwortung, der sich von dem Verständnis Max WEBERS abhebt, in dem das Problem einer Instanz, vor der sich jemand verantwortet, ungelöst bleibt. Jede moralistische Distanz wird durch eine Ernstnahme des Schuldigwerdens überboten. So kann aktiver Widerstand geboten sein.

Lit.: D. BONHOEFFER: Ethik, in: Werke, hg. v. I. Tödt u.a., Bd. VI, 1992.
E. BETHGE: Dietrich Bonhoeffer. Theologe - Christ - Zeitgenosse, 1967.
E. FEIL: Die Theologie Dietrich Bonhoeffers, [4]1991.
Ch. FREY: Die Ethik des Protestantismus von der Reformation bis zur Gegenwart, [2]1994, S. 211-226.

⊙ Königsherrschaft Christi

c) Die Christologie wird also insbesondere dann relevant, wenn es um eine Verhältnisbestimmung von Theologie und Politik und die Frage nach christlicher Verantwortung in Staat und Gesellschaft geht. Dabei können mit unterschiedlichen Intentionen verschiedene Aspekte des Christusbekenntnisses betont werden: Die Rede von der Königsherrschaft Christi (urspr. bei De QUERVAIN, dann in Spuren bei BARTH), die sich anlehnt an neutestamentliche Bekenntnisse zu Christus als dem κύριος stellt zunächst die durch die Innerlichkeit lange vernachlässigte Beziehung zwischen Theologie und Politik und die christliche Mitverantwortung heraus, sodann widerspricht sie jeglicher Verherrlichung des Staates oder Volkes sowie jedem christlichen Programm - wie Barmen II herausstellt (vgl. insbesondere die Schriften des in der Nähe zu BARTH anzusiedelnden reformierten Theologen Alfred de QUERVAIN). Eine an den Rand der Gesellschaft gedrängte Bekennende Kirche stellt den christlichen Anspruch auf Universalität heraus, die

zwar Christus vorbehalten ist, jedoch ihre geschichtliche Verantwortung und ihren Einsatz verlangt.
In Jesus Christus wird der sich mit der Niedrigkeit und Ohnmacht identifizierende Gott erkannt. Er stimmt der Identifikation des Christentums mit gesellschaftlichen Errungenschaften (vgl. RENDTORFF) nicht zu und steht jedem Beweis der Universalität Gottes aus der Welt entgegen (vgl. die Theodizeeproblematik, Kap. 1.7.1.2). So schließt sich D. SÖLLE in 'Stellvertretung' an BONHOEFFER an. Zitiert dieser das "etsi deus non daretur" eines H. GROTIUS (vgl. Kap. 2.7.2), so steigert Sölle das "Leben der Teilnahme an der Ohnmacht Gottes in der Welt" von Bonhoeffer zu einer a-theistischen politischen Theologie, die sich am leidenden Christus orientiert (dabei unterdrückt sie die Bonhoeffersche Dialektik von: "Ohne Gott leben - *vor Gott*").
Es wird sowohl deutlich, daß die verschiedenen Traditionen der Christologie wiederkehren, aber auch, daß die Frage nach Jesus Christus immer grundlegenderen Charakter gewinnt: Sollte das Glaubensbekenntnis, das Jesus Christus als eschatologischen Herrscher und leidenden Menschen bezeugt, nicht eine in entsprechendem Sinne 'dialektische' Ethik (ohne Synthese) freisetzen können?

Lit.: C. WALTHER, Art. "Königsherrschaft Christi" in TRE, Bd. 19 (1990), S. 311-323.
D. SÖLLE, Stellvertretung, 1965.

Vernünftige Universalität und Geschichtlichkeit in Jesus Christus

d) Jesus Christus existierte als kontingenter geschichtlicher Mensch, aber er brachte Gott nahe, der alle Menschen zu allen Zeiten angeht. Dieses spezifische Spannungsverhältnis von Universalisierung und Geschichtlichkeit kehrt in aktuellen theologisch-ethischen Diskussionen wieder, die ihren Ort im Gegenüber und Miteinander zu vernünftig-autonomer Normenbegründung zu bestimmen suchen.

"Autonome Moral"

Ein Beispiel bietet die Diskussion der neueren katholischen Moraltheologie. Der KANTsche Autonomiebegriff (vgl. Kap. 1.7.7; 1.8.3.1; 2.7), der am Grunde aufklärerischer Ethik liegt und sich gegen jede heteronome Sittlichkeit verwahrte, wurde insbesondere in der katholischen Theologie heftig bestritten. In den 70er Jahren erfuhr die Frage nach einer "autonomen Moral" innerhalb katholischer Moraltheologie mit A. AUER (vgl. Kap. 3.1.2) eine besondere Zuspitzung. Für ihn ist die autonome menschliche Vernunft durchaus in der Lage, sachgerecht zu urteilen; der christliche Glauben stellt diese Vernunft (nur) in einen besonderen Sinnhorizont. Die Anerkennung der Eigengesetzlichkeit weltlicher Lebensbereiche und der Vernunftbegründung wird der Auffassung entgegengestellt, daß es ohne Gott kein Ethos, keine Moral gebe. Reaktionen darauf lassen die Bedeutung der Christologie deutlich werden: So betont F. BÖCKLE in seinem Konzept einer theonomen Autonomie die Ablösung abstrakter Universalisierung durch eine Analogie zum 'universale concretum', dem heilsgeschichtlichen Christusereignis, das gerade in seiner Geschichtlichkeit, Einmaligkeit und Personhaftigkeit alle Menschen angeht.

Quer zu den Konfessionsgrenzen stellt sich die Frage nach dem Verhältnis von Vernunftbegründung und offenbarungsgemäßer bzw. biblischer Argumentation (je in der Auseinandersetzung mit naturrechtlichen oder rationalistischen Traditionen; vgl. die Beiträge von K. DEMMER und Ch. FREY: in ZEE 1993, S. 10-29!) und werden durch das Studium der Christologie Antworten gesucht. Man spricht von einem "dynamische(n) Interpretationsverhältnis zwischen Glaube und sittlicher Vernunft" (K. Demmer: a.a.O., S. 19) und erfährt von der Christologie "Leitperspektiven" für Normensysteme (Ch. Frey). Damit läßt sich das 'Natürliche' und die 'Sachgemäßheit' (vgl. BONHOEFFER) durchaus wahrnehmen, ohne eine gottes- und christusferne Eigengesetzlichkeit anzuerkennen und ohne die Ethik in der Anthropologie und dem Autonomiegedanken fußen zu lassen, wie es in vielen anderen Ansätzen geschieht (M. HONECKER, T. RENDTORFF u.a.). Das Gesagte macht vielleicht verständlich, daß für eine entschieden theologische Ethik der Ansatz bei der Christologie grundlegend sein muß; er bietet die Möglichkeit, Geschichtlichkeit und universale Heilshoffnung gleichermaßen ernst zu nehmen.

3.2.4 Pneumatologische Aspekte der theologischen Ethik

Die Bedeutung des Heiligen Geistes scheint in traditionellen Dogmatiken und Ethiken am wenigsten geklärt. Das Bekenntnis zu dem dreieinigen Gott läßt sich allerdings auch nicht streng untergliedern, weshalb die Frage nach der Relevanz der Pneumatologie für die Ethik an bereits angestoßene Problemfelder zurückverweist. Besonders mit der Christologie (vgl. Kap. 3.2.2) und mit dem hernach behandelten Thema der Eschatologie (vgl. Kap. 3.2.4) ergeben sich naturgemäß viele

Überschneidungen, während sich im Alten Testament auch Aussagen finden, für die der Geist Gottes allgemein seine Schöpferkraft (vgl. Kap. 3.2.1) meint. רוח und πνεῦμα - Wind, Lufthauch, Atem - verweisen auf das Moment von Lebendigkeit und Bewegung; die Wirkmächtigkeit Gottes, die im Heiligen Geist besonders zur Sprache kommt, ist in bezug auf eine theologische Ethik von nicht geringer Bedeutung, wenn sie nach der (menschlichen) Möglichkeit oder der Ermöglichung und Kraft eines ethischen Handelns mitzufragen hat.

Lit.: H. BERKHOF: Theologie des Heiligen Geistes. Mit einem Nachtrag zur neueren Diskussion von U. GERBER, [2]1988.
M. WELKER: Gottes Geist. Theologie des Heiligen Geistes, 1992.

3.2.4.1 Zur Unterscheidung der Geister

Bestimmung des Heiligen Geistes

Ethisch durchaus nicht unwesentlich erscheint die Beschäftigung mit der Frage, von welchem und vor allem wessen Geist die Rede sein soll. Dabei können und sollen hier nicht die dogmatischen Fragen nach der Interpretation der Trinität (ökonomisch, immanent) und dem Personcharakter des Heiligen Geistes erörtert werden (vgl. dazu in Kürze: W. JOEST: Dogmatik, Bd. 1, 1984, S. 306-341). Wichtig bleibt letztlich, daß der Heilige Geist nicht vorschnell mit den verschiedenen Mächten und Geistern der Welt identifiziert oder in der Spiritualisierung unserer umstrittenen Lebenswelt gesucht werden darf. Die biblische Zuordnung, ja Identifikation des Geistes mit Gott bzw. dem Herrn Jesus Christus (vgl. Joh 4,21) muß dagegen genauso ernst genommen werden wie die Zusage der Nähe und Gegenwart des Geistes bei den Menschen (als ihr Beistand, vgl. den παράκλητος bei Joh).

Vorstellung von der Vergöttlichung im Geist

Die ethische Relevanz dieser Verortungen des Geistes wird z. B. deutlich an der Rede von der Teilhabe am Geist Gottes (allenfalls: durch [!] Jesus Christus) in der Alten Kirche und In der Orthodoxie, die entsprechend den Weg des Menschen als Vergöttlichung, Hinausstreben über die weltlichen Verhältnisse verstanden haben wollte. Die moderne Rede von der Hineinnahme des Menschen in das Geschehen der Trinität (theosis; zu finden bei J. MOLTMANN, auch bei E. JÜNGEL) kann dieser Position, könnte aber auch einem Panentheismus nahestehen. Versteht man dagegen das christliche Leben konkret als Leben aus dem Geist Gottes und Jesu Christi, so kommt eher der Weg unter die von Schuld gezeichneten menschlichen Verhältnisse in den Blick (vgl. das Seufzen des Geistes in Stellvertretung der Kreatur, Röm 8,26). Die besondere Bindung der Rede vom Heiligen Geist an das Kommen und den Weggang Jesu Christi wird ja in den Erzählungen von seiner Taufe sowie von der Sendung der verbleibenden Gemeinde deutlich, die als Leib Christi und Geistgemeinschaft beschrieben wird (vgl. Kap. 3.2.3.3). Beschreibt man - die menschliche Wirklichkeit stärker im Blick behaltend - den Heiligen Geist als Kraft Gottes, als Kraftfeld, als Raum, als Gabe, so muß doch gleichzeitig festgehalten werden, daß alles dies die Gegenwart Gottes selbst meint.

Der Geist und Christus

Eine Unterscheidung der Geister wird also einmal in der Bindung an Jesus Christus das Kriterium sehen, von dem aus zum einen die Behauptung einer durchgeistigten Welt, eine mögliche "natürliche Pneumatologie" kritisiert und von dem aus zum anderen aber auch alle "Jenseitspneumatologien" abgewehrt werden müssen (vgl. M. WELKER: Gottes Geist, 1992, S. 310). Dies muß nicht bedeuten, daß sich die Pneumatologie zu einer Applikation der Christologie reduziert, wie es sowohl die ältere, vor allem lutherische Dogmatik bis zum Pietismus tat, die Leben und Werk Christi auf menschliches Leben "anwandte", aber auch wie die Wort-Gottes-Theologie, die mit einer christozentrischen Orientierung auf die ideologischen Herausforderungen reagierte. Die Vorstellung des Geistes als der neuen Präsenz Christi führt schließlich selbst dazu, dem Heiligen Geist ein eigenständiges Wirkungsfeld zuzugestehen.

Dort wird sich nun eine Unterscheidung der Geister auf die diversen biblischen Zeugnisse des Geistes und die Charakterisierungen seiner Wirkmächtigkeit beziehen können und müssen: Der Geist Gottes wurde bezeugt als Geist der Gerechtigkeit, des Friedens und der Freiheit (vgl. die Gottesknechtslieder Jes 11,1ff.; 42,1ff.; 61,1ff. oder 2 Kor 3,17).

Dabei muß diese kritische Sichtung der Be-geisterung, die heutzutage angesichts zunehmender charismatischer Tendenzen und Spiritualitätsbewegungen nötig ist, durchaus keine Skepsis bewirken, überhaupt je von dem Wirken des Geistes Gottes reden oder es entdecken zu können, wie es vor allem die Monographie M. WELKERs (Gottes Geist. Theologie des Heiligen Geistes, 1992) zeigt. Die - schon biblisch bezeugte - Vielfalt der realen Gegenwart Gottes ist, so Welker, nicht zu übersehen. Eine verdunkelnde Redeweise vom Heiligen Geist ist sicherlich auch im Angesicht der Notwendigkeit einer Auseinandersetzung mit den Geistern der Welt kontraproduktiv, obwohl der Zweifel an letzter Klarheit über die "eschatologische Gabe" des Geistes (MOLTMANN) ethisch ebenso geboten sein kann.

3.2.4.2 Neues Leben

⊙ Lebensführung des einzelnen

Neben dem Bau, der Erhaltung und der Sendung der Kirche, die im folgenden Kapitel Thema sein werden, wirkt der Heilige Geist auch Veränderungen im Leben des einzelnen. Beide Wirkungen des Geistes gehören zusammen, dürfen also nicht mit Kollektivismus oder Individualismus verwechselt werden.

⊙ Neues Leben

Gottes im persönlichen Leben wirkende Macht und das Ergriffenwerden vom Heiligen Geist lassen sich vergleichen. Beide bezeugen den Einbruch eines Neuen, eine Wirklichkeitsveränderung, einen grundlegenden Wechsel im Leben der Menschen, die hier vom Geist Gottes reden. Wie verhält sich der häufig verwandte Ausdruck vom "neuen Leben" im Geist, im Geschenk des Glaubens zur ethischen Frage nach Orientierungen des Verhaltens in der Welt?

- Das Eintreten in das neue Leben wird oftmals auch im Begriff der "Wiedergeburt" beschrieben (ebenso wie in den schon neutestamentlichen Begriffen "Berufung", "Bekehrung", "Reinigung", "Erleuchtung", "Rechtfertigung" und "Heiligung", von denen verschiedene Zeiten und Traditionen immer einige bevorzugten, obwohl sie oft dasselbe Phänomen des einen Werkes des Geistes zu beschreiben suchten. Der Geist macht - man denke an die Bedeutungen von רוח und πνεῦμα - lebendig (vgl. Eph 2,1). Damit liegt der Ursprung des neuen Lebens ganz in der Souveränität des durch seinen Geist schaffenden Gottes; sein Schaffen jedoch macht den Menschen zu einem in diesem Geist frei und verantwortlich Handelnden, einem lebendigen Menschen. Dieser wagt sich dank glaubender Hoffnung an die Auseinandersetzung mit der Welt seines Lebens. Schließlich soll die erneuernde Kraft des Heiligen Geistes den offenbar fortwährenden Selbstzerstörungsprozessen der Welt und ihrem Mangel entgegenwirken.

⊙ Heiligung

- Auch wenn Wiedergeburt deutlich das ganze - innere wie äußere - Leben des Menschen meint, hat die Frage danach, wie das Werk des Geistes in bezug auf ethische, lebenspraktische Orientierungen zu verstehen ist, immer wieder zu Kontroversen herausgefordert. Hier ist zunächst auf die noch immer aktuelle reformatorische Auseinandersetzung um das Verhältnis von Rechtfertigung und Heiligung einzugehen: Sind gute Werke notwendig oder schädlich für die Erlangung der Seligkeit? Oder sind sie vielmehr eine spontane Folge des Rechtfertigungsglaubens? Konnte für CALVIN das Ausbleiben der Heiligung in der Lebensführung ein Anstoß zur Frage nach der göttlichen Erwählung werden (vgl. Kap. 2.6), so fand diese Frage immerhin auch ihren Nachhall in der Polemik BONHOEFFERs gegen die billige Gnade (vgl. Kap. 3.2.3.1). Die 'usus legis' der Reformatoren (vgl. Kap. 3.2.2) legen jedoch insgesamt Zeugnis dafür ab, daß der Glaube nicht der allgemeinen Lebensgestaltung gegenübergestellt werden kann, sondern zutiefst mit ihr verbunden ist und sie prägt. LUTHERs 'usus practicus evangelii' ist hier dem 'tertius usus' bei MELANCHTHON und CALVIN an die Seite zu stellen. Gisbert VOET (in Utrecht) sprach im 17. Jahrhundert von dem Ideal der Präzisheit der Lebensführung, die dann zum besonderen Anliegen des Pietismus werden sollte. Heute muß - diesseits des konfessionellen Kleinkriegs - die Einheit von Rechtfertigung und Heiligung im Werk des Heiligen Geistes festgehalten und damit die Unmittelbarkeit des Zusammenhangs von Dogmatik und Ethik wiedergewonnen werden.

⊙ Neubestimmung der Tugenden

- Weil die Heiligung die Gesamtausrichtung eines Lebens am Geschehen der Rechtfertigung und mehr als ein Halten bestimmter Gebotssätze bzw. Normen meint, entspringt der Rede vom neuen Leben auch ein anders gefaßter Tugendbegriff. Tugenden werden dann nicht mehr aristotelisch als feste Habitus verstanden (vgl. Kap. 1.7.6 u. 2.1), von bestimmten Traditionen einseitig übernommen (wie sie der Kommunitarismus beschreibt, vgl. Kap 1.7.6 u. 1.8.3.7) und in Tugendkatalogen aufgezählt, sondern sie erscheinen als "Frucht des Geistes" (Gal 5,22) und damit als Verhaltenserweise christlicher Identität.

⊙ Berufung

- Im kleinen Katechismus erklärt LUTHER den dritten Artikel des Glaubens folgendermaßen: Der Heilige Geist "hat mich durchs Evangelion berufen, mit seinen Gaben erleuchtet, im rechten Glauben geheiliget und erhalten" (BSLK, S. 512). Der Gedanke der 'vocatio', der Berufung, gründet sich in christlicher Tradition auf den Glauben an das Wirken des Heiligen Geistes in der menschlichen Gegenwart. Dieser göttliche Ruf ist demnach nicht als Ruf aus der Welt zu verstehen, sondern - wie Luther in seinen Wochenpredigten zu Mt 5-7 betont - als Ruf in den alltäglichen Dienst am Nächsten, der selbst durch ein Bierfaß oder die Benutzung einer Nähnadel erfolgen kann (vgl. WA 32, S. 495f.). Diese Auffassung vom Beruf (der Berufung) ist diesseits der in der Soziologie benutzten englischen Begriffe von 'profession', 'occupation' und 'job' anzusiedeln.

⊙ **Charismen**

- Daß der handfeste Beruf und mit ihm die alltägliche Arbeit ebenso wie die Tugend jenem Lebensraum zugehören, den der Heilige Geist schafft, bestätigt die reformatorische Auffassung der Heiligung. Die traditionelle Theologie hat hingegen weitaus mehr Schwierigkeiten, die den Erweckungs- und Pfingstbewegungen sowie Charismatikern so offensichtlich scheinende Verbindung zwischen dem Heiligen Geist und ihrer besonderen Frömmigkeit, Spiritualität und Be-geisterung nachzuvollziehen. Die Erfolge der weltweiten charismatischen Bewegung(en) oder des (oft außerchristlichen) New-Age-Denkens müssen sicher auch als Anstoß gelten, Reduktionen des gelebten Glaubens auf technisch-wissenschaftliche Rationalität zu erkennen; sie fordern gleichzeitig aber zur Frage heraus, inwieweit hier der Geist der Wahrheit am Werk ist. In Einklang mit der paulinischen Lehre von den Charismen (Vgl. 1 Kor 12-14) kann man sicherlich von weit mehr Gaben des Geistes sprechen, als die theologische Fixierung auf die Begriffe von Rechtfertigung und Heiligung vermuten läßt: Weisheit, Erkenntnis, Glaubensstärke, die Fähigkeit zu heilen, Wunder zu tun, die prophetische Rede, die Zungenrede, die Auslegung, die Fähigkeit zur Unterscheidung der Geister (!). Nicht in Einklang mit Paulus erscheinen dagegen Wirkungen eines Geistes, die außergewöhnlich und sensationell erscheinen, sowie die starke Betonung rein individualistischer und kaum zu vermittelnder Erfahrungen. So stimmt z. B. die Zungenrede am wenigsten mit der Forderung des Paulus zusammen, daß alle Gaben der Auferbauung des einen Leibes Christi dienen sollen und daß individuelle Gaben das gemeinsame Leben in Glaube, Liebe und Hoffnung als den Früchten des Geistes gestalten helfen sollen. Die Vielfalt der Geistesbezeugungen müssen dennoch die Zusammenhänge des Geistwirkens mit dem Christusgeschehen (vgl. Kap. 3.2.2), mit der kirchlichen

Gemeinschaft (vgl. Kap. 3.2.3.3) und mit dem eschatologischen Moment des Glaubens (vgl. Kap. 3.2.4) wahren.
Das Erfordernis spezifischer Sensibilität wurde bereits im Zusammenhang mit der Unterscheidung der Geister und der Wahrnehmung verdrängten Geistlebens deutlich. Gerade diese Sensibilität scheint aber ein Leben im Heiligen Geist auszuzeichnen, weshalb die Pneumatologie durchaus positive Energien für eine theologische Ethik sowie Kriterien für eine geistliche Kritik von Normen beitragen kann.

Lit.: St. HAUERWAS: Selig sind die Friedfertigen, 1995.

3.2.4.3 Ekklesiologie und Ethik

⊙ Gemeinde-ethik

Die Rede vom Heiligen Geist verweist eine protestantische Ethik, die einzelne als Subjekte der Verantwortung herausstellt, auf den Raum der Kirche. Der Geist der Sammlung der Gemeinde ist auch der Geist der Gerechtigkeit und des Friedens. Er sendet die Gemeinde in die Welt.
Der Heilige Geist wird als "Durchsetzungskraft Gottes" (E. JÜNGEL) besonders in der biblischen Rede von der Ausgießung des Geistes im Pfingstgeschehen und im Zusammenhang mit der Taufe bezeugt. Pfingstwunder und Taufe aber erzählen von der göttlichen Einsetzung der Kirche, indem sie die menschlichen Erfahrungen von unerwarteter Sammlung des Zerrissenen bezeugen. Das gegenseitige Verstehen über Völker-, Generations- und Geschlechtergrenzen hinweg muß gerade angesichts privater Frömmigkeit, der gemeinsame Lobpreis Gottes und die Hoffnung auf seine Herrschaft über alle Menschen werden gerade angesichts der partikularen Interessen verwundern; so sind sie Zeichen und Wunder des Geistwirkens. Solche *Sammlungserfahrungen* fordern eine theologische Ethik heraus, vereinzelnden und separatistischen Tendenzen vorzubeugen; sie überführen den Geist des Individualismus ebenso wie den des Kollektivismus. Eine Koinonia-Ethik (vgl. P. LEHMANN: Ethik als Antwort, dt. 1966), wird deshalb fragen, was jemand als an Jesus Christus Glaubender und als Glied der Gemeinde tun soll. (Was aber würde dies bedeuten für ethische Fragen wie sie z.B. mit den Begriffen "Menschenrechte", "Nord-Süd-Konflikt",

"Festung Europa" verbunden sind, aber auch für eine allgemeine Auseinandersetzung mit den Problemen von Rassismus, Sexismus etc.?)

Doch war und ist die "real existierende" institutionelle Kirche immer erfüllt von diesem Geist? Oder ist er nicht häufig auch außerhalb ihrer am Werk? Nach biblischem Zeugnis richtet der Geist die Gerechtigkeit auf, indem er den Schwachen, Armen und Ausgestoßenen zu ihrem Recht verhilft. Nach Ansicht Welkers zielt dieses Zeugnis auf ein Recht, in das Erbarmen miteingeschrieben ist. Das schwierige Wechselverhältnis zwischen der Stabilität des Rechts und der Sensibilität des Erbarmens (vgl. M. WELKER: a.a.O., S. 119) verweist die Gemeinschaft auf den Geist, der sie vor der eigenen Auflösung in Unverbindlichkeit oder in eine institutionalisierte Moral bewahrt (vgl. Kap. 1.5.1). Dies muß immer mitbedacht werden, wenn sowohl die Binnenstruktur der Kirche als auch ihre öffentliche, institutionelle Verantwortung bedacht werden sollen.

Recht der Armen, Erbarmen

Die Gedanken vom Heiligen Geist und der Kirche können die theologische Ethik vertiefen, weil sie die Befreiung zur Gemeinschaft berücksichtigt. Diese Gabe eröffnet die Vision einer universalen Kirche, die die gegenwärtigen Kirche als ihre Sendung und ihr Ziel gegenwärtig werden. So mündet die Pneumatologie in den Reich-Gottes-Gedanken, die Eschatologie (vgl. Kap. 3.2.4), deren Verständnis eine theologische Ethik in ganz besonderem Maße prägt.

Lit.: M. HONECKER: Grundriß der Sozialethik, 1995, S. 627-694.

3.2.5 Die Bedeutung der Eschatologie für die theologische Ethik

⊙ Eschatologie

Wer den Ertrag der vorangehenden Kapitel an dieser Stelle noch einmal festhält, dem dürfte auffallen, daß der trinitarische "Dreischritt" an vielen Stellen bereits auf die eschatologische Dimension des Gottesglaubens hindeutete: Die Frage nach dem Wirken des Heiligen Geistes (insbesondere im kollektiv-kosmologischen Zusammenhang) schien - wie es im Glaubensbekenntnis ja auch deutlich wird - unmittelbar das Thema des zukünftigen Heils der Welt herauszufordern (vgl. Kap. 3.2.4.3). Daß der Gedanke der Königsherrschaft Christi eine besondere Konturierung des Reich-Gottes-Gedankens im Rahmen der Christologie sein will und eine theologische Ethik des Politischen an beiden nicht vorbeikommt, dürfte schon durch die Verwendung analoger Sprache ("Herrschaft", "Reich", "Regiment") klar geworden sein (vgl. Kap. 3.2.3). Und nicht zuletzt stellten die Bemühungen um eine christologische Grundlegung der Ethik die Frage nach einer theologisch-ethisch angemessenen Einschätzung der Geschichte und der ihr entsprechenden Verantwortung heraus, welche ebenso in den Mittelpunkt rückt, wenn man nach der Tiefenbedeutung der Eschatologie für die Ethik fragt (vgl. ebd.).

In umgekehrter Reihenfolge will dieses Kapitel den Fragen nach der rechten Verortung bzw. Zeitigung des menschlichen Tuns im Spannungsfeld zwischen Absolutem und Relativem (vgl. Kap. 3.2.5.1: Zwischen den Zeiten), nach den ethischen Implikationen und Problemen der Rede vom Reich Gottes (vgl. Kap. 3.2.5.2) und nach dem möglichen Spezifikum der christlichen Hoffnung (vgl. Kap. 3.2.5.3) nachgehen. Weil diese Themen einander oftmals direkt berühren, ist die vorgenommene Unterteilung sicherlich nur analytisch zu verstehen, aber sie hat als solche ihren Sinn: Die eschatologische Perspektive kann von den Fragen der Ethik her gesehen auf der Ebene ihrer Grundlegung, der konkreten Frage nach gesellschaftlich-politischem Handeln und auf der Ebene ihres Movens, Antriebsrelevanz besitzen.

Lit.: M. HONECKER: Grundriß der Sozialethik, 1995, S. 32-41.
J. MOLTMANN: Theologie der Hoffnung, 1964.
A. RICH: Wirtschaftsethik, Bd. 1, 1984, Kap. 5 u. 6.

3.2.5.1 Zwischen den Zeiten

Wenn das christliche Glaubensbekenntnis mit den Aussagen des Glaubens an die Auferstehung der Toten und das ewige Leben endet, so erweist sich diese Perspektive auf die Zukunft (Gottes) als zentrales Moment, in dem sich Glaubende von Nichtglaubenden unterscheiden. Hat diese Zukunftserwartung Bedeutung für ethische Entscheidungen, die nun einmal in der jeweiligen menschlichen Gegenwart zu fällen sind?

Es gibt die Möglichkeit, diese Frage zu verneinen und damit die Ethik von der Theologie zu lösen, wie es A. SCHWEITZER tun wollte. Er sah die radikale Ethik Jesu bewegt von starker Naherwartung des Reiches Gottes; in dem Augenblick, da diese Naherwartung schwand, mußte auch die entsprechende "Interimsethik" durch eine Ethik der Ehrfurcht vor dem Leben ersetzt werden. Das "Zwischen" der menschlichen Gegenwart wird mehr und mehr abgelöst vom Gefühl der Entfernung einer Zukunft, die - wie J. WEISS zeigte - allein Gott heraufführt (ohne allerdings Konsequenzen für seine liberale Theologie und Ethik zu ziehen; vgl. ders.: Die Predigt Jesu vom Reiche Gottes, 1892).

⊙ 'Konsequente Eschatologie'

Eine solche Bescheidung auf die menschlich-geschichtliche Gegenwart wendet sich insbesondere gegen Auffassungen, die menschliche Geschichte und die Durchsetzung göttlichen Heils miteinander identifizieren. (Diese sollen jedoch erst im folgenden Kapitel im Zusammenhang mit der Rede vom Reich Gottes näher beschrieben werden.) Wichtig sind vorerst vor allem die Verhältnisbestimmungen von Theologie und allgemeiner Ethik, die durch die eschatologischen Bestimmungen des Verhältnisses von Zukunft und Gegenwart vorgezeichnet werden. In dieser Hinsicht geben die frühjüdische Apokalyptik (die die kosmische Weltverwandlung im Jetzt anbrechen sah), der Kulturprotestantismus des 18. und 19. Jahrhunderts (der im langsamen Vollzug der aufklärerischen Geschichte den Fortschritt des Gotteswillens fand) und beispielsweise der Dezisionismus eines F. GOGARTEN (der die Position "Zwischen den Zeiten" letztlich in den Appell zur Entscheidung münden ließ; vgl. Kap. 1.8.3.2) nicht völlig verschiedene Antworten: Während Schweitzer Absolutes und Relatives nicht zueinander kommen läßt, fallen aber bei den drei zuletzt genannten Ansätzen Absolutes und Positives durch den geschichtlichen Einbruch oder die allmähliche Verwirklichung oder den Sprung der Entscheidung zusammen.

Auch neuere Ethikentwürfe von Theologen haben an dieser Problematik teil. Sie konzentriert sich auf die Frage, ob Ethik nur am Wohl interessiert sein dürfte oder das Wohl in der Perspektive des Heils immer neu formuliert werden müsse. So sind z. B. an der allgemeinen Vernunft und pragmatischen Handlungsnormen orientierte und interessierte Entwürfe eher geneigt, einem Relativismus nachzugeben, ohne nach einer theologischen Legitimation des Vorletzten aus dem Letzten (BONHOEFFER) zu fragen. Unter der Hand verabsolutiert sich das Relative und Bestehendes wird indirekt theologisch sanktioniert (autonome Moral, vgl. Kap. 3.2.3.1; HONECKER). Diese Auffassung führt damit zu ähnlichen Ergebnissen wie die oben genannten Interpretationen des neuzeitlichen Christentums, die eine Spannung zwischen Wohl und Heil in den individuellen Glauben verlagern (heute bei T. RENDTORFF). Auf der anderen Seite neigen sich revolutionäre, befreiungstheologische oder auch messianische (MOLTMANN) Ansätze einem moralistischen Maximalismus zu, für den das jetzt Mögliche immer zuwenig ist und der sich deshalb in einen Nihilismus verkehren könnte, wenn er nicht bestimmte geschichtliche Veränderungen doch mit dem Reich Gottes identifizierte und somit das Letzte im Vorletzten fände. Beide Bewegungen scheinen sich also zu treffen in einer allgemeinen und in einer verblassend theologischen Ethik, die keine Kriterien spezifisch christlicher Gegenwartskritik und -gestaltung aus ihrer Zukunftserwartung schöpft (vgl. dagegen A. RICH: Wirtschaftsethik, Bd. 1, 1984, S. 129ff.).

Eine von Grund auf *theologische* Ethik muß jenseits der gerade angedeuteten Gefahren ihre zentrale Grundlegung in der Eschatologie suchen. Die Spannung von "schon jetzt" und "noch nicht", von Gegenwart und Zukunft, von menschlichem Streben nach Gerechtigkeit und göttlicher Rechtfertigung, von Vorletztem und Letztem (D. BONHOEFFER, vgl. Kap. 3.2.3.1) macht es möglich, unter dem Anspruch Gottes das geschichtliche Dasein als solches wahrzunehmen, wertzuschätzen und zu gestalten. Die grundlegende Bedeutung der Eschatologie (die hier unmittelbar an das Christusgeschehen anknüpft) muß insbesondere in der doppelten Fähigkeit einer theologischen Ethik zu kritischer Distanz (eschatologischem Vorbehalt) sowie zum Einsatz im konkretgeschichtlichen Alltag zum Ausdruck kommen. Dies könnte auch zur Bereicherung der im philosophischen Feld vorherrschenden deskriptivlebensweltlichen bzw. normativ-transzendentalen Begründungsversuche führen (vgl. Kap. 1.8).

Das folgende Kapitel muß sich dem innertheologischen Diskurs darüber, was mit der Rede vom Reich Gottes gemeint sein kann und welche ethischen Konsequenzen ihr folgen, widmen.

3.2.5.2 Reich Gottes

Die Interpretation der Vater-Unser-Bitte "Dein Reich komme!" war für ethische Überlegungen in Theologie und Kirche von jeher von großer Wichtigkeit. Vor allem knüpft die theologische Ethik des Politischen oft an den analogen Sprachgebrauch von 'Reich', 'Regiment' oder 'Herrschaft' an (wobei noch zu fragen wäre, ob die notwendig anthropomorphe und metaphorische Rede sich dabei so ohne weiteres ihrer Anführungszeichen entledigen kann). Sowohl die sogenannte Zwei-Reiche-Lehre, die besonders die Reformation (noch unsystematisch) und die theologische Diskussion unseres Jahrhunderts (als Lehre) beschäftigte, als auch die Reich-Gottes-Ethiken des 19. und 20. Jahrhunderts sind Zeichen der Auseinandersetzung mit der genannten Frage.

a) Ethik und Reich Gottes

⊙ Reich Gottes

Die Reaktionen auf Jesu Ankündigung des nahekommenden Gottes fielen in der Kirchengeschichte verschieden aus; ebenso war jeweils umstritten, wie die Lebenswirklichkeit ihrer Interpretation durch sie verändert werden sollte (vgl. Kap. 2.4): Konnten Christen an diese Verkündigung überhaupt noch unmittelbar anknüpfen? Wie war das Verhältnis zwischen Reich Gottes und Reich der Welt zu bestimmen?

⊙ Alte Kirche, Mittelalter

- So verdrängt die Alte Kirche z. B. die Anfragen der Eschatologie in besondere Lebensräume. Das *Mönchtum,* nicht aber das alltägliche Leben kann den Ansprüchen des Reiches Gottes entgegenstreben. (M. WEBER bemerkt in seinen Aufsätzen zur Religionssoziologie hierzu, daß das radikale Liebes- und Brüderlichkeitsethos dazu tendiere, sich in einen Binnenraum zurückzuziehen und latent alle von ihm Ausgeschlossenen zu Feinden werden zu lassen!, vgl. ders.: Ges. Aufsätze zur Religionssoziologie, Bd. I, 1920, S. 545 ff., vgl. Kap. 1.7.8.3) Im Zwei-Stufen-Ethos des Mittelalters wird diese Scheidung von Lebensbereichen nun eher hierarchisierend als differenzierend, fortgeführt.

⊙ Reformation

- Die Reformation versucht hingegen, das Reich Gottes mitten in der Welt und im Alltag anzusiedeln. LUTHER versteht die Bergpredigt deshalb gerade auch als Anfrage an alle Christen, inwieweit sie der Radikalität der Liebesforderung in ihrem Alltag nachkommen. Sollen die etablierten Ordnungen durchbrochen werden, oder genügt es, sich in die kleine Gruppe oder die Innerlichkeit zurückzuziehen und den bewahrenden Dienst am Mitmenschen zu fördern oder sogar zu verweigern? (Eine Spannung zwischen eschatologischem Aufbruch und Erhaltungshandeln wird damit deutlich, s. auch die folgende Übersicht zur Zwei-Reiche-Lehre). Für CALVIN zeichnet sich der Glaube durch die Lebenshaltung der "meditatio futurae vitae" aus, in der die Glaubenden ihr Kreuz auf sich nehmen und auf die Selbstdurchsetzung der Herrlichkeit Gottes (gloria Dei) hoffen. Auch hier kommen Unterscheidungen der Welt und entschiedenes Handeln in ihr zusammen.

⊙ Altprotestantismus und Neuzeit

- Nachdem der Altprotestantismus eine Tendenz zur Individualisierung und Verinnerlichung der Eschatologie zeigte, weil er die Frage nach persönlichem Tod und Auferstehung herausstellte, setzte sich im 18. und 19. Jahrhundert das aufklärerische Denken auch im theologischen Zusammenhang durch; das Reich Gottes wurde nun in Verbindung mit der Durchsetzung des Guten ("Höchstes Gut") verstanden. So konnte G. E. LESSING von einer "Erziehung des Menschengeschlechts" in einem dritten Zeitalter des ewigen Evangeliums sprechen, für I. KANT wurde Gott zu Inbegriff und Vollendung des moralisch Guten zugleich und das Reich Gottes zum weltgeschichtlichen Zielpunkt des "ewigen Friedens" (vgl. Kap. 1.7.1.1 u. 1.7.7 u. 1.8.3.1); schließlich sah HEGEL den sich entäußernden Gott als absolute Idee im Ganzen des Wirklichen zu sich selber kommen.

⊙ Schleiermacher

- Von diesen Auffassungen zeigt sich theologisch vor allem SCHLEIERMACHER beeinflußt. Wenn er das sittlich-moralische Element und die Herrschaft des Geistes über die Natur hervorhebt, betont er die diesseitige Bedeutung des Reich-Gottes-Gedankens für die Ethik. Im Reich Gottes kann nun die antizipierend versöhnt begriffene Wirklichkeit gefunden werden, obwohl der Annäherung der Sittlichkeit an das höchste Gut sicherlich ein den Menschen entzogenes Zukunftsmoment gegenübersteht.

⊙ Liberale Theologie

- Die direkte Konzeption der Ethik als Reich-Gottes-Ethik bei Schleiermacher findet ihren Nachhall im liberalen Protestantismus, z. B. bei A. RITSCHL (Die christliche Lehre von der Rechtfertigung und Versöhnung, 1888-89). Ritschl schließt sich unter andern an KANT an. Mit dessen Hoffnung, das Reich Gottes könne auf Erden aufgerichtet werden, wenn die Botschaft Jesu die Kultur durchdringe, steht er einem moralischen Fortschrittsoptimismus nicht ganz fern. Diesen geschichtsimmanenten Begriff vom Reich Gottes widerlegt die religionsgeschichtliche Schule (J. WEISS, A. SCHWEITZER, vgl. Kap. 3.2.5.1) in ihrer 'konsequenten Eschatologie' mit dem Verweis auf den Abstand zur Naherwartung Christi.

⊙ Religiöser Sozialismus

- Im Religiösen Sozialismus wurde manchmal die Zusammengehörigkeit der präsentischen und futurischen Eschatologie erkannt. L. RAGAZ betonte die beiden Richtungen des "zu Gott hin", der absoluten Hoffnung auf die Wende am Ende der Zeit, und des "von Gott her", der relativen Hoffnung auf eine Wende in der Zeit. Die Exegese neutestamentlicher Texte scheint dies zu bestätigen, erscheint die Gegenwart Jesu doch vom Kommen des Gottesreiches neu qualifiziert (Mt 7,7: Bittet, so wird euch gegeben - wo geschieht dies sonst im Leben?).

Die eschatologisch-ethische Fragestellung dürfte in diesem geschichtlichen Aufriß wie in dem vorangegangenen Kapitel deutlich geworden sein. Die folgende Tabelle umreißt noch einmal kurz theologisch-ethische Ansätze des 20. Jahrhunderts und die ethischen Konsequenzen ihrer jeweiligen Verständnisse der Reich-Gottes-Problematik (in Anlehnung an und Erweiterung von A. RICH: Wirtschaftsethik, Bd. 1, 1984, S. 134-169):

⊙ Eschatologie und Ethik im 20. Jahrhundert

Verständnis vom Reich Gottes	ethische Konsequenzen
axiomatisch (ALTHAUS) bzw. schöpfungstheologisch (BRUNNER)	Das unbedingte ethische Sollen ist aufzufinden in der Erfahrung des Gewissens (ähnlich SCHLEIERMACHER: Sollen und Sein gehören ursprünglich zusammen).
transzendental (BARTH im Römerbrief)	Handeln als Widerspruch, reine Negativität (was jedoch ein allzu pauschales Bild darstellt)
teleologisch, heilsgeschichtlich (CULLMANN, PANNENBERG)	ambivalent: entweder Anpassung an das Vorletzte oder Überschreiten der Verhältnisse
universell-messianisch (SHAULL, MOLTMANN)	appellative Ethik der Befreiung und Revolution, oft aber auch negativ-utopisch
existential, individualistisch (BULTMANN)	Vernachlässigung sozialer Normen, wohl aber Motivation zur Liebe, ggf. zu allgemeiner Vernunft
christologisch (BARTH in KD, KRECK)	Ernstnehmen der Relativität (vgl. Kap. 3.2.2.2), Nachfolge eschatologisch begriffen

Es bleibt darüber nachzudenken, welche Auffassungen und Erwartungen des Gottesreiches am ehesten eine kritische und verantwortliche christliche Existenz aus sich entlassen, welche Ansätze eine Sozialethik, die vom Problem des Normativen berührt ist, letztlich verhindern und welche sie nicht mehr zu hinterfragen wissen von einem anderen Grund als dem des Bestehenden.

b) Zur sogenannten Zwei-Reiche-Lehre

Die Frage nach einer theologischen Ethik des Politischen und Sozialen, nach dem Verhältnis von Theologie und Sozialethik hat in der Theologie immer wieder neue Gegenüberstellungen und Dualismen provoziert. (a) In der eschatologischen Dimension ist vor allem das Verhältnis von "schon jetzt" und "noch nicht" des kommenden Gottesreiches umstritten gewesen; (b) zwischen dem ersten und zweiten Artikel des Glaubensbekenntnisses stellte sich die Frage nach "Gesetz" und "Evangelium"; beide Gegenüberstellungen problematisch fortführend, indem sie diese oft noch überlagern und verändern, präsentiert sich drittens die sogenannte "Zwei-Reiche-Lehre".

Dieser Exkurs ließe sich auch an beliebigen anderen Stellen einfügen; er wiederholt andernorts Gesagtes. Er ist deshalb so kurz gehalten, weil das Kapitel 3.2.2 zu "Gesetz und Evangelium" bereits auf das Thema eingeht.

⊙ Zwei Reiche und Regimente

Der Terminus "*Zwei-Reiche-Lehre*" kommt erst im neueren Luthertum auf, BARTH prägte ihn vermutlich, als er die Sozialethik von ALTHAUS 1922 kritisierte. Gehen die Wurzeln dieser Lehre auch bis zu AUGUSTINs Geschichtstheologie (hier der Zusammenhang mit der Eschatologie) bzw. der mittelalterlichen Zwei-Schwerter-Theorie (Kaiser und Papst) zurück, so transportiert sie doch wesentlich eine Fragestellung der Reformatoren. Diese richtete sich auf das Welthandeln des Christen (z. B. als Richter), der Bedeutung der Aussagen von der Herrschaft Gottes und auf das Verhältnis von erhaltendem und verwandelndem Handeln Gottes und dem Handeln der Menschen im Verhältnis dazu (s. o.). Heute geht es vor allem um die Trennung von Staat und Kirche, von christlicher und bürgerlicher Existenz oder auch von innerem und äußeren Menschen. Lassen sich alle diese Themen legitimerweise auf die reformatorischen Aussagen projizieren?
LUTHER mußte bald zur Zweistufenethik (vgl. Kap. 3.2.1.1; 3.2.4.2), der damit verbundenen Abwertung alltäglicher Berufsarbeit, zur schwärmerischen Absonderung von der Welt sowie zu gegenseitigen Übergriffen des geistlichen und des politischen Regiments Stellung be-

ziehen (vgl. ders.: "Von weltlicher Obrigkeit, wie weit man ihr Gehorsam schuldig sei", in: WA 11, S. 245-281). Dabei geht er einen oft mißverstandenen Weg, indem er gelegentlich fast räumlich von einem Gottesreich auf der einen und einem Reich der Welt auf der anderen Seite, sowie eher funktional von den zwei unterschiedlichen Regimenten (Regierweisen) Gottes in der Welt spricht. Die staatliche Obrigkeit und die bestehende Ordnung werden damit grundsätzlich als gottgegeben verstanden, selbst wenn die Fürsten das Recht nicht wahren und der Christ ihre konkrete Form als dem Willen Gottes entgegenstehend erkennt; er kann dann nur leidend (!) den Gehorsam verweigern. (Später hat das Luthertum Bedingungen des Widerstands formuliert.) Wie kann der eine Gott im geistlichen Regiment Freiheit und Gleichheit aller Christen erfahren, im weltlichen Regiment aber die Stände zur Aufrechterhaltung sozialen Friedens anerkennen? Wo liegen die Grenzen obrigkeitlicher Befehle, wann gilt unbedingt und allein das Gebot Gottes?

In der Zeit des Kirchenkampfes wurde Luther höchst unterschiedlich rezipiert: Man zog ihn heran, um das anbrechende nationalsozialistische "Reich" zu legitimieren (E. HIRSCH); man stellte seinen damaligen Rezipienten die Rede von der Königsherrschaft Christi entgegen (K. BARTH); man wollte im Rückgriff auf ihn die Eigenständigkeit der Kirche wiederherstellen (E. WOLF, H. DIEM).

Aktualität

Heute (und wahrscheinlich auch in Zukunft) gewinnt das Thema der zwei Reiche und Regimente vor allem dort Aktualität, wo Übergriffe des Staates auf die Kirche oder theokratischer Einfluß der Kirche auf die Gesellschaft angeprangert werden müssen oder wo das Christentum als apolitisch und verinnerlicht empfunden wird. Ist die Scheidung von (Gesinnung der) Person und (politischem) Amt durchzuhalten (vgl. Kap. 1.3.; 1.5.1 u. 1.6.2)? Ist die Vereinnahmung der Kirche als Subsystem durch die staatliche Gesellschaft theologisch zu vertreten (vgl. Kap. 1.5.2)? Die eschatologische Dimension des Gottesreiches besagt zugleich, daß die Kirche des Geistes Gottes nur so in der Welt ist, daß sie ihr auch entgegensteht. Gottes Weltregiment schließt jedoch an die Schöpfungslehre an: Wie erhält Gott - angesichts der Übergriffe seines Widersachers -, was er geschaffen hat? In diesem Sinn könnte von drei Reichen die Rede sein: Vom Reich des Teufels, der Welt und dem geistlichen Reich Gottes.

Lit.: M. HONECKER: Grundriß der Sozialethik, 1995, S. 14-41.

Zwei Reiche oder Regimente Gottes

Thema: Gottes erhaltendes und Gottes erlösendes Handeln unterscheiden und doch in Politik und Gesellschaft indirekt aufeinander beziehen

Unterscheidung | Beziehung

Ansatz:

AUGUSTIN: De Civitate Dei
⇨ Civitas Dei, zur Schau Gottes bestimmt
⇨ Civitas terrena, zweideutig (zum Verderben bestimmt)

negativ: AUGUSTIN: problematisch bleibt die Stellung der Welt

MITTELALTER: Zwei-Schwerter-Theorie n. Lk 22,38 soll Verhältnis päpstl. und kaiserl. Regiments klären

negativ: Gefahr klerikaler Überordnung

LUTHERS Fragestellung:

REICHE als Herrschaftsverbände | REGIMENTE als Herrschaftsweisen

beide Redeweisen gehen ineinander

Gegenwart des zu differenzierenden Handelns Gottes angesichts ausstehenden Eschatons

Aktuelle Anlässe:

❶ Frage nach weltlichem Strafen angesichts Mt 5,38 (Widerstehet nicht dem Bösen)

❷ Übergriff der Obrigkeit auf den Glauben (Beschlagnahme der Neuen Testamente) bzw. weltliche Strafe für Ketzer

❸ *positiv:* Rechtsunterricht für Fürsten, Gerechtigkeit

(Vgl.: Von weltlicher Obrigkeit Teil I — Teil II — Teil III)

Unterteilung:

A Christus- und Adamsmenschheit | **B** die Person nach Leib und Seele

Konfrontation mit

spätmittelalterlicher Zweistufenethik und Schwärmertum | Klerikalismus | (Schwärmertum)

Biblische Grundlage:

Bergpredigtauslegung:
⇨ Christ für sich (Gewaltverzicht)
⇨ Christ für andere: aus Liebe zum Mitmenschen verantwortlich handelnd

Bessere Gerechtigkeit (Die *Natur* lehrt, wie die *Liebe* tut.) (Bibel und dynamisches Naturrecht)

Zur Rezeption der Reichs- und Regimentenaussagen

CALVIN s.o. **B** Zweierlei Regiment

(Inst. III, 20, 15)

(Inst. IV, 11, 12, 17, 20)

bürgerlich - geistlich
gegenwärtiges Leben - L. der Seele

C. vermeidet ZWINGLIs Vermischung, aber plädiert für gegenseitige Ergänzung:

GEISTLICHES REGIMENT:	BÜRGERLICHE GEWALT:
Sittenzucht (Schlüsselgewalt - IV,11,1) ohne „Kerker", gelegentliche Bestrafung der Obrigkeit (Dienst am öffentlichen Leben (IV, 20,1)	Sorgt für beide Tafeln des Dekalogs (öffentliche Gestalt der Religion) und für humanitas. Die Gesetze der Völker ≅ Regel der Liebe (IV,20,14)

Widerstand ist Ausnahmefall - Verantwortung bei den „Ephoren" (IV,20,31)

Dagegen John KNOX, Confessio Scotica 14: „tyrannidem opprimere";
Monarchomachen: den Bundesbrecher (Verletzer der mutua obligatio) bekämpfen

Neuzeit Wandel zur **Neuzeit** hin

a. Zentralisierung des **Staates** (Steuern, Heer, Bildung usw.)
b. Verinnerlichung der Religion, Trennung vom Weltverhalten
(E. TROELTSCH: Soziallehren, S. 205: Ethik der Gesinnung und des Amtes)

19. Jahrhundert (Luthertum): Zwei-Sphären-Theorie (LUTHARDT)

20. Jahrhundert (Luthertum): u.a. Gleichsetzung (z. B. ALTHAUS) von

weltlich - geistlich
≅ Gesetz - Evangelium

stützt die These von der „Eigengesetzlichkeit" des Politischen und Sozialen

Verschiedene Interpretationen:

E. HIRSCH:	M. HONECKER:
Nur der Staat darf in die Kirche eingreifen, die Kirche muß dem Staat (des 3. Reiches) dienen.	Die gesellschaftliche Vernunft ist von klerikaler Bevormundung freizuhalten. (s.o. **B**)

Einspruch

aus **theozentrischer** Interpretation (Gottes Handeln/Regiment in der Welt) (s.o. **A**):

- ⇨ BARTH (formuliert 1922 polemisch *„Lehre* von den zwei Reichen"),
- ⇨ BONHOEFFER 1933 u.ö.: den Staat an seine Aufgabe -Recht- erinnern),
- ⇨ BARTH 1938: Positive Beziehung von Rechtfertigung und Recht,
- ⇨ Harald DIEM 1938: Gewissenserforschung, nicht theolog. Staatslehre,
- ⇨ Hermann DIEM 1947: Nur Predigt, nicht Lehre von den zwei Reichen,
- ⇨ W. JOEST: Auch das Gesetz kann geistliches Wort Gottes sein.

Nähe zur sog. **Christokratiethese** (Herrschaften unterscheiden, aber Gottes Wort kritisch-befreiend auf Staat und Gesellschaft beziehen).

3.2.5.3 Hoffnung

In der paulinischen Trias von Glaube, Hoffnung und Liebe (1 Kor 13,13) hat die Hoffnung ethisch die geringste Beachtung erfahren. Von der im Glauben widerfahrenden Rechtfertigung schritt das Nachdenken zur Heiligung fort (vgl. Kap. 3.2.2; 3.2.3), das Liebesgebot wurde in stetiger Auseinandersetzung mit konkreten Normen wichtig (vgl. Kap. 1.6.2). Setzt die Hoffnung eine bestimmte Existenzweise im Vorletzten frei; kann sie im Noch-nicht, in jetzt erfahrener Wirklichkeit etwas verändern?
Die 'Theologie der Hoffnung' von J. MOLTMANN hat diese Fragen (in Übereinstimmung und im Rückgriff auf das 'Prinzip Hoffnung' des marxistischen Philosophen E. BLOCH) bejaht und ihre herausragende Bedeutung betont.

Bei Bloch ist die menschliche Hoffnung nicht nur Grund geschichtlicher Veränderung, sondern transzendentale Voraussetzung einer erneuerten revolutionären praktischen Vernunft, weil sie die Möglichkeiten der Zukunft in Latenz aufdeckt. Auch Moltmann geht es um die Wahrnehmung der eschatologischen Hoffnung jetzt und hier als "realistisch" und als "Glück der Gegenwart" (S. 20 bzw. 27). *Verheißung* und *Sendung* prägen die christliche Gemeinde, so daß sie im ständigen "Auszug" aus den verkrusteten Verhältnissen Exodusgemeinde ist. Diese Beschreibung der Bedeutung der Hoffnung für die alltägliche geschichtliche Gegenwart will sicherlich die transzendentale Eschatologie überbieten; gleichzeitig aber wahrt sie das besondere Ziel christlicher Hoffnung, den Einbruch des Reiches Gottes als novum ultimum, gegenüber säkularen Hoffnungskonzeptionen und einer rein präsentischen Eschatologie. Maß dieser Hoffnung ist das Christusgeschehen; Kreuz und Auferstehung markieren ein "Hoffen wider Hoffen" (S. 14).

Die biblische Eschatologie konzentriert sich nicht zuletzt im Glauben an die Auferstehung, im Glauben an eine Kontinuität im Angesicht der - menschlich gesehen - radikalsten Diskontinuität des Todes. Die letzten Worte des Glaubensbekenntnisses führen also in die Mitte des Glaubens, weshalb Eschatologie und Christologie von seiten der Theologie nicht selten als ihr eigentlicher Gegenstand angesehen werden. Auch an der Hoffnungsthematik wird wieder deutlich, daß die ethische Frage an den dogmatischen Diskurs unmittelbar anschließen kann.

Lit.: H. G. ULRICH: Eschatologie und Ethik, 1988.

3.2.6 Bündelung: Theologisch-ethischer Umgang mit biblischen Traditionen

Wie die Reflexionen zur Situierung theologischer Ethik zwischen Dogmatik und allgemeiner Ethik zeigten (vgl. Kap. 3.1) und die materiale Entfaltung in den einzelnen dogmatischen Themenfeldern unterstrich (vgl. Kap. 3.2.1-5), bedarf es zur Perspektivierung ethischer Problembereiche einer vielschichtigen Aufmerksamkeit. Dazu zählte wie selbstverständlich der kritisch-korrektive Umgang mit biblischen Traditionen. Da aber das Einbringen dieser Traditionen keineswegs unumstritten ist (Problem biblizistischer Argumentation), seien abschließend und zusammenfassend noch einige grundsätzliche Überlegungen zum theologisch-ethischen Umgang mit der Bibel skizziert.

Bibel und Ethik

1) Eine (unmittelbare) biblische Begründung der Ethik gibt es nicht, sofern darunter verstanden wird:

Keine Deduktion

a: Deduktion aller Normen aus biblisch gesetzten Prinzipien, z.B. dem Liebesgebot (Lk 10,27) oder der Goldenen Regel (Mt 7,12).

Das Liebesgebot ist zwar eine Art Summarium des Ethos Jesu und der Urchristenheit, aber viele seiner Momente finden sich auch außerhalb der biblischen Überlieferung. Zentral für die erste Christenheit ist die mit ihm verbundene Auffassung Gottes und des Nächsten. Die Goldene Regel hingegen scheint spätantikes populäres Ethos zu repräsentieren.

Kein Biblizismus

b: Literaler Transport biblischer Normensätze in unsere Zeit, ohne die Differenz der Zeiten zu bedenken.

Diese Skepsis trifft selbst das Zitieren der Zehn Gebote, die nur wegen der hohen Allgemeinheit des aus ihnen herausinterpretierten Inhalts als eine Zusammenfassung des Naturrechts über die Zeiten hinweg weitergegeben werden.

2) Das Zitieren der Bibel hat einen anderen Sinn: Im Gefälle der Geschichte Gottes mit Israel und den Menschen an Normen zu erinnern, die das Geschöpf Gottes zu allen Zeiten betreffen können, auch wenn sie je neu ausgelegt werden müssen.

Vgl. die alte, auch von den Reformatoren geübte Unterscheidung zwischen lex ceremonialis, lex iudicialis (partikular v.a. für Israel) und lex moralis (die Sittlichkeit aller Menschen betreffend).

Das Humane und das Gebot Gottes

3) "Theologisch" kann eine Ethik nur dann genannt werden, wenn sie das Humane (s. die "Ethik" von TRILLHAAS, vgl. Kap. 3.3) am immer wieder neu erfahrenen Gebot Gottes mißt, das primär nicht zu bestimmten Handlungen ruft, sondern durch diese hindurch auf das von Gott gewollte Menschsein zielt.

⊙ Modelle

Drei Modelle biblischen Bezugs lassen sich idealtypisch vorstellen:

Traditionsmodell

a. Das *Traditionsmodell*: Die Tradition der Kirche bewahrt die biblische Tradition auf oder führt sie sogar weiter. Es herrscht in der katholischen Moraltheologie vor und beruft sich auf normative Tradition, die entweder aus dem Geschöpfsein des Menschen folgt (vgl. Kap. 1.7.9) und hernach durch Gottes Offenbarung verdeutlicht sein kann (Sinai!) oder auf offenbare Weisungen Gottes.

Ablösungsmodell

b. Das *Ablösungsmodell*: Die biblische Überlieferung ist in die Dogmatik der Kirche eingegangen, während sich die Ethik daraus emanzipiert hat und in der säkularen Gesellschaft die Tradition des Christentums vernünftig fortführt. Biblische Tradition interessiert dann nur als Impulsgeber und als Anstoß des individuellen Wahrheitsbewußtseins im Glauben (vgl. die Theorie des neuzeitlichen Christentums; vgl. Kap. 1.5.1; 3.1.1.3; 3.4 [RENDTORFF]).

Modell kritischer Überprüfung

c. Das *Modell kritischer Überlieferung:* Theologische Grundzüge biblischer Botschaft werden in der Kirche und ihrer Verkündigung, aber zugleich auch ihr gegenüber kritisch überliefert: Ecclesia semper reformanda; Gottes Wort wirkt kritisch in und befreiend durch kirchliche Überlieferung. Biblisch normative Sätze dienen diesem theologisch auszulegenden, ständigen Neuanstoß. Die reformatorische Ethik hat wegen dieser theologischen Konzentration nicht ohne Grund ihren Ansatz beim ersten Gebot und beim doppelten Liebesgebot gesucht.

⊙ Universalität und Partikularität

4) Eine biblisch-theologische Ausrichtung setzt voraus, daß ein universales Ethos nicht aus einem abstrakten 'moral point of view' (vgl.

Kap. 1.2.7; 1.8.2.2) erwächst, der in seiner Allgemeinheit eine Totaldeduktion der Normen erlaubte. Ein universales Ethos erwächst hingegen aus einer partikularen Tradition, deren Gott der einzige und 'Vater' aller Menschen ist; die biblische Überlieferung überschreitet sich deshalb bis zu Jesus von Nazareth und Paulus hin in eine universale Perspektive.

Vom oben erläuterten Kommunitarismus (vgl. Kap. 1.2.4; 1.4.1; 1.7.5; 1.8.3.7) unterscheidet sich dieser Ansatz dadurch, daß er zwar den partikularen Ursprung eines Ethos anerkennt, aber im Gottesglauben eine Sprengkraft findet, der die Grenzen der Ethos setzenden Gemeinschaft immer wieder durchbricht. Die eschatologisch-universale Perspektive dieses Glaubens erlaubt keine kommunitaristische Selbstabschließung.

⊙ Ethik und Glaube

5) Die biblisch-theologische Ausrichtung der Ethik setzt voraus, daß sie keine deduktiv-logische Instanz einer Letztbegründung kennt, sondern eine gründende Selbstvergewisserung des Glaubens. Diese bezieht sich

Wirklichkeitsannahmen

a: auf umfassende 'praktische' Wirklichkeitsannahmen wie
- einen Optimismus in den Grenzen der gefallenen Welt (BONHOEFFER; vgl. Kap. 1.6.2; 3.2.3), der der Apokalyptik die Selbständigkeit entzieht,
- eine offene Wirklichkeitsdefinition, denn Jesu Ansage von Gottes Nähe durchbricht das Selbstverständliche (z.B. Feindschaft und Gegenfeindschaft),
- ein Einspielen in die unausgeschöpften, aber bedrohten Schöpfungszusammenhänge (die nicht mit einem romantischen Naturbild verwechselt werden sollten; vgl. Kap. 3.2.1);

Perspektiven praktischer Orientierung

b: auf fundamentale Perspektiven und Beziehungen praktischer Orientierung von Menschen, wie sie etwa A. RICH (Wirtschaftsethik, Bd. 1, 1984, S. 172-217: Geschöpflichkeit; kritische Distanz; relative Rezeption des Relativen in der Welt; Relationalität; Mitmenschlichkeit; Mitgeschöpflichkeit; Partizipation) als 'Kriterien des Menschengerechten' formuliert;

Bestimmung des sittlichen Subjekts

c: auf eine Bestimmung des sittlichen 'Subjekts',
- z.B. im Gelingen und Versagen unter der Forderung des "Du sollst" (Thema des 'Gesetzes'; vgl. Kap. 3.2.2),
- in der Öffnung zum Nächsten,

- in seiner immer gefährdeten Identität (vgl. 'Identitätsethik'; vgl. Kap. 1.6.2; 2.2; 2.3) und der nicht erleisteten Annahme, der Rechtfertigung durch Gott,
- in seiner Bewährung zwischen Schuld, Vergebung und Tun des Guten im Vorletzten (vgl. Kap. 1.6.2);

Biblische Perspektivierung

d. auf Anstöße durch einzelne biblische Aussagen, die aber nur im Rahmen von a, b, c heute wieder aktuell werden, weil die darin enthaltene Grundsituation des Menschen Analogieschlüsse auf die heutige Situation erlaubt (Recht der existentialen Interpretation, die aber zu erweitern wäre, v.a. um die Vermittlung des Selbstseins durch andere usw.).

3.3 Ausgewählte Entwürfe theologischer Ethik

Autor	**Eth. Entwurf (bzw. Veröffentlichungen von theologisch-ethischer Relevanz [*])**	**Orientierung und Ansatz**
ALTHAUS, Paul	Grundriß der Ethik (1931; ^{2}1953)	Lutherische Theologie; Ansatz bei den Schöpfungsordnungen
BARTH, Karl	* Der Christ in der Gesellschaft (1920), * Kirchliche Dogmatik (1932-1967), Bd. I,2; II,2; III,4, * Evangelium und Gesetz (1935), * Rechtfertigung und Recht (1938), * Christengemeinde und Bürgergemeinde (1946)	Wort-Gottes-Theologie (dialektische Theologie); Ausgang von der Selbstoffenbarung Gottes, christologische Grundlegung
BONHOEFFER, Dietrich	Nachfolge (1937), Ethik (hg. 1992)	Lutherische Theologie in der Nähe der dialektischen Theologie; Ansatz bei der Begegnung mit der Person Jesu Christi und ihrer Bedeutung mitten in der Welt
BRUNNER, Emil	Das Gebot und die Ordnungen. Entwurf einer protestantisch-theologischen Ethik (1932), Gerechtigkeit (1943)	Wort-Gottes-Theologie; Anknüpfung an menschliche Krisensituation (Eristik) und Akzentuierung des personalen Moments und des Liebesgebotes in der Offenbarung

Kurze Beschreibung der Grundgedanken

Die Erfahrung des unbedingten Sollens, die dem Menschen im Gewissen widerfährt, verweist auf die Offenbarung Gottes in den Ordnungen der Schöpfung (vgl. Kap. 3.2.1.1). Jede Ethik hat sich somit an der bestehenden Wirklichkeit (Staat, Volk, Geschlechterverhältnisse etc.) und ihrem Ausdruck im Gewissen zu orientieren, eine christliche Ethik erfährt dieses im Bewußtsein von Sünde und Wiedergeburt nur im verschärften Maße.

Eine spezifisch christliche Ethik orientiert sich nicht an dem allgemeinen Guten und der Anthropologie, sondern ganz am guten Gott und seinem Wort und Willen. Diese werden einzig in Christus erkannt, in welchem Gott als ein Gott des Zuspruchs und der Gnade begegnet. Dogmatik und Ethik sind hier nicht mehr zu trennen. Das Unruhemoment dieser Theologie, das aus der Rehabilitierung des theonomen Anspruchs resultiert, wirkt Kritik an starren Normensystemen und Institutionen, will aber nicht als Verunmöglichung von freiem und verantwortlichem Handeln in der Gesellschaft begriffen werden.

Die zentrale Bedeutung der Christologie für Theologie und Ethik besteht darin, daß über sie ein Weg gefunden werden kann, der das souveräne und letzte Wort Gottes gleichermaßen ernst nehmen kann wie die Notwendigkeit konkreten geschichtlichen Handelns und Urteilens. Die Bindung der Wirklichkeit an Gott und Gottes an die Wirklichkeit ist im Christusereignis bezeugt. Sachgemäßheit und Schuldübernahme werden zu zentralen Begriffen einer sich vor dem Hintergrund der Rechtfertigung durch Gott im Letzten bewegenden Verantwortungsethik im Vorletzten.

Die natürliche Sittlichkeit und Vernunft ist vom Verfall gekennzeichnet. Deshalb kann eine Ethik sich nur offenbarungstheologisch dem Zielpunkt der Gerechtigkeit und des Heils annähern. Das Gute bestimmt sich aus der Bindung an Gottes Gebot vor allem der Nächstenliebe; aber die sittliche Wirklichkeit wird damit nicht ausreichend beschrieben. Ein sich an ARISTOTELES und das Naturrecht annäherndes Ordnungsdenken muß hinzutreten.

Autor	Eth. Entwurf (bzw. Veröffentlichungen von theologisch-ethischer Relevanz [*])	Orientierung und Ansatz
BULTMANN, Rudolf	Das Problem der Ethik bei Paulus (1924), * Glauben und Verstehen, 4 Bde. (1933-1965), * Theologie des Neuen Testaments (1954)	Dialektische Existenztheologie (existentiale Interpretation des NT); Betonung der Entscheidung zu Glauben und Liebe (vgl. Kap. 1.7.8.3 u. 1.8.3.2)
ELERT, Werner	Das christliche Ethos. Grundlinien der lutherischen Ethik (1949)	Dezidiert lutherische Theologie im konservativen Sinne der radikalen Trennung von Gesetz und Evangelium (vgl. Kap. 3.2.2)
HONECKER, Martin	Konzept einer sozialethischen Theorie. Grundfragen evangelischer Sozialethik (1971), Einführung in die Theologische Ethik (1990), Grundriß der Sozialethik (1995)	Aufgeklärt-lutherische Theologie; Ausgang von der Zwei-Reiche-Lehre (vgl. Kap. 3.2.5.2)
KRECK, Walter	Grundfragen christlicher Ethik (1975)	Anschluß an Barth; Ansatz bei der Offenbarung Gottes in Jesus Christus
RENDTORFF, Trutz	Ethik. Grundelemente, Methodologie und Konkretionen einer ethischen Theologie, Bd. 1 (1980) u. 2 (1981)	Anknüpfung an aufklärerische und kulturprotestantische Traditionen

Kurze Beschreibung der Grundgedanken

Anstelle eines christlichen ethischen Programms erscheinen anhand der Interpretation des NT Umrisse einer besonderen christlichen Existenzmöglichkeit. Jesu Ethik und die eschatologische Situation rufen zu Glaubensgehorsam und Liebe. Hier wird ethisch einzig das Daß der Entscheidung im Angesicht Gottes betrachtet; die konkreten Inhalte und gesellschaftliche Probleme werden gegenüber der Rede von der Glaubensgemeinschaft vernachlässigt.

Das christliche Ethos läßt sich unterscheiden in das Ethos unter dem Gesetz, das Ethos unter der Gnade und das objektive Ethos des Kirchenverbandes. Unter göttlichem Urteil erscheinen alle menschlichen Ordnungen als Ausdruck seines Zorns, das christliche Ethos ist somit die Folge einer qualitativ negativen Beurteilung des Menschen durch Gott; das Ethos unter der Gnade wird nur in der ausstehenden Prägung des Menschen nach dem Bilde Christi gesehen.

Der christliche Glaube ermöglicht eine Befreiung zu profaner Vernunft. Dieses ist - entgegen der Verquickung von Dogmatik und Ethik bei Barth - das erklärte Ziel evangelischer Sozialethik. Die theologische Begründung hierfür liefert die Zwei-Reiche-Lehre. Die säkulare Vernunft reicht aus zur Begründung einer ethischen Theorie; die Theologie darf diese nicht überfremden, von ihr gehen allein Motivationsimpulse für die Praxis aus.

Jedes Ethos gründet bereits auf einer Deutung gegenwärtiger Erfahrung, also einem Glauben. Der ethische Imperativ resultiert aus einem - für den Christen theologischen - Indikativ. Beide werden in Jesus Christus offenbar. Gibt es auch Überschneidungspunkte zwischen beispielsweise soziologischen Denken und christlichem Urteilen, so kann es jedoch keine allgemeingültige Begründung und Idee des Guten geben (vgl. 1.2.8 u. ö.)

Das christliche Ethos ist in der säkularisierten Gesellschaft bereits verwirklicht, indem der Grundwert der Freiheit in diese eingegangen ist (Theorie des neuzeitlichen Christentums). Eine von der Dogmatik unabhängige ethische Theologie befaßt sich mit Fragen der Lebensführung des Individuums. Christen erleben in der Rechtfertigung eine tiefgehende Befreiung, und diese wiederum stützt die in die gleiche Richtung zielenden gesamtpolitischen Verhältnisse und eine allgemeine auf systemtheoretischer Basis (LUHMANN) argumentierende Sozialethik.

Autor	Eth. Entwurf (bzw. Veröffentlichungen von theologisch-ethischer Relevanz [*])	Orientierung und Ansatz
RICH, Arthur	Wirtschaftsethik, Bd. 1: Grundlagen in theologischer Perspektive (1984), Bd. 2: Marktwirtschaft, Planwirtschaft, Weltwirtschaft aus sozialethischer Sicht (1990)	Verbindet Anstöße des Religiösen Sozialismus, der dialektischen Theologie und der Existenztheologie; Betonung der eschatologischen Dimension (vgl. Kap. 3.2.5) Kriterien des Menschengerechten (vgl. Kap. 3.2.6)
SCHLEIERMACHER, Friedrich Daniel Ernst	Die christliche Sitte. nach den Grundsätzen der evangelischen Kirche (1843)	Vorläufer liberalen und vermittlungstheologischen Denkens; Ansatz beim frommen Selbstbewußtsein, teleologisches Denken
THIELICKE, Helmut	Theologische Ethik, Bd. 1-3 (1958-1964)	Lutherische Theologie; Neuzeit als Verfallsgeschichte
TILLICH, Paul	* Das religiöse Fundament des moralischen Handelns. Schriften zur Ethik und zum Menschenbild (GW III, 1965)	Vermittlungstheologie; Suche nach Korrelaten von existentiellen Fragestellungen und religiösen Antworten

Kurze Beschreibung der Grundgedanken

Sozialethik befaßt sich mit den Kriterien für eine verantwortliche Gestaltung der individuellen, interpersonalen und ökologischen Beziehungen. Hier tritt zu dem Sachgemäßen, das nicht als Eigengesetzlichkeit verstanden werden darf, das auf Bekenntnissen beruhende Menschengerechte. Die theologisch-biblische Perspektive zielt vor allem auf Wahrnehmung der Relationalität (z.B. auch gegenüber der Umwelt), Partizipation und kritische Distanz, da sie sich von der Verheißung des Reiches Gottes her bestimmt. Ein existential-eschatologischer Ansatz bemüht sich so um relative Gerechtigkeit in den Ordnungen menschlichen Lebens.

Die "christliche Sitte" stellt eine Beschreibung des christliche Geistes und seines Wirkens dar. Dieser Geist geht dem menschlichen aufgeklärten Geist voran in Richtung Humanität, welche in seiner Herrschaft über die Natur (d.h. dem Fortschreiten der Kultur) besteht. Der Mensch ist als Gattungswesen und Individuum Handelnder und Betroffener in einer Geschichte des Geistes, die er mit Lust und Unlust vorantreibt bzw. hemmt. Die sozialen Zusammenhänge erscheinen dort versöhnt, wo der Heilige Geist (pneuma) den Menschengeist (logos) und den Leib bestimmt.

Christliche Ethik steht nach dem Zweiten Weltkrieg vor dem Ergebnis der Autarkiebestrebungen des neuzeitlichen Menschen. Deshalb muß sie danach streben, das säkulare Selbstverständnis zurückzustellen unter die Autorität Gottes, unter Gesetz und Evangelium. (vgl. Kap. 3.2.2) Dabei hat das Gesetz auch für die Christen zentrale, nämlich erzieherische Bedeutung, weil die Spannung zwischen dieser Welt und dem kommenden Reich Gottes unaufhebbar ist (vgl. Kap. 3.2.5).

Selbstintegration (d.h. Moralität), schöpferische Selbstverwirklichung (d.h. Kultur) und Selbsttranszendierung (d.h. Religion) sind Funktionen des menschlichen Geistes. Dabei rührt allerdings die personhafte Identität, die Moralität bedeutet, von der erfahrenen Gnade her. Ethik gründet also in der Frage des transmoralischen Gewissens nach einer Wirklichkeit, die über die moralischen Gebote und Normen hinausweist, in der Frage nach der Rechtfertigung. Deshalb ist die Liebe, die die Gerechtigkeit einbezieht, letztes Prinzip der moralischen Gebote. Sie hat nicht den entfremdeten Charakter des Gesetzes, sondern des Gebotes Gottes, das der Annahme der Person im Rechtfertigungsgeschehen entspricht.

Autor	Eth. Entwurf (bzw. Veröffentlichungen von theologisch-ethischer Relevanz [*])	Orientierung und Ansatz
TRILLHAAS, Wolfgang	Ethik (1959)	Lutherische Prägung; aufklärerische Ausrichtung auf die conditio humana
WENDLAND, Heinz-Dietrich	Einführung in die Sozialethik (1963), Person und Gesellschaft in evangelischer Sicht (1965)	Beeinflußt von TILLICH; universal-eschatologischer, dezidiert sozialethischer Ansatz
WOLF, Ernst	Sozialethik. Theologische Grundfragen (1975)	Bezug auf LUTHER und BARTH; Frage nach einer Ethik für den neuen Menschen

Kurze Beschreibung der Grundgedanken

Das Humanum kommt vor dem Christianum, und ihm gilt das primäre ethische Interesse. Im Anschluß an die Anthropologie Gehlens sind die Probleme der conditio humana und ihre Kompensationen zu überdenken. Solche allgemeine Ethik kann ergänzt werden durch das dem Christentum eigene "Überschießende", das vorhandene Normen und Sitten Überbietende. Sachprobleme werden teils allgemeinethisch behandelt, teils unter Hinzuziehung christlich-theologischer Aussagen.

Die neulutherische personalistische Haltung muß der Einsicht weichen, daß alle Ethik an sich Sozialethik ist, das Individuum nur als soziales Wesen angemessen beschrieben ist. Gegen Konservatismus und Utopismus stellt sich ein gläubiger Realismus, d.h. die Haltung kritischer Solidarität der Kirche gegenüber der Gesellschaft, die die Ökumene jahrelang prägte. Zwischen Individuen und Gesellschaft besteht Interdependenz, ein eigengesetzliches System darf allerdings im Blick auf die Herrschaft Christi nicht anerkannt werden.

Alle Strukturen der Wirklichkeit müssen theologisch aus einer Ethik der Verheißung betrachtet werden. Sie erscheinen somit der produktiven Gestaltung offen und bedürftig. Im Stande der Rechtfertigung und Heiligung werden Grundstrukturen des menschlichen Seins einsehbar und Impulse zu politischem Engagement frei, das sich teils unter dem Gesetz, teils unter dem Evangelium erkennt.

Personenregister

—T—

—U—

—V—

—W—

Sachregister

—A—

—B—

—C—

—D—

—G—

—H—

—W—

—Z—

Christofer Frey: *Die Theologie Karl Barths. Eine Einführung. 2.Auflage. Waltrop, 1994. 312 S., kt.*
ISBN3-927718-56-4

Karl Barth als Theologe mit weit ausgespanntem Horizont, Karl Barth als Sozialist, Karl Barth als Wort-Gottes-Theologe im Kampf - alles das macht sein Werk interessant; am wichtigsten jedoch scheint sein Umgang mit den Grundproblemen der Theologie zu sein.
In seiner Einführung stellt Christofer Frey Barths Theologie als kritisch-befreienden Dialog mit ihrer Zeit dar und versucht die entgegensteheden Positionen - die oft noch aktuell sind - herauszuarbeiten. So wird Theologie zur Lebensarbeit eines in den sozialen Zusammenhang gestellten Menschen, findet gerade die politische Dimension der Barth'schen Theologie in dieser Darstellung besondere Beachtung.

Christofer Frey: *Repetitorium der Dogmatik. Für Studierende der Theologie. Neue Ausgabe. Waltrop, 1998. 374.S., kt.*
ISBN 3-927718-99-8

Konzentriert und problemorientiert bereitet dieses Repetitorium den dogmatischen Stoff für das theologische Examen auf.
In elf Kapiteln werden die Inhalte nach historischen und systematischen Gesichtspunkten so angeordnet, daß sich die Kandidatinnen und Kandidaten ein eigenes theologisches Urteil bilden können.
Eine arbeitsfreundliche Gestaltung, zahlreiche Übersichten sowie exemplarische Zitate aus der Theologiegeschichte unterstützen die didaktische Konzeption des Buches, das in zahlreichen Lehrveranstaltungen erprobt und für die sechste Auflage vollständig überarbeitet wurde.

Christofer Frey: *Einführung in die Philosophie. Für Studierende der Theologie. Waltrop, 1999. 300 S., kt.*
ISBN 3-927718-83-1

Diese Einführung will speziell Studierenden der Theologie einen Überblick über wichtige Fragestellungen der Philosophie vermitteln. Sie folgt dem geschichtlichen Gang der Entwicklung philosophischer Probleme und hat dabei vor allem deren Bedeutung für theologisches Denken im Blick.
In jedem Kapitel wird zunächst an den Grundzügen einer Epoche gezeigt, daß philosophische Gedanken und Systeme nicht im leeren Raum entstehen, sondern eine Antwort auf die Herausforderungen ihrer Zeit darstellen. Aus jeder Epoche werden eine oder mehrere herausragende Gestalten der Philosophie hervorgehoben, um einen Einblick in ihr Leben und einen Überblick über ihr Werk zu gewinnen. Danach wird ein Text, der auch für Theologinnen und Theologen von zentralem Interesse ist, vorgestellt und gründlicher interpretiert. Am Ende jeder Einheit kommt ein Problemzusammenhang zur Sprache, der in der Theologie aufgenommen, bearbeitet und möglicherweise verändert worden ist.
Ein arbeitsfreundliches Layout, zahlreiche Übersichten sowie Textbeispiele der behandelten Philosophen runden die Konzeption des Buches ab.